班主任工作中的心理效应

刘儒德◎主编

中国轻工业出版社

图书在版编目（CIP）数据

班主任工作中的心理效应／刘儒德主编．—北京：
中国轻工业出版社，2012.4（2025.1重印）
ISBN 978-7-5019-8611-8

Ⅰ.①班… Ⅱ.①刘… Ⅲ.①班主任工作-教育心理学-研究 Ⅳ.①G451.6

中国版本图书馆CIP数据核字（2011）第275307号

保留所有权利。非经中国轻工业出版社"万千教育"书面授权，任何人不得以任何方式（包括但不限于电子、机械、手工或其他尚未被发明或应用的技术手段）复印、拍照、扫描、录音、朗读、存储、发表本书中任何部分或本书全部内容（包括但不限于光盘、音频、视频等）。中国轻工业出版社"万千教育"未授权任何机构提供源自本书内容的电子文件阅览、收听或下载服务。如有此类非法行为，查实必究。

责任编辑：吴　红　　　责任终审：杜文勇
策划编辑：吴　红　　　责任校对：刘志颖　　　责任监印：吴维斌

出版发行：中国轻工业出版社（北京鲁谷东街5号，邮编：100040）
印　　刷：三河市鑫金马印装有限公司
经　　销：各地新华书店
版　　次：2025年1月第1版第17次印刷
开　　本：710×1000　1/16　印张：18.25
字　　数：175千字
印　　数：46001—49000
书　　号：ISBN 978-7-5019-8611-8　　定价：35.00元
读者热线：010-65181109
发行电话：010-85119832　　010-85119912
网　　址：http://www.chlip.com.cn　　http://www.wqedu.com
电子信箱：1012305542@qq.com
版权所有　侵权必究
如发现图书残缺请拨打读者热线联系调换
242410Y1C117ZBW

代 序

佛桌开花

自从出版了《教育中的心理效应》一书后,经常有老师来咨询班级管理中的问题,还有些学校表示特别需要培训班主任掌握一点有关心理效应的知识和技能。为此,我们专门编撰了这本《班主任工作中的心理效应》。

两本书作为姊妹篇各自独立,各具特色。前一本书涉及教学、教育和管理,这本书侧重班级管理,当然,难免有一小部分心理效应是相同的。不过请放心,即使是同一个心理效应,在本书中也不会以同一个模样亮相,而是别有一番景象。特别是用法及案例迥然有异,但同样可圈可点、可学可用,即所谓一个效应各自表述。建构主义学习理论强调,对知识的建构与应用是在多样化的情境中经过多次反复的学习而完成的。一个心理效应的启迪作用并不在于一条抽象的原理或规则本身,而是来自对这条原理加以灵活应用的具体情境和成功案例。对一个心理效应的应用往往是无止境的,可以不断拓展。老师们看的情境多了,自然就能用自己的实际行动演绎出更多的精彩。

本书根据班主任工作的三个"面向"选择了 48 个心理效应。其中,面向全班学生部分涉及 21 个效应;面向个体学生部分涉及 19 个效应;面向家长、同事和自我部分涉及 8 个效应。每个"面向"又基于班主任的不同需求和意图设立了 2~4 个主题,方便老师们检索。

面向全班学生部分中有 4 个主题:亲近全班——怎么让全班学生喜欢自己;巧施影响——怎么公开或暗中改变学生的态度和行为;建班立规——怎么加强班级凝聚力,建立班规,树立威信,维护纪律;注入活力——怎么利用群体力量增强班级自主动力和活力。

面向个体学生部分也有 4 个主题:积极关爱——怎么关注、接纳、呵护和善待所有学生,尤其是中等生与问题学生;真心相知——怎么正确认识单个学生,而不被自己的心理局限性所蒙蔽;有效沟通——怎么与学生进行温馨的交流,对学生进行有效的规劝和批评;多方激励——怎么采用各种不同方式反馈、强化、表扬和鼓励学生。

面向家长、同事和自我部分关系到班主任自身的心理健康,是本书的特色之一,设有两个主题。亲师沟通——怎么接触并熟悉家长和同事,并与他们坦诚表露、和谐沟通;自我调适——怎么转变工作方式,调整心态,处理工作和家庭的关系,获得职场幸福。

当然,这三个"面向"所涉及的心理效应之间并不存在泾渭分明的界限。实际上,诸如关爱的原则、沟通的方法、鼓励的策略、影响的力量等,不管被置于哪一部分,都适用于班主任工作乃至生活的方方面面。这里只是为了便于查找而做了一个粗略的分组而已,希望老师们能够融会贯通、活学活用。

本书选取这些心理效应旨在启迪班主任的智慧,更是要教班主任关爱之道。班主任在工作中经常要和一些被视作不可救药的问题学生斗智斗勇,因而头疼不已,有时甚至觉得束手无策。这些心理效应或许可以启示班主任一些具体实用的制胜招式和技巧,但前提是班主任必须以一颗关爱、友善、尊重、接纳和宽容的心来使用它们,这样方能奏效。班主任倘若心中无爱,一切都是枉然。《佛桌开花》的故事告诉了我们这一点。

  有一位方丈收了一个孤儿做徒弟。这位徒弟聪明伶俐，方丈非常喜欢他，将毕生所学全部教给他，想着自己圆寂之后将自己的衣钵传给他。一次，方丈派徒弟下山办事，徒弟被五光十色的城市迷住了眼睛，从此一去不返，流连于花街柳巷，放浪形骸，方丈失望极了。20年后的一个深夜，这个徒弟陡然惊醒，窗外月色如洗，澄明清澈地洒在他的掌心上。他幡然忏悔了，连夜赶往山庙。他跪在寺门外，对着方丈说："师父，您肯饶恕我，再收我做弟子吗？"方丈深深厌恶他的放荡，摇头道："不，你罪过深重，必堕地狱，要想佛祖饶恕，除非——"方丈信手一指供桌，"连桌子也会开花。"徒弟一听，心灰意冷，知难而退，决意重新沉迷于花天酒地，只愿长醉不愿醒。第二天早上，方丈踏进佛堂的时候，惊呆了：一夜间，佛桌上开满了色彩缤纷的鲜花。方丈瞬间大彻大悟，连忙遣僧人下山寻找这位徒弟，却再也找不着了。佛桌上的那些花朵，只开放了短短的一天。当夜，方丈圆寂，临终遗言：这世上，没有什么歧途不可以回头，没有什么错误不可以改正。一个真心向善的念头是稍纵即逝的奇迹，好像佛桌上开出的花朵。让奇迹陨灭的，不是错误，而是一颗冰冷的、不肯原谅、不肯信任的心。

  这位方丈的话对班主任来说当是一句醒世恒言。班主任看了本书，如果能做到以心交心、以爱育爱、以幸福谋幸福，这些心理效应就真正成了学生的福音。古人云："小胜在智，大胜靠德。"本书中有多少个案例说明，一旦班主任积极关注学生，与学生真诚一致，对学生具有同理心，再加之遵循心理规律，采用科学的方法，就能够成功地转变问题班，感化头疼生。以爱心做底色，用智慧作画，班主任方可描绘出一幅幅美丽的风景。

  本书在写作风格上承袭了《教育中的心理效应》的做法，力求做到顶天立地。所谓顶天，说的是每个心理效应都取自心理学的实验和理论，上连科学的殿堂；所谓立地，说的是对这些心理效应的应用来自真实的成功经验，下接实践的地气。各篇以真实的问题情境开头，用启示、警言或招式做标题索引，穿插着实验、故事和案例。真切希望能让老师们读着不累，读后有所感、有所悟、有所思，而后有所行。

本书是集体智慧的结晶。它是在我和研究生高钦、贾玲、王丹、张俊、韩婷婷、魏飞、徐乐、刘林澍、魏军和邵红云的共同参与下完成的。从心理效应的挑选、编写、讨论直至修改都凝聚着众人的心血。全书由我逐篇仔细修改、统稿和定稿。

本书借鉴了国内外许多研究者的研究材料或思想，书中那些案例也都是从与班主任的谈话中或从散见于各种期刊上的文章中吸收并加以综合而成的，未能一一注明原始出处。在此，对这些研究者和老师一并表示衷心的感谢！

刘儒德

2012年1月

于北京师范大学心理学院

目 录

第一部分 面向全班学生

亲近全班

1. 老师,您是我们自己人——自己人效应 ………………………… 2
2. 物以类聚,人以群分——相似性原则 …………………………… 7
3. 白璧微瑕,十全九美——仰八脚效应 …………………………… 13
4. 知错能改,善莫大焉——合法化效应 …………………………… 17

巧施影响

5. 巧借名气,名至实归——名人效应 ……………………………… 22
6. 换种说法会更好——框架效应 …………………………………… 27
7. 看不见的影响力——态度的隐性转变 …………………………… 35
8. **请您千万不要先看这一篇——？？？？** ……………………… 41
9. 一天太久,只争朝夕——最后通牒效应 ………………………… 48
10. 有钱未必能使鬼推磨——德西效应 …………………………… 54

建班立规

11. 班集体,一股强大的教育力量——班级凝聚力 ……………… 58
12. 收放有度,宽严相济——班主任管理风格 …………………… 65
13. 让我期望,就别让我失望——预期效应 ……………………… 71

14. 榜样的力量是无穷的——模仿学习 77
15. 小问题，大管理——蝴蝶效应 83
16. 小题大做，防微杜渐——破窗效应 88

注入生活

17. 月亮走，我也走——群体规范 93
18. 集体在做我也做——群体去个性化现象 99
19. 我们的班级我们做主——控制感 104
20. 男女搭配，干活不累——异性效应 111
21. 生于忧患，而死于安乐——鲶鱼效应 115

第二部分 面向个体学生

积极关爱

22. 关注的力量——霍桑效应 122
23. 老师，请不要无视我的存在——赫洛克效应 127
24. 老师想着我行，我就真的行——皮格马利翁效应 133
25. 给我一个好角儿，我会做好人——角色效应 140
26. 绝望的心态不是一天养成的——习得性无助 146

真心相知

27. 天使头上有光环——光环效应 154
28. 请摘下你的有色眼镜——刻板印象 159
29. 贴什么，就是什么——标签效应 165

有效沟通

30. 听你的，说"我"的——静心倾听与"我"向表达 171
31. 吃力不讨好，好心办坏事——飞镖效应 176
32. 先得寸，才能进尺——登门槛效应 181
33. 适可而止，过犹不及——超限效应 188
34. 棍棒底下出"逆子"——逆反心理 193

多方激励

35. 老师，请给我一个微笑——微笑原则……201
36. 老师，请给我一个拥抱——触摸效应……206
37. 响鼓不用重槌敲——无声效应……212
38. 老师，请告诉我做得怎么样——反馈原则……218
39. 先做你不愿做的，才能做你想做的——普雷马克原理……224
40. 老师，喜欢您说我们越来越好——阿伦森效应……227

第三部分　面向家长、同事和自我

亲师沟通

41. 一回生，二回熟，三回是朋友——单纯曝光效应……232
42. 抛金引玉，我心换你心——表露互惠原则……236
43. 我好，你也好——沟通分析理论……241

自我调适

44. 你的工作思路被定格了吗？——心理定式……246
45. 境由心造——情绪的 ABC 理论……251
46. 做个好老师，更要做个好家长
    ——教师—家长角色转换……258
47. 想到桃李满天下，班主任就会洋溢着幸福
    ——教师的职业倦怠……263
48. 施者比受者更有福——班主任的职场幸福感……269

第一部分

面向全班学生

1. 老师，您是我们自己人
——自己人效应

在一项心理学实验研究中，实验者对两组大学生很友好，对另外两组大学生很粗鲁。之后，实验者的导师进来，在前两组学生面前对实验者分别表现出友好与粗鲁，在后两组学生面前对实验者也分别表现出友好与粗鲁。然后，这四组大学生有机会为导师做些事情。他们态度如何呢？导师对友好实验者友好与对粗鲁实验者粗鲁的两组学生对导师更有好感。

您是自己人，我们听您的

这个实验证明了一条颠扑不破的真理：朋友的朋友是朋友，仇敌的仇敌也是朋友。在人际交往中，当对方与你的利益一致、立场相同，或经历、态度与价值观相似时，你会把对方归为同类，视作一体，从而对对方形成好感，比较容易接受对方的要求，信赖对方的观点，这在心理学中叫作自己人效应。

常言道："是自己人，一切好商量；不是自己人，一切按规矩办。"同样一个观点，如果是自己人说的，接受起来比较容易；倘若出自厌恶者之口，就会产生本能的抵制和抗拒。在生活中，很多人不知不觉地在利用自己人效应跟别人套近乎，试图建立亲切友好的关系，然后说出所求之事，好让对方欣然应允。

班主任向学生提出自己的观点和要求时，需要让学生觉得老师是他们的自己人。班主任怎样才能成为学生的自己人呢？

班主任首先要站在学生们的立场上说话，真心地为他们着想。下面这位班主任的做法就是巧妙应用了自己人效应。

学校的教导主任对学生要求很苛严，学生经常在背后说教导主任的坏话。我是初二某班的班主任。有一次自修课，班上的学生自发去打篮球，教导主任没收了篮球，还批评了我。很多学生认为他不近情理，抱怨说："就要举行篮球赛了，还不让练球！"眼看我们班的冠军梦就要破灭了，几个学生叽叽喳喳地相互指责。看着他们后悔的表情，我说："以后可要注意啦，你们看老师平常管着你们，但是老师也和你们一样，也被别人管着。教导主任比较严格，不管怎么样，老师去试试看，能不能把篮球要回来。"我去找教导主任，在几次交涉之后，终于把篮球拿了回来。那次以后，学生们再也没有上课打篮球的事发生，在几天后的篮球赛中还得了冠军。

这位班主任抓住时机，把自己当作学生中的一员，使学生感到老师与他们同立场、共命运、利益一致，把老师当作他们的自己人，迅速拉近了与老师的心理距离，达到了老师说教绝对达不到的效果。

您是自己人，我们喜欢您

班主任还要频繁接触学生，与他们建立平等的、和谐的友谊关系，达成师生双方两情相悦。历史经验告诉我们，那些著名的将军们平等待人，经常与士兵同甘共苦，使军队保持旺盛的士气。

冯玉祥将军体贴士兵，关心他们的生活，曾亲自为伤兵尝汤药，擦身搓背，甚至和士兵一样吃粗茶淡饭。士兵们都感到冯将军没有架子，与自己处于平等地位，都尊重他，听他的话，有什么想不通的事都愿意找他说。

班主任不妨借鉴这些故事，多花些时间与学生在一起。例如，和他们一道打球、郊游、看电影、参加文娱活动等。空间距离有助于拉近心理距离，老师与学生接触的机会多了，容易互生好感，彼此引为自己人。

班主任还要同他们具有共同语言、相同的兴趣爱好。班主任可以让学生知道，老师也上网、看动漫、玩电子游戏、看 NBA 球赛或世界杯足球赛、唱流行歌，也喜欢某位明星，等等。学生看见老师与他们具有这么多的共同点，自然感到老师很亲切。当然，不能矫揉造作，否则弄巧成拙，适得其反。

班主任对待学生要真诚和宽容大度。有学者曾经列出 555 个描绘个性品质的词汇，让人们说出他们最喜欢哪项个性品质，结果发现，人们最喜欢的是真诚，最不喜欢的是虚伪。班主任像朋友一样对待学生，分享他们成长中的快乐与烦恼，这样做更易受到学生的爱戴与尊敬。一般来说，学生总是喜欢那些具有亲和力的、像孩子一样坦诚而率真的老师，而不喜欢那些高高在上、俨然一副长者面孔的说教者。有时候，班主任不妨坦诚地说出自己的感受和经历，例如，告诉学生老师在中学时代也毫无节制地看过武侠小说，甚至也萌动过春心。

为了改变中学生的早恋倾向，夏老师组织了一次班级例会，开场白是这样的："记得自己年轻时，班上有一位异性，不知怎么搞的，我老是会想到她，在上课时也会禁不住看她一眼。"然后，他指出这是青春期萌动的正常反应，每个人都会经历，但不要因为这些懵懂的情愫而荒废了学习。学生们听后，心头一动，觉得夏老师亲切可信，跟自己一样也有常人的七情六欲，自然对他的建议也容易听进去了。

对于早恋这样的敏感问题，夏老师并没有一味地压制，而是进行换位思考，站在学生的角度为他们着想，承认他们的行为具有一定的合理性，坦然地说出自己的类似经历与想法，使学生感到老师与自己一致的地方，认为老师是"自己人"，从而喜欢老师、认同老师，最终接受老师的建议。

有句话说得好："管人要管心，管心要知心，知心要关心，关心要真心。"班主任要真心诚意对待学生。学生一旦将你视为自己人，他们就会亲近你，相信你的观点和建议，正所谓"亲其师，信其道"。

您是自己人，我们信赖您

　　班主任还要表现出对学生的积极关注，相信他们具有进步向上的良好愿望，感受他们的情绪，接纳他们的不同观点，维护他们的自尊，并让他们知道老师是理解他们的。如果老师把学生看作需要帮助的对象，学生就会把老师看作可以依赖的长者。他们一旦意识到老师和自己站在同一立场上，就能欣然接受老师对问题的分析、解释，以正确的态度接纳老师的教育。

　　我们班的同学学习都不错，就是有点调皮捣蛋，难免松散一些。有一次，班上几个同学在自习课的时候悄悄地溜到教室门口，正好被巡视的李老师看见。李老师叫住他们，批评他们说："你们不好好上自习，要去哪里玩啊？"正巧我从另外的教室走过来，看到了这一幕。几个学生乖乖地站在教室墙边，偷偷地看看我，眼神中充满了期待。我笑了笑，心想这些孩子们还挺怕李老师的。我说："李老师，是我让他们几个去练习篮球的，我们班快要搞比赛了，其他时候课程比较紧，所以跟他们说好，今天做完作业之后去操场练球。"李老师听了之后，看看笑了笑说："原来是这样啊，那你们去吧。"几个孩子对我充满了感激，之后这些孩子们都自觉了许多，也更愿意和我说他们的心里话。

　　一般来说，学生们总以为老师们都是同一个战线的，像这位班主任能让学生们感觉到老师是和他们站在同一立场的，感受到老师在关键时刻对他们的呵护，学生们更会觉得老师是他们的自己人，是像他们的父母一样的家长，他们更愿敞开自己的心扉，向老师倾诉自己的心声。美国总统林肯说："假如你要别人同意你的原则，就先使他相信你是他的忠实朋友，即'自己人'。"

　　此外，班主任在与学生交往的很多场合，要尽量少用"我"字，别将自己置于学生的对立面。在人际交往中，许多人喜欢"我"字当头。美国纽约电话公司曾经做过一项有趣的调查：在电话中哪一个词出现得最多？结果发现，在500个电话谈话中，被使用了3950次的词竟是第一人称"我"。班主任要学会使用"我们"和"我们班"的表述，发自内心地把自己看作学生中平等的一员，使学生感觉到老师与他们始终是一体的，与他们打成一片。这有助于增强学生的自己人效应。

2. 物以类聚，人以群分
——相似性原则

著名画家梵高出生于一个基督教牧师的家庭。他25岁时来到比利时南部的博里纳日矿区传教。这里的人们都以做矿工谋生，衣着破烂，满脸煤灰。刚到这里的时候，梵高很担心自己不被当地人接纳。有一天，梵高为了烧炉子去矿区捡了很多煤渣，由于时间紧迫，他没来得及洗脸就登上讲坛开始布道。出乎意料的是，他的布道非常成功，受到大家的普遍欢迎。当他回到住处准备洗脸的时候，才从镜子中看见自己满脸煤灰的样子。梵高恍然大悟，明白了自己被认可的原因。从那以后，梵高每天布道前都往脸上涂抹煤灰，使自己看起来更像当地人。

内在相似增强人际吸引

梵高因为与当地人一样满脸煤灰而得到了他们的认可。梵高先是无意后是自觉地运用了社会心理学中实现人际吸引的一条重要原则——相似性原则。这条原则告诉我们，人往往喜欢那些与自己相似的人。相似与否全凭你自己感知，涉及外貌吸引力、年龄、行为、习惯、经历、社会地位、信念、价值观、态度和个性品质等方面。

在一项心理学实验中，研究者安排研究助理和被试做简短的接触。一种实验条件下，研究助理要对被试的行为照葫芦画瓢。比如，如果被试双臂交叉地坐着，还不时地用脚轻敲地面，研究助理也要完全照做。在另外一种实验条件下，研究助理则没有模仿被试的行为。结果显示，被试更喜欢模仿自己行为的助理，并且认为与她的接触很愉快。

这个实验说明，只要简单地模仿他人的行为就能增进情感，并能巩固当事双方的关系。这个小小的窍门在生活中具有一定的用途。

瑞克·冯·巴伦（Rick van Baaren）教授曾做过实验，发现只要待应生能逐句复述客人的点餐，就能收到更多小费。不用多加解释，不用点头示意，不用说"好的"，只要复述一遍，就能创收！据一项调查显示，按上述方法复述客人点餐要求的待应生，收到的小费比平时高出70%。

为什么模仿他人的行为就能得到慷慨的对待？也许这和我们潜意识里喜欢和自己相似的人有关。人为什么喜欢与自己相似的人交往呢？心理学家认为，跟自己相似的人交往能够肯定我们自己的信念、个性品质和价值观，起到正面强化的作用。而彼此在交往的过程中，也极少因为观念的相悖而发生争执和相互伤害。此外，一些相似的人容易共同组成一个群体，人们生活在这个团体中，可以增强自身的安全感和归属感。难怪有调查表明，相似性较高的夫妻幸福感更强一些。

在众多相似性因素中，内在相似性对人际吸引产生了更为重要的作用。在生活中，我们也时常见到这样的情形：人们在早期交往中，年龄、社会地位、外貌吸引力往往起着重要作用，但随着交往的加深，信念、价值观、个性品质等因素的作用会慢慢突显出来，超过其他的因素；很多兴趣爱好、价值观等相同的人，往往能够成为知心朋友。

美国心理学家纽加姆曾于1961年做过一项实验，探究空间距离、态度和价值观对人际关系的影响。他招募了17名大学生，测量他们的人格特征以及对经济、政治和审美等方面的态度和价值观，然后将他们安排在一个公共宿舍的几个寝室里，共同生活四个月。在每个寝室中都有价值观和人格特征相似者与不相似者。四个月后，让这些大学生相互评定室内人员，并报告喜欢谁、不喜欢谁。结果表明，在相处初期，无空间距离（同寝室）的人明显比不同寝室的人要亲近；然而到了后期，态度和价值观相似的人走得比较近。这说明空间距离邻近在开始时起了重要作用，但态度与价值观的相似性在后期成为影响人际关系的重要因素。

俗语说,"物以类聚,人以群分"。人们在交往中,如果发现彼此志趣相投,会逐渐成为知己朋友;相反,如果随着交往的深入,发现双方的价值观有着天壤之别,即使彼此已经非常熟识,也会因为这种观念上的差异而分道扬镳。我国古代"割席断交"的故事就是一个典型事例。

东汉时期,管宁和华歆是一对好朋友。有一天他们坐在同一张席子上读书,窗外传来一阵喧哗声,原来是一位达官贵人从窗下经过,仪仗庞大,威风凛凛。管宁望了一眼,便立即回到原处继续读书。华歆被豪华的场面所吸引,忍不住跑到大街上看个究竟。等他回来后,管宁已经将两人共同坐过的席子从中间割为两半,痛心地说道:"我们的情趣和志向完全不同,从今以后,我们的关系就如这张草席,不再是朋友了。"

所谓"道不同不相为谋",志趣迥异的两个人,无论相识多久,都如同两条平行线,不管靠得多近,永远也没有交心的那一天。班主任在与学生和家长交流时,可以利用相似性原则,在短时间内获得他们的喜爱。而在与自己相异的人交流时,如果需要与对方建立起和谐的关系,我们可以尝试着"求同存异",尽量表现出自己与对方相似的一面。

与学生一起"追星"

苏联教育家苏霍姆林斯基认为,如果缺少同孩子的友谊,在精神上没有共同点,教育就会在黑暗中迷失路径。苏霍姆林斯基强调老师与学生的内在相似性在教育中的作用。教师可以积极地利用彼此的相似,营造师生之间融洽的气氛,维系师生之间的和谐关系。北京某中学班主任顾老师就报告了这样的成功经历。

班里有很多学生非常喜欢追星,他们把明星的海报贴在桌子上,一下课就三五成群地聚在一起讨论明星,有的甚至还会在自习课上偷偷听歌。我担心这种追星会影响到他们的学习,特意在班会上三令五申:"不许在桌上贴海报,不许在自习课上听歌。"可没过几天,学生们就恢复了以往的样子。我把追星最热切的小宇叫到办公室谈话,谁知他却说:"老师,您太老土了,您知道周杰伦是谁吗?您听过《双节棍》吗?"小宇的话让我开始反思自己的行为,为了努力使自己能跟学生接近,我开始接触他们喜欢的歌,了解他们喜欢的明星,也才发现原来大多数歌星、影星都是凭借实力,在激烈的斗争中,经过执着的奋斗才取得现在的成功。然后我召开了有关追星问题的主题班会"谈谈你所崇拜的明星",让学生们搜集材料,展开讨论,以此来引导学生了解明星成功背后的努力和拼搏。学生们见我对他们喜欢的明星都了如指掌,非常意外,也开始乐于和我讨论追星的事情了,而我也可以更好地引导学生,让他们理解明星成功背后的努力,激励学生学习明星的奋斗精神,为自己的成功去努力。

在处理学生"追星"的问题上,顾老师试着参与学生的追星活动,充分了解学生所崇拜的人物的具体情况,并进行有的放矢的引导,让学生心服口服。班主任一般都比学生年长,可能会存在不同程度的代沟,人生观和价值观都会有差别,对待学生的追星问题,很多老师都持反对的态度,甚至明令禁止学生追星,其实这种观念和做法都不利于班主任和学生沟通,反而会让学生在心理上和老师拉开距离。所以班主任要改变自己的观念,首先去了解学生,在这个前提下再尝试着引导学生。学生往往很难理性、客观地看待自己所喜欢的明星,班主任绝对不要直接否定他,而要表明自己和他一样也很喜欢这个明星,并引导学生学习偶像积极的品质。当班主任能去理解学生的时候,学生反过来也会理解班主任的观点。

家长会上找相似

班主任在与家长交流时,也可以适当表明自己与对方有相似的经历或者观念,这样可以让他们更喜欢自己。北京某小学的班主任赵老师回忆起自己在一次家长会上的这种表现。

在一次家长会上，我邀请了三位优秀学生的家长交流发言。前两位家长都是高级知识分子，在台上侃侃而谈。最后上来的家长是一位普通的农民，他拿起话筒的手都有些发抖，他说："大家好！娃儿在学校的一些事情我都很支持她，尽我最大的努力支持她……"然后就低下头，满脸涨得通红，一句话也说不下去。见到他紧张的样子，我带头给这位父亲鼓掌，教室里爆发出热烈的掌声。这位家长难为情地笑了笑，又继续说"我没啥子文化，也没读过啥子书，但是我知道读书有多重要，所以我会尽最大努力供娃儿读书！"说完又低头不语。看到这位家长不知所措的样子，我接过话筒，说："我的父母也是农民，他们没有什么文化，但是给了我很多的支持和帮助，我今天能来到这里教书，也全靠我父母的辛勤付出。这位父亲虽然没有文化，但是他培养出来的女儿却非常优秀，小丽是班上品学兼优的孩子之一，还是班上的学习委员，让我们为这位伟大的家长鼓鼓掌好吗？"教室里又爆发出一阵热烈的掌声。事后，小丽的父亲特意来感谢我，"以前总觉得你们老师是知识分子，是高高在上的，今天才知道您这么平易近人，我以后一定会积极配合您的工作，多跟您交流娃儿的学习情况。"

赵老师在与小丽的父亲交流时，没有因为他文化水平低而区别对待，而是通过表达自己的亲身经历对他进行了褒奖和鼓励，让小丽的爸爸觉得老师"平易近人"，并愿意积极配合老师的工作。

学生家长往往来自各行各业，文化水平、价值观念、生活习惯等各方面的差异很大，班主任在与家长进行交流时，不妨多从家长的角度，找寻自己与家长的共同之处和共同话题。其实人与人之间有很多相似的地方，也有很多共同话题可聊，比如相似的经历，对某件事情的共同看法，喜好同一件东西，等等。只要你用心观察，或许就会发现你们原来喜欢同一种颜色，对同一本小说情有独钟，午后喜欢到同一家咖啡厅里喝咖啡。当家长对某件事发表了与你相似的看法，或者讲述了一段与你相似的经历时，你要适时地来一句："我也是这么想的,你与我真是太投缘了!""太巧了,我也去过那里。"有时只要这么简短的一句话,就能够拉近彼此的心理距离。

3. 白璧微瑕，十全九美

——仰八脚效应

江苏卫视热播的大型相亲类节目《非诚勿扰》中出现过许多相当优秀的男嘉宾，但却被大多数女嘉宾灭了灯，最终难以相亲成功。这种现象反复多次发生后，点评人对所有男嘉宾总结了一条忠告："没有缺点就是最大的缺点，太完美让人恐惧。"从此以后，那些表现完美的男嘉宾被提醒要主动说出自己的几条缺点或不足，果真提高了男女嘉宾相亲成功的几率。

白璧微瑕又何妨

如果男嘉宾呈现的各方面都太优秀了，女嘉宾会感到自己配不上他；如果这样的男嘉宾能够适当地暴露一些自身的不足，反而会让大家觉得他是一个真实的人，引来女嘉宾更多的关注与喜爱。这种现象可以用"仰八脚效应"加以解释。仰八脚指身体向后摔倒，仰面朝天地躺着。仰八脚效应（亦称白璧微瑕效应）表明，小小的错误反而有助于提高有才能者的人际吸引力与亲和力。社会心理学家阿伦森用实验证明了这一点。

在一个竞争激烈的演讲会上，有四位选手，两位才能出众，而且几乎不相上下，另两位才能平庸。才能出众的一名选手在演讲即将结束时不小心打翻了桌上的一杯饮料，而才能平庸的选手中也有一位打翻了一杯饮料。实验结果表明：才能出众而犯过小错误的人最具有吸引力，才能出众而未犯过错误的人吸引力位居第二，才能平庸而犯同样错误的人最缺乏吸引力。

心理学上对这样的现象有两种解释，一种解释是一个能力非凡的人给人的感觉是不安全的、不真实的，人们对于这样的形象不是真正地接纳和喜欢，而是有距离地敬而远之或敬而仰之。记得鲁迅先生曾说过："凡是神圣的、神秘的事物都是值得怀疑的。"中国杂技团在国外演出也曾经出过错，然而，当地的观众并没有因为演员的一时失误而冷嘲热讽，前去观看演出的人仍然络绎不绝。因为人们通过杂技演员的失误了解到，他们那些惊险的动作是真的。真实，给人最深刻的印象。

另一种解释是从人的自我价值保护的角度来说的。通常情况下，人们喜欢有才能的人，才能与被喜欢程度是成正比例关系的。但是，什么事情都有个限度，如果一个人的能力过强，过于突出自己，强到足以使对方感到自己的卑微、无能和价值受损，事情就会向相反的方向发展。人首先是进行自我价值保护的，任何一个人，无论如何不可能去选择一个总是提醒自己无能和低劣的对象来喜欢。相反，一个犯小错误的能力出众者则降低了这种压力，缩小了双方的心理距离，维护了他人的自尊，因而也赢得了更多人的喜爱。

十全九美才真实

仰八脚效应在教育中也经常发生着作用。对于那些非常权威、从不犯错的教师，学生也许非常尊敬并且崇拜他，但不见得就会欢迎他，一般是敬而远之。

李老师是新上任的班主任，从开学第一天起，李老师就给人以近乎完美的印象：每天换一套干净平整的衣服，头发梳理得整齐利落，每天必定提前半小时到校，谈吐文雅，布置任务井井有条……总之，任何一方面都做得非常出色。同学们都承认李老师是一位无可挑剔的班主任，但都有些畏惧她，不敢与她交流接近。有一天，李老师在点名的时候，一不留神把名字"覃磊"读成了"谭磊"，引得全班同学哄堂大笑，李老师顿时脸红起来，连忙向那位同学道歉。由于这个无心的"小错误"，同学们觉得李老师和大家一样，也是个普通人，也会有出错的时候，从此同学们都愿意主动找李老师谈心沟通。

世界上不存在绝对完美的人。人偶尔犯一个小错误，也是合情合理的。十全十美的班主任反而会使学生感到不安，觉得他仿佛远离凡人的超人一样不可接近。而对于那些难免犯小错误的教师，学生会认为他们是一个活生生的人，一个闪耀着人格魅力之光的人。班主任也是普通人，偶尔犯个小错误乃是人之常情。犯点小错，方显教师本色，在学生心目中的形象反而更加生动和丰满。班主任在自身形象建设方面，没有必要对自己要求太苛刻，过于追求形象的完美。懂得如何利用仰八脚效应，就不必过于小心谨慎行事，也许一个小失误不但不会给你的形象扣分，反而还会拉近你与学生的心理距离。

当教师犯了一些错误，暂时处在被动的地位时，他才有可能"把自己缩小，把学生放大"，蹲下身子征求学生的意见，听取来自不同方面的声音。而在这种情况下，学生自然而然就放下了情感包袱，不必担心自己说错或不知道而被他人耻笑。这样就会给他们的创造心理带来安全感，可以消除怕受批评的紧张情绪，从而使他们能无所顾忌地自由创造和发挥。所以，从这一方面来讲，那些常犯小错的教师，能给学生带来心理安全的需要、尊重的需要和自我实现的需要。

弄巧成拙需谨慎

班主任也要意识到仰八脚效应有助于增强优秀学生的亲和力，改变同学们对这种学生的评价和态度。

某班有一个学习非常优秀的学生，一直勤奋好学，对待学习一丝不苟，学习成绩日益提高，也为班级赢得了很多的荣誉。然而，他并不是一个受人喜欢的人，同学们都称他为"学习机器"，他却不以为然。直到有一天，他听到班主任与别人聊天时也说他是"学习机器"，他困惑了：为什么别人都那样对待他？苦闷的他独自到操场打篮球直到筋疲力尽。当他睡醒时，发现自己一直睡在班级门口的走廊里，路过的同学们都在用异样的目光打量他。他以为班主任会因此而责怪他，同学会瞧不起他，他甚至做好了逃学的准备。然而，班主任不但没有责备他,反而对他大加赞赏。同学们也从此开始对他笑脸相迎。他不知道,他的无心之过反倒帮助了他,使他在大家心目中的形象丰满起来,变成了有血有肉的人,而不再是"学习机器"。

如果班级中存在一位各方面都非常突出但却受到大家排斥的优等生,班主任则不妨利用仰八脚效应给这位优等生支着,展现其平凡的一面,帮助他尽快融入班集体之中,得到更多人的认可与喜爱。

值得一提的是,仰八脚效应的产生是有条件的,即犯错误的人应该是具有非凡才能的人,而且犯的都是可以原谅的小错误。在阿伦森的实验中,那个能力平庸而又犯了错误的人成了人们最不欢迎的人。这意味着,如果你是一个强者,请不要过于"包装"自己,恰当地"示弱",适度地暴露一点"瑕疵",反而会另辟蹊径,赢得更多人的亲近和喜欢。反过来,教师倘若没有让学生敬佩的地方,却总是犯不该犯的错误,学生又会怎么想呢?

仰八脚效应贵在对人展现真实、真诚的面目。教师一方面不要装完美、端架子,疏远了与学生的心理距离,搞得自己也很累;另一方面千万不要故意地频繁犯错,以免给学生留下粗心大意、马马虎虎的不良印象,弄巧成拙,适得其反。

4. 知错能改，善莫大焉
——合法化效应

下课铃声响起，李晓京放下书到走廊伸胳膊踢腿，被班主任叫住了。

"你看看你这值日生怎么当的，讲台旁边垃圾那么多？这卫生标兵还怎么评？赶快去扫干净了！"

李晓京丈二和尚摸不着头脑："老师，今天是王培中值日，不是我，我是前天值日，这跟我没关系啊！"

老师一愣，随即反应过来，提高了声调："怎么没关系了，你不是这个班的同学吗？班集体的荣誉跟你怎么没关系啦？怎么这么没责任心啊？赶紧去给我弄干净了，还不给我快点儿！"

越描只会越黑

这位班主任先是不知情而错怪了学生，在得知真相后，不但没有向学生道歉，反因一心维护面子，而将错就错，借错发挥，尽力使自己公开表达出来的错误合法化。这种现象司空见惯，可以用合法化效应进行解释。所谓"合法化效应"，是指人们转变自己公开表达的观点要远远难于转变自己尚未宣扬的观点，也被称为"公开化效应"。

阿希在其经典的从众实验（参见本书后面的"月亮走，我也走——群体规范"）中发现，如果某个参与者从一开始就说出了与群体意见相左的观点，这种观点往往具有强大的生命力，即使群体的观点在事实上是正确的情况下，该参与者也会选择固执己见。阿希将这种现象称为"反从众性"。

对于合法化效应产生的原因存在两种解释。一种解释是：个人一旦将自己的立场或观点公开之后，就倾向于维护自己"独立的"观点，如果改变自己曾经公然宣扬的立场，则意味着导致"缺乏主见"、"丧失权威"等负面评价。于是，个人会拼命为自己的立场寻求"合法化"解释，最终沦为"立场的牺牲品"。

另一种对合法化效应的解释是经济学上经常提到的"沉没成本效应"（sunk cost effect），即"在某一方面一旦投入了金钱、努力或时间之后，人将表现出继续投入的巨大倾向"。

在阿克斯等人（Arkes & Blumer）的一项实验中，实验者将学校影院的季票分别以全价15元、打折价13元、半价8元卖给三组参与者。虽然这三组参与者都享有同等的进出影院的权利，但实验结果显示，全价购买者比其他两组光顾影院的次数明显要多，甚至对一些自己不感兴趣的电影，他们也会因为"已经花了那么多票钱"而走进电影院。

由于自己所持的观点已被公开宣扬，个体倾向于继续努力维护这一观点，而已做出的努力将引发新一轮的投入，哪怕事实上所有的付出都是没有必要的。

合法化效应旨在维护个体的面子、权威和"主"见。即使自己公开展露的立场被证明是错误的，个体也要为自己的立场寻求合法化解释。而这种将错误"合法化"的努力往往带来没有必要的投入和"越描越黑"的结果。

2008年，在印度某电视台举办的一场真人秀决赛上，16岁的高中女生辛吉妮信心十足地完成了自己的展示，一位评委毫不客气地对其表现进行了刻薄的批评：你的表现相当差劲，简直一无是处！当着数百万直播观众的面，辛吉妮不期受到如此打击，瞬间崩溃，晕倒在地，被紧急送往当地医院。经抢救，小姑娘虽然脱离了危险，却再也无法开口说话，甚至无法回忆起家人的名字。专家和观众们对电视台片面追求收视率而牺牲选手心理健康的有违人道的做法表示了质疑和愤慨。但电视台方面拒绝认错，并辩解说评委对选手的"严格要求"是为了让他们"更好地成长"。

可见,合法化效应在个体或者机构居于某种重要地位时,表现得尤其明显。在国内也经常发生类似的著名机构或者人物犯错被指正后却死命护错的现象。在柯南道尔笔下,福尔摩斯评价苏格兰的乌龙侦探雷斯垂德时说:"是的,他知道我比他强,当着我一个人的面他不会否认。可是他宁愿咬掉自己的舌头,也绝不会在哪怕有一个外人在场的时候承认这一点。"身处人群之中的我们,受到聚光灯效应的影响,会尤其在意他人对自己的看法,因此千方百计地为自己的行为和观点寻求合法化解释,在场人数越多,这种倾向就越强烈。班主任在全班学生面前向学生让步不是一件容易的事。

铃声响过,班主任王老师走进教室,发现黑板还没有擦,顿时面露愠色。班长见此情景,走上讲台拿起了黑板擦,却被老师制止了。

"这算怎么回事?跟我过意不去是吧?值日生哪去了?站起来!当着大家的面,说说你干吗去了,黑板都不擦?站起来!"

值日生一动不动。

"叫你呢!站起来!"班主任的声调高了八度。

班长拼命给值日生使眼色,值日生干脆把头偏了过去。

"今天这事不说明白,课不上了,你们爱怎样怎样!"班主任把讲义往讲台上一扔。

师生就这么僵持开了。值日生固执地坐在椅子上。没错,我是没擦黑板,可我是去帮班长收作业了!问我干吗不解释?就是不想跟你解释,就看不惯你趾高气扬的模样!班主任傲然站在讲台上。可别怪我不给你们讲课,我这要是讲了,你们以后更得挑衅我的权威啦,就为这面子我也得跟你们耗下去!

在人际关系中,越是处于重要地位的人往往越在意自己的脸面和尊严,但在很多情况下,尊严是在解决问题的过程中产生的副产品,而不是行为的目标。班主任王老师不问青红皂白,一味意气用事,并且以为在全班学生面前要是跟学生认软、退让，面子往哪搁？威信何在？工作怎么做？难怪他将局面搞得越来越僵，以至于最终难以收场。这样做，其结果是不但不能在学生面前维护自己的威信与尊严，反而拒学生于千里之外，并且还影响到了教学。

低头也需勇气

圣人说，知耻近乎勇。一个人承认自己曾经公开的错误观点，纠正自己曾经的错误行为，需要非凡的勇气和魄力。教师在学生面前是如此，班主任则更甚。为了维护在学生心中的权威形象，班主任坚持自身错误行为的合法化却是南辕北辙，适得其反。反过来，知错能改，不仅无损于自己的权威形象，反而使自己的形象更真实、更高大。请看广西桂林的一位班主任熊老师向学生公开认错的心路历程。

早读课上有一位女生连续三天迟到，我实在忍无可忍，在班上对她大声呵斥。她当时哭着反驳道："谁想迟到啊，我又不是故意的！"看到她这种态度，我更加恼火，把这几天憋着的怒火全都发泄在她身上。我回到办公室，静下心来一想，觉得这种处理方式太粗暴，既伤了学生的自尊心，也对今后的班级管理工作造成了不良影响，于是决定拿出勇气来坦率地承认自己的错误。那天上课前，我走进教室，学生看到我后，都乖乖早早地坐到座位上，不敢出声。我深吸一口气，为自己的冲动与粗暴之举向那位女生以及全班道歉。话音刚落，同学们的掌声立刻响了起来，那位女生也向我道了歉。下午再见到她时，她递给我一张纸条，上面全是道歉的话语。原来，她还担心我因此讨厌她，不喜欢她了呢。从那天起一直到今天，她再也没有迟到过。

幸亏熊老师及时认错，否则，不知给这位女生的心理带来多大、多久的阴影。更加难能可贵的是，熊老师对某一位同学做错了事，不仅向这位同学道歉，而且向全班同学道歉。山西省太原市某小学班主任张老师对学生私下做错了事，反而公开在全班同学面前自揭伤疤，自我检讨。

山西省太原市一位小学生在圣诞节的时候亲手给老师做了一张贺卡，满怀热情地送给了老师，但在元旦过后，她帮助老师打扫办公室的时候突然发现自己的贺卡被扔在了垃圾桶里，她感到非常难过和伤心，在一篇作文中这样写道："打扫完以后，回到教室里，我再见到的张老师，永远都不会和蔼，永远都不会可亲，永远都不会温柔了！痛、痛、痛，我永远都不爱您了，张老师！您为什么连看都没有看，就将我的贺年卡扔掉了，这是为什么？为什么？张老师，我觉得您好像永远都不好了，我多么希望有一位能真正了解我的老师啊！张老师，您能看出我真诚的心吗？能吗？……"

看到这篇作文以后，张老师自述他内心久久不能平静，一种愧疚之情溢满心中。他在给这篇作文的批语中写道："我现在只能说声'对不起'，也许这样说并不能抚平你心中的痛。我只能用自己的爱心去弥补我的'一失足'，这件事将记入我教学的史册中，那是灰色的一页，它将激励我去爱每一位学生，珍爱学生的每一份作品。在此请你谅解，相信这样的事不会再发生。"班里的同学反映说，张老师当着全班同学的面做了自我检讨，大家都感受到了他道歉中饱含的真诚。而"当事"的孩子得到了张老师如此诚恳的解释，起初的不快也随之烟消云散。

张老师对自己的错误行为进行了深刻的反省，通过对作文的点评向"受伤的"学生单独地、诚恳地道歉。不仅如此，张老师主动面对全体学生，勇于承认自己的错误，最终赢得了学生的谅解和尊重。当班主任能够勇于纠正自己不当的态度和行为时，反而更能够赢得学生们的拥护和爱戴，使自身权威更加巩固，师生关系更加亲密，合作更加高效，工作更加顺利。

班主任也是人，人非圣贤，孰能无过？但知错能改，善莫大焉。从熊老师班同学们的掌声与小女生的道歉及纸条，从张老师班里同学的良好反应，我们可以体会这句古训之不谬也。

5. 巧借名气，名至实归

——名人效应

　　一位出版商有一批滞销书难于出手，他苦思冥想，终于想出了一个主意。他送给总统一本书，三番五次去征求意见。总统忙于政务哪有时间和他纠缠，随口说了一句："这本书不错。"出版商借此大做广告："现有总统喜欢的书出售。"于是这些滞销书很快就销售一空。

　　不久，这位出版商又有卖不出去的书，他重施故技送了一本给总统。鉴于上次的教训，总统不想让他如愿，奚落道："这本书糟糕透了。"出版商听到后，灵机一动，打出广告："现有一本总统讨厌的书出售。"又有很多人出于好奇争相购买，书又被销售一空。

　　这位出版商第三次寄给总统一本书。总统不知又要上什么当，将书弃置一旁，不做任何评价。出版商却大做广告："现有一本总统难以评定好还是不好的书，欲购从速。"这批书居然又被抢购一空。

"名师"出高徒

　　这位书商巧妙地利用了名人效应。所谓名人效应，是指名人的出现可以起到引人注意、增强印象、导致模仿与扩大影响的作用。随着大众传媒的普及，名人对大众具有的影响力已经深入到了社会生活的各个方面。

　　名人广告和代言已经成了商家促销的常用手段。名人一般具有较高的知名度，或者还有相当的美誉度以及特定的人格魅力等，他们参与广告活动特别是直接代言产品，与其他广告形式相比，可能更具有吸引力、感染力、说服力和可信度，有助于引发观众的注意、兴趣和购买欲。有报道称，全国目前80%的品牌都采用了名人广告作为争夺市场的工具。1992年，广告中巩俐以一句"美的生活，美的享受"，让美的空调名声大噪。广告播出后，美的空调提前进入销售旺季，销售额突破了亿元大关，以至于15年后美的再次与巩俐合作，并一举签下美的冰箱、洗衣机以及小家电系列的全部代言。有一项研究分析了5000个电视广告片的效果，发现名人在推荐产品、表达产品特性时其说服力有所增强。另有一项研究比较了几百条名人和无名代言人的电视广告，发现名人广告比非名人广告更能持续吸引观众注意力并改变观众的态度。另外，名人出席慈善活动能够带动社会关怀弱者。前一段时间，全国许多地方争夺历史名人的现象也被炒得沸沸扬扬。

名人之所以具有影响力，是因为名人具有暗示作用。

美国心理学家曾做过一个有趣的实验。他在给大学心理系学生讲课时，向学生介绍一位举世闻名的化学家来做一项实验。这位化学家说，他发现了一种新的化学物质，这种物质具有强烈的气味，但对人体无害，在这里只是想测试一下这种物质的气味在空气中的传播速度。说完，他打开瓶盖。15秒后，前排同学举手，称自己闻到了异味；接着，后排的学生也陆续举手，表示自己也闻到了。其实，这只瓶子里装的只不过是蒸馏水，"化学家"也是从外校请来的德语教师。

一个并不出名的"名人"竟然能对人最基本、最原始的感觉判断产生如此大的影响，可见，名人的暗示力量有多大！大学生如此，中小学生更是容易信服名人，接受名人的暗示。下面这位王老师的班级管理就巧用了名人的这种暗示作用。她的班是全年级甚至全校闻名的模范班，全班的学习和纪律都很棒。她的秘诀就在于公开利用学生家长而秘密地为自己造势。

每接手一个新班，我会在开学之前先开一次家长会。家长会上的一项关键内容就是向家长详细介绍我的团队。我极力宣扬每个老师的荣誉与影响，对于年轻教师，我则热捧他的大学成就、个人基本素质与教学擅长。我郑重地告诉家长："请回去用你自己的话，通过举例，详细地向孩子转达两个意思。

第一,你的班主任是个名人,教学很有经验,做班主任也很有成就;第二,你的任课教师都相当出色,每个人都获得过很高的荣誉,别班的学生在悄悄羡慕你们呢。"刚开始有些家长质疑我这样自大是否合适。我告诉家长,我对老师们的介绍相当中肯,我这样的做法也是十分有道理的,两周后的家长会我们再下结论。两周后,大部分家长反映,学生回家说:"真的,我们的老师很优秀。"他们心里很高兴,情绪相当好。老师也说:"这帮学生很优秀!"

王老师利用名人效应成就了他真实的"谎言"。试想,学生来到新环境,面对新教师,内心渴望遇到名师,而担忧遇到平庸的老师。他们脑子里对全校教师一无所知,此时,第一次接收到的有关班主任和教师的信息是印象深刻的,更何况是自己家长说的,成人们的话更有可信度。一旦他们的渴望变为了现实,就会在第一节课前好好预习,试图给"名师"留下一个好的印象。上课后,学生由于预习成功,心态积极,目光中充满敬佩,因而听得明白,回答积极,一节课下来,感觉收获很大。此外,老师在学生的情绪感染下,成就感油然而生,与学生配合默契,实现超常的发挥。

如此,王老师创造了师生之间的良性互动与良性循环。她迎合了学生良好的预期——"我的老师是名师"——也为教育创造了一个良好的开端。通过教学相互促进、相互影响的过程,学生的良好期望导致的积极行为反过来又对任课老师们产生了积极的影响,从而真的造就了名师!

名人的奋斗史

名人之所以具有影响力,还因为人们对名人充满崇敬与喜爱,从而爱屋及乌,喜欢他们所喜欢的东西,愿意做他们所做过的事情。

班主任王老师发现,班上学生近来最流行的话题是一个叫作"Super Junior"的韩国组合,学生们对其中的一个叫作韩庚的中国成员更是着了迷,他们在桌上、铅笔盒上甚至书皮上都贴上了韩庚的画报。王老师特地上网查找了这个明星的资料。当她看到韩庚的照片之后,心想,"不就是个漂亮的小男生嘛"!

由于年龄特点,中小学生喜爱的名人多为歌星、影星一类,被他们的表面形象所吸引,出现追星现象。但是,无论是政治家、科学家、企业家,还是影视歌星或体育明星,他们之所以成为名人,是因为他们在某一领域有其过人之处,而且也付出了相当多的努力。教师要根据学生对名人的崇拜心理,让他们明白歌星、影星成功背后的刻苦奋斗与成名不易,激励他们像明星一样努力成才。当王老师看到韩庚的成名经历时,对这个"漂亮男孩"有了新的认识。

原来,韩庚是韩国著名经纪公司 SM 在中国以 3000:1 的比例选拔出的"Super Junior"组合中唯一的中国籍成员。韩庚的舞蹈功底非常好,上大学时他每天早上花两个小时练踢腿,足足踢满 5000 次。长期的高强度练习使他的腿部患上滑膜炎而整整疼了 1 年,但他每次都咬着牙练功,直到实在受不了时才打封闭针。韩庚被层层选拔出来,成为 SM 公司的实习生,在韩国接受训练。他和好几个男孩挤在一间宿舍,学舞、练声乐、学语言……每天只睡 4 小时,每月生活费不足 40 万韩元(要知道,在韩国吃碗面都要几万韩元)。不仅如此,在韩国身为外国人,他没有医疗保险,连病都生不起。更为甚者,因为他是外国人,团里其他 11 人可以上演的很多综艺节目他都不能参演,表现的机会少之又少。个别演出实在需要韩庚担任领舞时,竟然还要求他戴着面具跳!正是在这样的环境和困难中,韩庚没有放弃,反而更加努力,最终获得了今天的成绩。

王老师决定用韩庚的故事来激励她的学生。

她开展了一次主题为"我从韩庚身上学到了什么"的班会,让学生们相互交流各自事先搜集到的有关韩庚成名经历的资料,分享自己从韩庚的成长故事中得到的启发。当用学生们自己的偶像来激励他们时,学生的参与度特别高,大家踊跃发言,分享也非常充分,甚至有些没得到机会发言的学生课下找到老师说，要把自己这次班会的感想写到周记里给老师看。

这次班会取得了非常好的效果。王老师巧妙发挥了明星偶像的励志作用。

身边的名人榜

名人之所以具有影响力，还因为名人是公认的榜样，人们愿意观察并模仿他们。社会人物与媒体名人远在天边，本校乃至本班的名人近在眼前，更是可望又可及。

班主任李老师每一次接班，都要带学生去参观校友陈列室、校史陈列室、荣誉馆，到各个楼宇的走廊上观看校友的介绍，并且还特别强调自己教过的学生，让学生了解校史，了解历届的优秀校友，激发学生对学校和学习的热情。不仅如此，李老师还会请自己教过的优秀学生回来给"师弟师妹"们讲自己的学习经历，树立近距离的可见的学习榜样。

当然，距离最近、最可见的榜样就是同班同学了。李老师也在班级里树立了班级小名人，诸如那些在学习上和其他各种才艺上有突出表现的优秀学生。

在班级环境布置时，李老师专门在墙面上设计了一张"3班英雄榜"。"英雄榜"中的奖项有学习成绩方面的，包括年级前10名奖、最佳进步奖、单科最优奖等，奖项和姓名旁边还会张贴获奖学生的照片，并给每张照片起一个很有激励作用的标题。除了学习方面，班上还有"小刘翔"、"小科比"、"小杨丽萍"等奖项，用来分别奖励短跑、打篮球、舞蹈等方面有专长的学生。在李老师班上的墙面上，你能看到刘翔照片的旁边就是他们班上短跑健将的照片，并且还有李老师的"重要批示"："我们班的小刘翔！"

班主任不妨学学李老师，善于挖掘学生身边的榜样，冠以各色名头，打造明星。对学生明星本人而言，这是无上荣光，可激励他们名至实归；对其他学生来说，榜样的力量是无穷的。

6. 换种说法会更好

——框架效应

在位近60年的英国维多利亚女王曾把大英帝国的繁盛推向巅峰，但在家庭关系上，她也跟常人一样，难免有些磕磕碰碰。

有一天，女王和丈夫阿尔巴特为一件小事吵嘴，阿尔巴特一气之下跑进卧室，紧闭房门。

女王理事完毕，很是疲惫，急于进房休息，怎奈阿尔巴特余怒未消，故意漫不经心地问："谁？"

"英国女王。"

屋里寂静无声，房门紧闭如故。维多利亚女王耐着性子又敲了敲门。

"谁？"

"维多利亚！"女王威严地说。

房门仍旧未开。

维多利亚徘徊半晌，再又敲门。

"谁？"阿尔巴特又问。

"我是您的妻子，阿尔巴特。"女王温柔地答道。

门立刻开了，丈夫双手把她拉了进去。

框架效应"诓"了谁？

请先回答下面的两个问题。

问题一：

想象一下，一种罕见的亚洲疾病在美国爆发，预计该疾病的爆发将导致

600人死亡。现有两种治疗方案可供你选择。假设对各治疗方案所产生的后果估计如下：

如果采用A方案，200人将获救。

如果采用B方案，有1/3的可能性600人全部获救，而有2/3的可能性无人获救。

你会采取哪种方案？

（请将你选择的方案记录下来，然后请想想别的事情，忘掉这个题目。）

问题二：

想象一下，一种罕见的亚洲疾病在美国爆发，预计该疾病的爆发将导致600人死亡。现有两种治疗方案可供你选择。假设对各治疗方案所产生的后果估计如下：

如果采用C方案，400人将死亡。

如果采用D方案，有1/3的可能性无人死亡，有2/3的可能性600人全部死亡。

你会选择哪种方案？

（请将你选择的方案记录下来。）

以上就是诺贝尔经济学奖获得者丹尼尔·卡尼曼（Daniel Kahneman）的著名研究"亚洲疾病问题"。在他的研究中，卡尼曼向一组参与者呈现问题一，结果发现选择A、B方案的人分别为72%和28%；向同一组参与者呈现问题二时，结果则发生了逆转：选择C、D方案的人分别为22%和78%。

回过头仔细观察便不难发现，问题一、二的本质是一致的：方案A和C的含义一样，方案B和D的含义也一样。唯一的差别是，问题一是以获得（"获救"）的方式进行描述的，而问题二则是以损失（"死亡"）的方式描述的。因此，卡尼曼得出结论，言语表述的方式会影响人们的决策，当方案被表述为一种获得时，人们倾向于回避风险（问题一中选200人一定获救）；而当方案被表述为一种损失时,人们则更愿意冒险(问题二中选择D方案)。

　　心理学上就把这种由于表达和描述方式的改变所导致的不同决策和判断的现象叫作框架效应。比如,当朋友跟你描述自己的下一步计划时,你送上一句"祝你成功"就绝对比"祝你不要失败"好。我们生活中也不乏运用框架效应成功影响他人的"高手"。请看下面一则笑话。

　　有两个非常喜欢抽烟的年轻人,并且他们都是基督教徒,每个星期都要去教堂做礼拜。但是,每次听牧师讲道的时候,他们都总忍不住要抽烟。于是,他们就一起去征求牧师的同意。第一个年轻人问道:"牧师,请问我可以在做礼拜的时候抽烟吗?"牧师回答:"做礼拜一定要心诚,怎么可以抽烟呢?"年轻人悻悻地走了。第二个年轻人没有放弃,走上前问道:"牧师,请问我可以在抽烟的时候做礼拜吗?"牧师毫不犹豫地说:"当然!只要你有诚意,随时都可以做礼拜。"

　　在靠口才为生的行当之中,许多人深知"一言可以兴邦,一言可以丧邦"。同样一个意思,用不同的表述,收到的效益却大不相同。例如,有的保险推销员跟你说:"买我们公司的保险,您每天只需要缴纳13元,就可以得到一生的保障!"只要每天花13元而已,听起来很是让人心动。不过先别着急决定,我们来计算一下。每天13元,一年则将近5000元,如果交20年的话总额就是10万元,也是一笔不小的数目啊!但是,"买我们公司的保险,您只需缴纳10万元,就可以得到一生的保障",显然不如上面的说法更能吸引消费者。

转批评为激励,化腐朽为神奇

　　这里讲框架效应是从广义上讲的,是对不同的表达方式导致不同效果这一现象的总称。从这个意义上讲,保龄球效应则是框架效应下的一个类型。

　　甲乙两名保龄球教练分别训练队员A、B。一次,A、B队员都打倒了7

只瓶。这时，甲教练对 A 队员说："很好！打倒了 7 只。"A 队员听了很受鼓舞，也树立了信心，心想，下次再加把劲一定能把剩下的 3 只也打倒。另一边，乙教练则对 B 队员说："怎么搞的！还有 3 只没打倒。"B 队员听了教练的指责，心里很难过，觉得自己表现得很差劲，让教练失望了。结果，A 队员在之后的练习中成绩不断上升，B 队员则打得一次不如一次。

对于学生，尤其是本来就有些信心不足的学生而言，老师的积极鼓励可以带来莫大的鼓舞，老师的消极指责则可能会摧毁他的自尊，甚至导致习得性无助。一位语文老师兼班主任在期中考试结束后，与数学老师一起分析了班上学生的成绩，发现"跛腿"现象比较严重，一些学生语、数成绩相差了几十分！他决定找来那几位数学成绩很好但语文却处在中下游的学生谈话。她会不会一上来就批评他们数学这么好而语文那么差呢，并敦促他们以后多花点时间在语文上呢？非也！让我们来看看她是如何将责怪转化为激励的。

几名学生带着怯生生的表情进来了。我微笑着对他们说："老师看到你们这次数学考得特别好，感到非常开心，要祝贺大家！老师根据这么多年的教学经验，总结出了一条规律：数学学得好的孩子都非常聪明，只要他们愿意花时间去认真学习，就没有他们掌握不了的内容！所以老师对你们特别有信心，相信你们在以后的学习中，不但能保持住数学的好成绩，同时还能把语文也学得很好！"学生们低下的头逐渐仰了起来，眼神中露出一丝光芒。期末考试中，五位"跛腿"严重的学生中有四位都是语数双优呢！

在上面的例子中，老师以鼓励而不是批评的方式，不仅看到了学生在数学上的优异表现，维护了他们的自尊、自我效能感和自我价值（数学成绩好的人聪明，聪明的人什么都能学好），还传递了老师对他们发展语文能力的充分信任与期望，最终收到了良好的效果。在教育工作中，我们不妨尝试换种方式，化批评为激励，促进学生自我效能感的发展。教师表达方式的转变见表 1。

表1　教师表达方式的转变

批评的表达方式	激励的表达方式
"小明,你是不是有多动症啊,在板凳上坐不了10分钟就开始乱动……"	"大家要鼓励一下小明,他原来在座位上坐不了5分钟,现在已经能坐10分钟了,有很大进步!"
"苗苗你怎么那么馋呢,早读时间还在偷吃东西!一个女生狼吞虎咽的像个什么样子!"	"老师看得出你为了不迟到连早饭都没吃,但老师希望你在课前吃好早餐,课上吃东西不仅对身体不好,还会影响其他同学。"
"总的来说,这次考试比较简单,连小丽同学都拿了90分……"	"在这次考试中,小丽同学得到了90分的优异成绩,值得我们全班为她鼓掌!"
"玲玲背课文背到一半卡壳了,我找个同学来帮她。"(否定了学生的能力,使学生产生失败感。)	"前面你都背得很不错,老师再给你一点提示,你肯定能完整地背出来!"
"你们到底有没有听老师讲话,还要我说几遍?!"	"可能是老师没有说清楚,我再来一次准行!"

幽他一默好处多

苏联著名诗人米哈依尔·斯维特洛夫曾说过:教育家最主要的,也是第一位的助手就是幽默。在与有经验的优秀班主任交流的过程中也会产生同样的感受:适当的幽默能够在班主任工作中发挥奇效。

山外青山楼外楼,上课睡觉几时休?

夏天来了,科任老师已经不止一次地跟班主任张老师反映学生上课睡觉的现象。张老师也在思考用什么方式来处理这一问题比较好。毕竟天气是一个主要原因,简单的批评教育不仅可能效果不佳,还可能使学生产生逆反心理。

一次班会课上,张老师又发现有几名学生正在伏案而睡。"这不正好是一次教育的好机会吗!"张老师心想。于是,他灵机一动,停止了讲解,挥起粉笔就在黑板上写下了一首打油诗:"山外青山楼外楼,上课睡觉几时休?暖风吹得学生醉，直把课本当枕头。"学生看完，开怀大笑。睡觉的同学也被这笑声惊醒，抬头一看，都不好意思地笑了。此时，全班学生已是睡意全无。之后，只要有人在课上睡觉，旁边的同学总会在他耳边念这首诗，直到把他弄醒。

老师这样的幽默不仅在松快之中解决了问题，而且让学生不禁钦佩教师的智慧和才华。值得注意的是，研究发现，幽默除了能够"博人一乐"之外，还能培养更加开阔的思维。美国心理学家艾森的一项实验就能很好地说明这个观点。

在艾森的实验中，他将200名自愿参与者分成了智商相同的甲、乙两个组，然后让他们完成同一套创造力测试题，所不同的是，甲组参与者在完成测试之前观看了20分钟的喜剧录像，而乙组则是测试前听同样时间的行政报告。结果发现，甲组中有97%的参与者全部完成了创造力测试，而乙组则只有20%的参与者完成了测试。

教师无论在处理课堂问题还是在进行知识教学时，适当地诙谐、幽默一下，就可以调节气氛，让学生感到心里安全、轻松、愉快，其思维自然也会活跃起来，再枯燥的知识学起来也就不累了，再棘手的问题在师生的会心一笑中也会烟消云散。

人起码应该有1K的内存吧

陈老师的班级是实验班，学生的能力个个都很强。但最近陈老师在跟语文老师一起分析学生半期考试的试卷时发现，学生在阅读理解、作文等主观性的大题上得分情况都不错，在一些背诵性的知识点上却失分较多。据语文老师说，这跟班上的学生对背诵不够重视有关。尽管他已经在课上一再重复"一定要多记多背"的观点，但是却没什么效果。

一天，在一次主题为"我很重要"的班会课快结束的时候，陈老师微笑着，用十分轻松的口吻对学生说了这样一番话：

我觉得吧,作为一个正常人,起码应该有1K的内存。就算CPU再好,内存不够的话也很容易死机。你智商再高,却记忆力低下,就什么都干不了,只能发呆。1K的内存配置实在是最基本的要求。1K是1024个字节,能够存储1024个英文字符。平均每个单词8个字母的话,能存储128个单词;平均每句话12个单词的话,算上标点符号,大约能存储10句话……一个段落的容量大抵上也就如此。你们想想吧,我这个要求算不算高?就你那个所谓的"智能"手机,千儿八百块钱的东西而已,已经有1G、2G甚至更多的存储容量了。我们整天对自己说,自己很重要,自己是无价的,却连1K的内存都没有,这有点过分了吧?

学生大笑,但嬉笑之间,陈老师已经把重要的道理植入了学生们的脑海,并且完全没有遇到抵触心理。

吸烟的好处

吸烟危害健康,路人皆知。《中学生日常行为规范》中也明文规定,禁止中学生吸烟。可总是有学生不惮于"越雷池"。一位班主任刚刚得知,班里有两个学生正在抽烟!他并没有严加惩罚,而是一改往日苦口婆心的谆谆教诲,在班会课上巧妙地把话题引到吸烟上。这位老师是这样开讲的:

"今天我想跟同学们谈谈吸烟的好处。""吸烟没有好处呀。""吸烟能提神。""那算什么好处!"望着学生们面面相觑的神情,我笑着说:"吸烟的好处至少有四点:一则可以防小偷。因为吸烟会引起深夜剧咳,小偷怎敢上门?二则节省衣料。时间一长,吸烟者成了驼背,衣服可以做短一些。三则可以演包公。从小就开始吸烟,长大后脸色黄中带黑,演包公惟妙惟肖,用不着化装了。四则永远不会老。医学研究表明,吸烟历史越长,寿命越短,当然永远也别想老了。"学生们哄堂大笑。一周后,两个抽烟的学生偷偷来找我:"老师,我俩从此再也不抽烟了!"我得意地笑了。看来,换一种方式,果然比一味地批评更有效。

这位班主任把从一则笑话中所看到的四点"好处"稍加演绎,来了一番正话反讲,让学生看到了吸烟的副作用,情感受到震动,随之改变了吸烟的行为。同样的意思,用不同的方式表达,却起到了单纯说教与劝告甚至批判所不能达到的效果。

7. 看不见的影响力
——态度的隐性转变

回想一下，你或者你周围的人有没有过这样的经历：

你本来对某个品牌并没有特别的偏好，比如，你觉得百事可乐和可口可乐都差不多。但自从一个你非常喜爱的明星代言了百事可乐之后，你变得越来越喜欢百事可乐了。

你本来并不喜欢红色，但偶尔一次穿红色衣服的时候，有朋友说你穿红色很好看，于是你改变了对红色的"偏见"，也越来越愿意买红色的衣服了。

你并不喜欢张先生，但却因为他是你的顶头上司而跟他侃侃而谈，对他笑脸相迎，时间一长，你觉得心里很闷，异常疲惫。

人的态度和行为在很多因素的影响下会发生变化。教师除了有意识地说教与批评等方式之外，还可以采用一些隐性的途径来改变学生的态度与行为。上面三个例子实际上分别展示了三种经典的无意识的隐性转变方式。

爱屋及乌

有一位学生觉得自己受到了老师不公正的批评，回到教室后怒气难消，愤然地将老师所教学科的课本踩在地上，发誓再也不学这门课了！相反，另一位学生喜欢某个老师，渐渐地爱上了这位老师所教的学科……照理说，对老师的个人感情与对学科的态度之间并没有什么直接关系，但是这种爱屋及乌（或者"恨屋及乌"）的案例为什么屡见不鲜呢？有一项心理学研究（Razrall, 1940）早就注意到了这种现象。

在这项研究中，研究者给所有实验参与者呈现了大量的政治口号，但给两组参与者呈现口号的情境有所不同。第一组参与者是在享受免费午餐的同时被呈现以口号，而第二组参与者则是在闻到腐烂气味的同时被呈现以口号。两组参与者随后对口号进行评价。结果表明，第一组的评价更积极，而第二组的评价更消极。

可见，人对事物的情感和态度并非完全理性的。同样一个对象，当它和美好的事物（免费午餐）配对出现时，我们的态度会更加积极；当它和令人厌恶的事物（腐烂的气味）配对出现时，我们的态度则变得更加消极。由于老师与其所教课程总是配对出现，多次重复之后，学生对老师及其学科的态度和情感也就混在了一起，难以区分了。

更有甚者，人对某个姓名的态度还可以延展到该姓名所指的那个人。在中国历史上，因为出了一个秦桧，所以再也没有人愿意让自己或者孩子的姓名中出现"桧"字，个中缘由实际上也是一种恨屋及乌的隐性机制在发挥作用。

另有一项心理学实验（Berkowitz & Knurek, 1969）更直观地说明了这种态度的隐性转变过程。实验者让参与者完成一个配对词语的学习任务，在所学词语中，有"Edward"和"George"两个人名，并且"Edward"总是和积极词汇（nice, brilliant 等）配对出现，而"George"则总是与消极词汇（bad, terrible 等）配对出现。然后，参与者被安排与两位陌生人 A 和 B（都是事先安排的研究助手）交谈，并且告诉参与者他们分别叫 Edward 和 George（两位研究助手轮流充当 Edward 和 George），然后让他们对两人进行评价。结果发现，凡是研究助手被冠以"Edward"之名时，就会得到参与者更积极的评价，而被介绍为"George"时则会得到更加消极的评价。

很多类似的研究都表明，当两种事物配对出现时，我们对其中一种事物的态度会无意识地影响我们对另外一种事物的态度。如果我们对事物 A 具有明显的积极或消极态度，而对 B 事物没有明显的态度偏好，当事物 A 和事物

B 多次反复配对出现后,我们对事物 B 的态度往往在不知不觉中受到了对事物 A 的态度的影响。

教师如果要转变学生对某一事物、活动或学科的态度,当有意的说服不能奏效时,不妨试一试这种爱屋及乌的隐性途径。有人说,"教育的艺术就是使学生喜欢你和你所教的东西"。"随风潜入夜,润物细无声"才是这种艺术的最高境界。

顺势强化

我们都知道,强化可以促进学习。不仅如此,强化还能塑造人的态度。

有心理学家(Hildum & Brown, 1956)对一批大学生进行了访谈,访谈内容是大学生对学校制度的态度。他们将接受访谈的大学生分为了 A、B 两组。当 A 组受访者表达出对学校制度的积极态度时,研究者就给予诸如"好"、"对"的积极反馈(强化);相反,当 B 组受访者表达出对学校制度的消极态度时,研究者给予"好"、"对"等积极反馈。访谈结束后,用问卷测量所有受访者对学校制度的态度。结果发现,学生的态度与其被强化的内容一致:A 组学生在问卷中表现出更积极的态度,B 组学生则表现出更消极的态度。

初三的班主任罗老师就试图运用强化来影响学生的态度。

罗老师了解到,自己班上的部分男生受电影电视等媒体的影响,认为吸烟是一件很酷很潇洒的事情。虽然他在班会上强调了好几次"吸烟有害健康"、"吸烟影响青少年生长发育"之类的问题,但他间接了解到学生对吸烟的态度还是没有改变,甚至有个别学生已经出现了吸烟的行为。

罗老师尝试使用爱屋及乌的方式来改变学生对吸烟行为的态度。他每次一说到吸烟行为时,都将其与吸烟造成的不良结果(比如吸烟后损伤的肺的图片,吸烟前后的皮肤、牙齿状况对比的图片等)同时呈现给学生。与学生沟通交流他们对吸烟行为的看法时,罗老师还采用强化手段,每当学生在交流中表达出对吸烟行为的消极态度时,就立即给予积极的反馈(点头、"嗯"、"对"、"很好"等),当他们表达出对吸烟的积极态度时则不给予反馈。

应该指出的是,罗老师的这种做法对于刚对吸烟形成初步的积极态度或者态度不明确的学生而言是比较有用的,而对于已经养成吸烟习惯的学生则可能不太适用。

心随行动走

一个女孩本不爱一个男孩,但勉强答应他一道看电影、参加聚会等,为了使自己的态度与行为保持一致,真的改变了自己对男孩的态度,好像自己真的爱上他了。生活中不乏类似的情况,这种情况该怎么解释呢?著名社会心理学家费斯汀格(Festinger, 1957)提出,人倾向于在自己的认识、态度和行为之间保持一致,当它们之间出现不一致或者矛盾时,人就处在认知失调状态,就会感到不愉快和不舒适。于是,人就会调整自己的态度或行为,使它们保持一致。例如,在本书开头第三个例子中,"心里很闷,异常疲惫"就是态度与行为出现了不一致的结果:我明明不喜欢他(态度),但行为上却又对他毕恭毕敬、笑脸相迎,自然就会体验到失调状态。同样,那些知道"吸烟有害健康"(认知)但又戒不掉烟(行为)的人也存在着失调的状态。费斯汀格曾经做过一个实验来说明人是怎样调整使三者保持一致的。

他让参与者做1小时枯燥无味的绕线工作,在其离开工作室时,请他们告诉在外面等候参加实验的参与者(其实是事先安排的实验助手)说绕线工作很有趣,很吸引人。为此,说谎的被试可以得到一笔酬金(一组参与者得20美元,另一组得1美元)。之后,实验者再请他填写一张问卷,以了解他对绕线工作的真实态度。结果发现,得20美元报酬的被试对绕线工作仍持有低的态度评价(与真实的态度一致);得1美元的被试则提高了对绕线工作的评价,变得喜欢这个工作了(态度发生了变化)。

费斯汀格对此解释说，当参与者对别人说绕线工作很有趣时，心口不一致，他头脑中"我本不喜欢绕线工作"（态度）和"我对别人说这活有趣"（行为）是相互失调的。为了消除这种失调感，他需要把自己的行为合理化。对得钱多的参与者而言，不少的酬金可以为自己的行为辩解——自己之所以对别人说绕线有趣是因为有明显的外部好处，这样是说得通的，进而可以削弱失调感。对报酬少的参与者来说，用同样的理由为自己的行为开脱则比较困难。失调感带来的心理压力会使他停留在自己的态度和行为的失调中。行为已经做出，不能改变，为了消除失调感，则只能改变态度。所以，参与者便不自觉地提高了对绕线工作的态度评价。这样一来，新的态度"我比较喜欢绕线工作"与行为"我对别人说绕线工作很有趣"就相互协调了。所以，得报酬少的人比得报酬多的人更喜欢绕线工作。

从费斯汀格的研究可以发现，认知失调也可以作为态度改变的一种自发的、内在的动力。

国外有研究者运用认知失调原理动员大学生节约用水。他们首先让参与的学生在支持节水的海报上签字，承诺自己愿意为此做贡献。然后要求学生回答一份节水的调查问卷，以使这些学生意识到自己支持节水实际又浪费水的矛盾状态（激发失调）。结果发现，参与的学生都体会到了认知失调，并果真在日后的实际行动中节约用水。

类比以上研究者的做法，班主任也可以在实际工作中加以应用，使学生自发地产生某种目标行为。比如，在班上举行一次"反对欺负弱小同学"的活动，让所有学生都自愿在反对欺负同学的倡议书上签字，承诺愿意参与这次活动。然后让学生回答一系列关于欺负同学的问题，让平时有欺负行为的学生意识到冲突和失调，然后鼓励他们在今后的学习生活中减少甚至不实施欺负行为。

需要注意的是，在这一过程中，参与行为须是自愿的，否则学生会将自己参与活动解释为其他外力作用的结果,而不能达到目的。其次,对于参与这一活动的人不能给予丰厚的奖励或回报,否则他们会像费斯汀格研究中的参与者那样,用外因来解释和消除自己的失调现象而不会做出实际的行为。

8. 请您千万不要先看这一篇
——？？？？

读者朋友，您首先翻看的该不会就是这一篇吧？如果答案是肯定的，那就恭喜您中了我们的"圈套"了！不过请您别生气，这只是个小小的玩笑，为的是让您亲身体验一下"禁书效应"的效力。想必在看完本篇文字之后，您就会更加感同身受。

这个玩笑的原版来自美国心理学家普拉图的一次著名的实验——他在自己所著的《趣味心理学》一书前言的结尾中写着"请不要阅读第八章第五节的故事"。可是根据观察和统计的结果，大多数读者都采取了与作者告诫相反的行为，偏偏不看前面的章节，而首先翻看第八章第五节的内容。

禁书诱人，越禁越流行

这一心理现象可以用人们常说的"禁书效应"（也称"禁果效应"）来解释。俄罗斯有一句谚语叫"禁果格外甜"，描述的就是人们常有的一种逆反心理：越是不让吃的果子就越想吃，越是不让知道的东西就越好奇，越是得不到的东西就越想得到。"禁果"（forbidden fruit）一词源于《圣经》，讲的是夏娃被神秘的智慧树上的禁果所吸引，在蛇的蛊惑下违背了与上帝的誓约而偷吃禁果，最终被逐出伊甸园。

在古希腊神话故事中，万神之神宙斯为了报复普罗米修斯为人类盗火，创造了一位名叫潘多拉的貌美女子送给人类，并在其婚礼时将各种礼物放入一个神秘的小盒子里送给她。潘多拉的丈夫知道盒子里的礼物未必都是好的，警告她千万别打开。但是潘多拉受到强烈好奇心的驱使，在丈夫出门后贸然打开了盒子，于是各种罪恶与灾祸由此飞出，充满人间，人类从此不断受到苦难的折磨。

禁书效应在现实生活中已是屡见不鲜。很多事物往往因为被禁止而被涂抹上一层既神秘又具诱惑力的色彩，大大激发了人们的好奇心。文化史上各式各样被统治阶层认定为"诲淫诲盗"的"禁书"、"禁片"，非但没有销声匿迹，反而被人们暗地里争相阅读与观看，从而一直广为流传。在新闻传播中，一些媒体出于某些目的对于公开发生的事情进行故意曲解或掩盖，使人们对真相更加好奇，迫切地通过各种渠道来了解实情。

一些商家更是巧妙地利用禁果效应大大促进其产品的销售。有一家酒店，门前摆了一只大酒桶，上面写着几个引人注目的大字："不许偷看！"酒桶周围没有遮拦。行人路过此地，看了顿生好奇，禁不住停下来并上前去看个究竟，看后不禁哈哈大笑。原来，桶里写着："我店有与众不同、清醇芳香的生啤酒，一杯5元，请享用。"一些大呼"上当"的人酒瘾顿生，当然就情不自禁地进去品尝，口感果然不错。由此一传十、十传百，许多人都来此店一饱口福。

心理学家曾做过相关实验证实了禁果效应。实验者找了一群孩子作为实验对象，并在茶盘中放了5只往下扣着的不透明的茶杯，孩子们对它们根本毫无兴趣。实验者在其中的一个杯子下面放了一枚糖果，重新扣上，走时告诉孩子："杯子下放了东西，千万不要动！"然后佯装出去，在外面观察。结果，越是向孩子强调得厉害，孩子越是要打开看，有的孩子还要仔细观察一番，然后再放好。

研究者认为，如果对一件事情不说明原因地加以简单禁止，会使这件事更具有吸引力。孩子在强烈的好奇心与探究欲望的驱使下会将更多的注意转移到这件事上，结果不顾劝阻偷食"禁果"，以实现心理的平衡。目前中小学校都禁止早恋，然而不说明理由的禁止反而会让部分学生觉得恋爱很神秘，对男女的交往充满各种幻想，反倒促使学生偷偷摸摸地谈起了恋爱。

疏胜于堵，消解逆反之心

大禹治水的故事家喻户晓。当年面对滔滔洪水，大禹没有效仿父亲鲧"堵"的办法，而是开凿山洞，疏通河道，通过疏导将洪水引入了大海，最终平息了水患。这种"疏胜于堵"的理念与方法同样可以应用于学校教育中，以应对普遍存在的禁果效应。

通常情况下，学校越是禁止的事情，学生越是有兴趣，越是想做。比如，学校禁止学生在校期间上网，学生就翻墙出校通宵泡网吧；禁止学生看不健康的书籍、电影，学生还是会偷偷地看。有一所重点中学禁止学生看武侠、言情小说和漫画，担心学生看这些书会影响学习，还会滋生出暴力、色情等不良倾向。但在调查中发现，越是禁止看的书对学生越有吸引力，学生们越想看。为了解决"闲书"屡禁不止的问题，教语文的许老师的做法或许有一定的借鉴意义。

看"闲书"现象在许老师班里同样很流行，而且影响到了部分同学的学习成绩，但她并不一味地反对学生看"闲书"。她认为，看课外读物可以使学生摆脱有限的教材的束缚，进一步拓宽视野，丰富思想。她对于学生看经典名著、名人传记和科普著作等课外书十分支持，但对看漫画、武侠和言情小说持保留意见。为此，许老师组织过数次读书交流分享会，让同学上台分享读课外书的体会和收获，组织学生讨论读课外书的好处与危害，并教给学生一些读书的方法，引导学生多看有更高文学造诣与精神价值的著作，不看内容低俗、不健康的读物。此后班里逐渐形成了爱读书、读好书的风气。

禁果效应启发我们，不提倡学生去做的事情不要硬性禁止而使其变成禁果，反而激发了学生的好奇心与逆反心理；应当通过适当的方式进行疏导和沟通，降低禁果效应的强度，从而使一些规定和禁令能让学生欣然接受。

透视"禁果",揭去"性"的神秘面纱

敏感的青春期性教育问题同样涉及禁果效应。大量事实证明,封闭性教育是有弊而无益的。老师和家长如果在性知识、性教育方面对青少年讳莫如深,避而不谈,反而使他们对性充满了好奇心和神秘感,暗地里通过网络、影视、书籍等其他渠道学习和了解性知识,甚至会因为朦胧的性意识以及对性知识缺乏正确认识而走入歧途。

某初三班主任意外地发现班里有两三个男生有看"黄片"的经历。随后进行的调查令她震惊:近乎全班的男生都看过有关性关系方面的光盘。当老师问他们为什么要看这些东西时,大多数的回答是因为好奇。其中一位男生因母亲再婚而一人独住,班里其他男生就拿了这些片子到他家里去放。母亲知道后也没有过多责怪他,而是自责,并说以后要多关心孩子。老师便问这位学生:"妈妈有没有说明为什么男女要发生性关系?"他回答:"我妈说,等我长大以后自己就知道了。"

大多数情况下,正是因为学校教育与家庭教育对性知识的回避态度,使得学生对性知识的好奇心急剧增强。这就好比"藏物于箧",不让人看,人们就越想看,如果把它公开出来,人们也就不以为奇了。

在对待青少年性教育问题上,一些西方国家的做法非常值得我们学习。荷兰人开放的性态度给全世界留下了深刻印象,然而这并没有造成青少年性泛滥。相反,荷兰拥有欧洲国家最低的青少年怀孕比率。孩子6岁进小学时就已开始接受性教育,与学习其他课程一样,没有什么特别,孩子们还可以自己做研究报告,甚至会在餐桌上和父母讨论这方面的话题。瑞典的性教育亦称"避孕教育",已有很长的历史,是世界性教育的典范。瑞典从1942年开始对7岁以上的少年儿童进行性教育,教师采用启发式、参与式和游戏式的教学方法,内容是在小学讲授妊娠与生育知识,在中学讲授生理与身体机能知识,到大学则把重点放在恋爱、避孕与人际关系处理上。1966年,瑞典

又尝试通过电视实施性教育，打破了家长难以启齿谈性的局面。此种性教育模式自开展以来已取得了显著成效。

美国教育工作者的性教育方式更是别出心裁。一些中小学校专门定制了一批仿真娃娃，分发给班级里的学生"抚养"："娃娃"要吃奶时，就得给他们喂奶；"娃娃"不高兴了会哭，需要"学生父母"连声安慰，哄他们开心；"学生父母"们还需要定时带"娃娃"上洗手间或给他们洗澡。学校之所以让学生们如此"含辛茹苦"地抚养"娃娃"，就是为了让他们体会到抚养子女的艰辛，从而明白自己还没有能力承担起为人父母的责任，所以要学会洁身自好，避免过早地"偷吃禁果"。

性教育不是单纯的性，性本身也并不肮脏。在21世纪的今天，我们应该与时俱进，转变观念，主动让孩子了解必要的性知识，揭去"性"身上的神秘面纱，还"性"自然、美好和高尚的本来面貌，只有这样才能让禁果效应的消极影响降低到零点。

妙用禁果，请将不如激将

土豆是人们日常生活中不可缺少的食物，然而当年法国却在很长时间内都没有推广土豆的培植。因为宗教界因土豆生长在黑暗的地下而称其为"鬼苹果"；医生认为土豆是在土里生长的，像附在根上的瘤，它可能对人体健康有害；农学家则断言，由于土豆大量吸食土壤中的养分而会使土地变得贫瘠。著名的法国农学家安瑞·帕尔曼切在德国当俘虏时，有幸亲自吃过土豆，从而改变了对它的看法。回到法国后，他决心要在自己的故乡培植它，可是很长时间都未能说服任何人。后来，他想了一个主意：在国王的许可下，他在一块出了名的低产田里栽种了一批土豆。并且根据他的要求，由一支身穿仪仗队服、全副武装的国王卫队每天看守这块土地，但只是白天看守，到了晚上，警卫就撤了。这时，人们受好奇心的驱使，每到晚上就来挖土豆，并把它栽到自家的菜园里。于是，帕尔曼切如愿以偿，土豆就这样在法国得到了推广。

聪明的农学家帕尔曼切巧妙利用禁果效应,把人们原本千方百计想要回避的土豆变成了禁止获得的神秘物,大大激起了人们的好奇心,争先恐后地培植土豆。这则故事启示我们,可以利用禁果效应使人们乐于从事他们原本回避的事情。例如,在教学上,我们可以把学生不喜欢而有价值的事情人为地变成"禁果",以提高其吸引力,激发学生的兴趣。

水的纯化及净化这两个化学实验在化学新课标中,属于过程烦琐、观察时间长、难度较大的化学实验,学生大都不感兴趣或者不愿意长时间观察。对此,教化学的陈老师在课上巧用禁果效应,故意对同学们说:"这次实验咱们不做了,因为太难了、太慢了,我想你们也不愿意去做,所以把这节实验课取消吧。不过其实要是做了,你会发现它还是挺有意思的。算了,咱们还是不做了。"话说到这里时,孩子们都已经急切地纷纷表态:"老师,做吧,我们能耐心做,我们能做好,求您了!"看到学生们一个个都"中计"了,陈老师心里偷着乐,立马指导学生做起了实验。结果这次实验做得出乎意料地成功。

老师们可以把教学中有价值的内容"藏物于箧",先不让学生知道,使之变得神秘而又具有诱惑力。于是,学生的好奇心越强,越想主动去尝试和探索。

教《嫦娥奔月》一课时,我利用禁果效应,设计了一个吊胃口的环节:"同学们,老师发现这篇课文的插图与嫦娥奔月这一自然段的描写有错误,本想让你们找一找,但课前我问几个老师,他们都没能发现,看来你们就更难找到了。""禁果"刚抛出,几个学生立刻嚷道:"老师,您把我们看扁了吧?"有些学生则马上拿起课本仔细研读起来。我故作哂笑态:"你们想试试就试试吧,我可不抱什么希望。"于是学生们全身心地投入到了阅读思考中,不一会儿就有很多学生举手,答案也是五花八门:有的说嫦娥的服装不对劲,当时还是奴隶社会，没那么美的衣服；有的说神仙都可以飞上飞下的，嫦娥怎么就不能飞下来看看后羿。有几位厉害的同学竟然猜中了我的用意："嫦娥奔月时内心有欣慰，有悲伤，有留恋，可插图上却眼望明月，十分向往的样子，课文中也没有写出她当时复杂的心情。"我趁热打铁："那你们能不能把这一段改一改？"孩子们大声说："能！"学生兴趣盎然，积极性高涨，对嫦娥这一形象的认知达到了细腻化、多维化，对文本的理解感悟也更加深刻。

以上几个例子生动地表现了禁果效应的巨大威力。只要运用得当，禁果效应就可以成为学习上的催化剂，加速激发学生心中的好奇心与求知欲。即使对于那些不怎么生动有趣的内容，学生在"禁果"的刺激与诱惑下同样可以学得兴致盎然，意犹未尽。

9. 一天太久，只争朝夕
——最后通牒效应

玲玲是个特别拖沓的孩子。她平时每天的作业也要等到看完动画片才做。暑假就更不用说了，每天都在玩，眼看还有两周就要开学了，她还有一大堆作业没有做。妈妈催她，她总是说明天再做。妈妈干着急也不是办法，于是她想了一个招，对玲玲说："本来我和你爸爸打算周末带你一起去郊区玩的，但是你还有那么多作业没有做。"玲玲一听就急了，表示立刻开始做作业，一定会在周末前完成作业。于是妈妈跟她约定，如果在周五前完成作业，就带她一起出去玩。最后，玲玲在妈妈的帮助下，制订了五天的学习计划，如期完成了自己的作业。妈妈也兑现了自己的诺言，带着玲玲高高兴兴地去旅行了。

适度设置最后期限

像玲玲这样的孩子非常多，成年人中也不乏拖沓之人。有任务的时候，人们总觉得时间还很多，能拖就拖。但是，如果规定了最后期限，或者条件不允许的时候，就会开始着手处理，也能如期完成任务。像这样规定最后期限以促进工作进程的现象叫作最后通牒效应。

"最后通牒"是指在谈判决裂前"最后的话"，常用于外交当中，指一个国家用书面信函通知另一个国家，迫使对方在一定时间内接受条件，否则就会采取强硬的措施，比如抵制、武力或封锁等。玲玲的妈妈给出的最后通牒则是一周之内没有完成作业的话，就不能参加家庭旅行，从而使玲玲提前完成了学习任务。有一位教育学家曾做过一项实验来证明最后通牒效应。

他让小学生阅读一篇课文,在不规定时间的情况下,同学们用8分钟的时间才完成;而在另一个班,他事先规定了5分钟的时间,结果全班同学用了不到5分钟的时间就完成了。

为什么有了时间压力之后,学生的阅读效率就提高了呢?因为在没有压力的情况下,人们虽然在做事情,但卷入的程度并不高,所以工作的效率自然也不高。

心理学家弗瓦尔曾调查过三年制硕士研究生的学习情况,发现那些计划在两年内做出毕业论文的人,在前两年内会积极地查阅文献,做课题研究,如期完成论文后,可以更加轻松地享受第三年的学习和生活;而那些没有打算提前完成学业的人,虽然前两年也一直在学习,但是效率却不高,到第三年时,依然还在为自己的论文发愁。

这个研究启示我们,在给学生布置任务时,要给学生足够的时间,而不是过多的时间。如果时间太多,他们可能会拖到最后才开始着手,或者慢条斯理地做,效率很低。同时,要让学生意识到未能及时完成任务的后果。谭老师"治疗"学生拖沓的方法或许能给我们一些启示。

为了提高学生的写作能力,谭老师给同学们布置了"半月谈"任务,让他们每两周完成一篇作文,记录自己的心得感想。本来应该在周一上交的作文,很多同学要拖到周三或周四才能完成。谭老师本以为自己给学生预留了充足的时间,他们应该完成得更好,没想到结果却适得其反。虽然给了两周的时间,但是大部分学生都是在最后一周的周末才开始做,还有一些人甚至忘记了两周一次的作文,等到学习委员提醒时,才开始补做。于是谭老师调整了策略,周一没有按时交"半月谈"的同学,必须在周二上午之前完成,并且递交一份500字以上的说明,解释自己为什么没有按时交作文;连续两次没有按时交作文,则将"半月谈"改成"周记",以增加写作训练的机会。同时,谭老师还请学习委员在周五时提醒一下全班同学。一个月以后,拖沓的现象有了非常明显的改善，只有极个别同学会拖到周二提交。

当然，给出的时间也不能太短。否则，人就会慌忙之中仓促地完成任务，质量得不到保障。美国谈判专家柯英就曾领教过最后通牒的负面效应。

有一次，柯英受美国某个公司的委托，到日本进行谈判。柯英刚下飞机，就受到日方企业的热情款待，他们不仅早早地恭候在机场，还派了高级轿车亲自将柯英送到宾馆。路上，日企员工礼貌地询问柯英何时返美，以便安排轿车接送。柯英受到如此礼遇，自然而然地掏出回程的机票，上面写着他返程的时间。然而柯英万万没有想到，这个无心的举动令自己陷入了被动的局面。前十天里，日企代表盛情地款待柯英，带他到各个旅行圣地参观游览，对谈判的重要内容只字不提。直到柯英快要离开的前两天，谈判才正式开始，最后一天，才真正切入主题。当他们谈到关键性的内容时，送行的轿车已经开到了公司门口，柯英不得不在车上与日企代表匆匆达成协议。谈判的结果，对美方企业非常不利，对柯英而言也是一个极其惨痛的教训。

最后通牒效应是否有效还要看任务期限的设置是否合理。期限太长了不行，学生会拖拖拉拉，真正花在任务上的时间并不多；太短了也会带来问题，学生有时会因紧张过度而不得不放弃任务，虽然可能完成任务，但一般都是草率行事，不能达到预想的目的。

最后通牒效应能否兑现，只设置最后期限还是不够的，这并不能确保学生一定会好好地完成任务，教师还需要指导学生在最后期限之前设置具体目标、制订学习计划、安排学习进度。

具体量化任务目标

有研究者做过一项关于跳高的实验。他把被试分成两组，让他们去跳高。两组被试的个子差不多，都一起跳过了 1 米。研究者对第一组说："你们能够跳过 1.2 米。"对第二组说："你们能够跳得更高。"然后给他们时间练习，再次测试时发现，第一组每个人都跳过了 1.2 米，而第二组因为没有具体目标，所以他们中大多数人只跳过了 1 米，少数人跳过了 1.2 米。

学生完成任务时，教师为其设置的目标越清晰具体，目标达成的效果就越好。

第一，目标要可以量化。很多时候，学生制订的目标非常笼统，难以测量。比如说，新学期开始，很多学生都会在老师的指导下制订一个学习计划。细看他们所写的计划，很多都是"好好学习，天天向上"之类比较宽泛的语言。什么是"好好学习"呢？怎么衡量自己是否"天天向上"了呢？以英语课为例，学生制订的目标是"提高自己的英语水平"，那么，老师就可以细问：提高英语的哪些方面？口语、词汇量，还是写作？

第二，根据学习目标把所有待办的事项列出来，做一项，划掉一项，这样可以检查目标达成的情况。

钟老师刚刚接手初一年级，发现班里的一些同学总会落下某一科的作业没做。她询问班里的同学，了解到他们还不太适应初中生的学习，每天都有好几个学科的老师布置作业，回到家他们就记不全了，到了交作业的时候才发现自己忘记做了。于是，钟老师就给每个同学发了一个记事本，要求他们在本子上记录下当天的作业，然后利用课后的时间逐项完成，做完一项，就划掉一项。一周以后，同学们落作业的情况就有了明显的改善。

当学生看着自己的任务一项一项地完成时，也比较有成就感，更愿意投入到接下来的任务当中。

重要的事每天都做一点

《怪诞行为学》一书中讲述了作者丹·艾瑞里与他人所做的一项关于拖沓的实验。

在开学之初，研究者告诉听课的大学生在 12 周的上课时间内，他们需要完成 3 篇论文,而且这 3 篇论文在期末总成绩中占了很大的比重。在第一个班中,研究者告诉学生必须在最后一次课之前提交所有的论文,晚一天交,就扣 1 分(总成绩为 100 分)。但是提前交则不会加分,也没有其他奖励。他们还在第一周内提交了自己写作三篇论文的进度——"我保证于第____周交出第一/二/三篇论文。"在第二个班中,研究者给了学生很大的自由,他们只需要在最后一次课之前提交自己的论文。当然,晚交了也不会有处罚。在第三个班中,研究者规定所有学生必须在第四、八和十二周时依次提交三篇论文。课程结束时发现,第三个班的成绩最好,他们完全听命于老师,没有自主选择的权力,但是都在规定时间提交了自己的论文;第二个班的成绩最差;可以自己设定进度的第一个班成绩居中(单篇论文的成绩以及期末总成绩都是如此)。进一步分析发现,在第二个班中,设定合理期限的同学与第三个班的平均成绩相当;而那些期限设定不合理(都挤在最后几周)的学生成绩较低,将全班同学的平均成绩拉了下来。

这个实验告诉我们,制订计划很重要。第三个班的学生之所以能获得最高的成绩,是因为他们"被计划"了,他们完成论文的进度完全是由老师来控制,而那些能够制订出类似计划的学生,也能很好地完成论文。

当教师给学生布置一些周期比较长的任务时,不妨帮助他们制订一个计划。比如,在寒暑假之前,指导学生制订一个学习计划,帮助他们完成假期作业。

为了防止刚开学时同学们潦草地完成暑假作业的情况,小敏老师决定在暑假前帮助三年级的学生制订假期的学习计划,提高他们的学习质量。她将同学们假期需要完成的任务列在表格上,并规定了完成的期限。比如,同学们一共需要完成 7 篇日记,小敏老师就要求学生从暑假的第一天开始每周完成一篇。她还特意留出一栏,让家长在每一项任务上面签字,以监督同学们完成作业的情况。暑假结束以后,各科老师反映同学们完成作业的情况有了非常大的改善,尤其是语文老师。他说同学们每周完成一篇作文,不仅内容真实，写作也非常认真，几乎没有胡乱拼凑的现象。

学生一旦对长远任务做出计划，就能确保每天都花一部分时间完成重要的任务。老子说："天下难事，必作于易；天下大事，必作于细。"对于一项艰难的任务，拖沓之人常常不愿马上去做，觉得还没有准备好。等到期限临近，又产生畏难情绪。因此，最好是帮助学生将大型的、重要的任务分解到各个时段之中，一天做一点，时间长了，效果就出来了，而且学生也不会感到很累很难。

如果没有一个分解计划，长期而重要的学习任务往往会被一些突如其来的紧急却不重要的事情所干扰。假如一周后就考试了，你正在复习。这时一个要好的朋友约你今天晚上一起去看电影，你是去还是不去呢？考试是一件很重要的事情，却在一周以后，从目前来看好像不怎么紧急，还有缓冲时间；与朋友一起看电影似乎天天都可以去，但是必须马上给对方答复，这是一件紧急但并不重要的事情。一般而言，很多人会选择跟朋友去看电影，因为离考试还有一周的时间，今天不复习，明天还可以继续。其实，从时间管理的角度来讲，最好是处理重要的事情，因为重要的事情不处理就会变得又紧急又重要——明天就要考试了，书还没看完一遍呢！如果我们成天都在处理这样的事情，就会变得非常焦虑，生活也非常无序。只有制订好长期的计划，才有可能分清轻重缓急，重要的事情每天做一点，最终能在最后期限完成任务。

10. 有钱未必能使鬼推磨
——德西效应

一位学生主动为家里做家务，不料做完了，家长给他 50 元钱。他自愿阅读课外书，老师却开展了一次阅读比赛活动，谁读得多就奖励谁。

这位学生还愿意继续做家务吗？还愿意继续阅读课外书吗？

有钱未必能使鬼推磨

对于这个问题你的答案是什么呢？现今，无论家长还是老师都喜欢用各种各样的物质奖励招数来激励孩子继续努力。可是，"有钱能使鬼推磨"真的能经得起检验吗？心理学家爱德华·德西在 1971 年做了一个有趣的实验。

实验者让一些学生解答有趣的智力难题，开始时所有学生都没有奖励，接着将他们分成两组，其中一组每完成一个难题可得到 1 美元的奖励，另一组无奖励。在两组学生的休息或自由活动时间里，实验者观察发现，奖励组在有奖励时解题十分努力，但在自由活动时却只有少数人继续自觉地答题；而无奖励组却有更多的人热衷于尚未解答出的难题。相比于无奖励组，奖励组学生的解题兴趣减少。

你有过这种经历吗？当你自愿进行一项愉快的活动时，如果他人同时给你提供了物质奖励，你反而会减少对该活动的兴趣。这个实验告诉我们，在某些情况下，当外在报酬和内在报酬兼得时，工作动机非但不会增强，有时反而会降低。这种外在报酬抵消内在报酬的现象在心理学上被称为"德西效应"。

这种效应在班级管理工作中时有发生。让我们来仔细想一想，在教育教学中，一些教师喜欢采取物质奖励的形式来激发学生的兴趣。比如，有的教师给学生准备了粘贴画、小风车，还有的直接把香甜的水果奖给学生。俗话说，兴趣是最好的老师。这种物质的投入也确实换来了课堂上学生的兴高采烈，但是长此以往，老师们却经常发现不良后果：学生渐渐对活动不再有兴趣，反而把注意力都集中在奖励上，这与老师的初衷背道而驰。

小夏老师是小学二年级的班主任，平时班级活动都组织得很好，学生们的参与积极性也比较高。为了让同学之间更有竞争力，夏老师决定在这次班级竞赛活动中奖励获得前3名的同学。听说有奖励后，学生都迫不及待地想要拿到竞赛名次。在竞赛活动中，有些学生眼睛一直盯着放在旁边的奖品，以至于思维不能集中，越是着急就越答不好题。拿到奖品后，获胜学生的注意力就都转移到了奖品上，其他学生也把视线落到奖品及获奖学生身上，对接下来的活动都不怎么用心。过了几天，夏老师再次组织竞赛活动，当学生得知这次没有奖品后，都表现得无精打采，对活动提不起兴趣来。

夏老师对学生的表现感到很困惑，她百思不得其解，为什么学生忽然对竞赛活动就没了兴趣呢？殊不知，由物质刺激所激发的兴趣，在一定程度上是短暂的，无法持久保持。

德西效应给我们最大的启迪是，当学习活动本身已经使学生感到很有兴趣时，就无须加入更多的物质奖励。一味地奖励会让学生把奖励看作学习的目的，导致学习目标的转移，而只专注于当前的名次和奖赏物，这时奖励的效果就变得适得其反。

知之者不如好之者，好之者不如乐之者

人在做事情时有两种动机：内部动机和外部动机。如果学生按内部动机去做事，就能成为自己的主人；相反，就容易被外部因素所左右，成为它的奴隶。在对学生实施教育的过程中，教师应多从教学内容和教育方法上下功

夫,使学生发自内心地喜欢学习,喜欢与学习有关的活动,渐渐培养学习兴趣。正如孔子所说:"知之者不如好之者,好之者不如乐之者。"只有在学习中达到了这种境界,学生才能真正体会到知识带来的乐趣,才不会去计较是否有人给予他们表扬和报酬,才愿意把自己的内部动机延续下去。

当然,奖励的益处也是不容置疑的。班主任在管理班级时,既要注意对学生本身有兴趣的活动适当给予外部物质奖励,又要采取方法努力维持和提高学生对某项活动的兴趣,让学生从活动中真正获得知识和快乐。为此,教师要做到:奖励个体的良好成绩和表现,而不是奖励其参与活动;奖励是对能力的认可;奖励要针对不感兴趣但需要完成的任务;奖励的内容属于社会性的而非物质性的。

如果教师要求学生读完 100 本书,就奖励由商家提供的玩具,这个奖励条件则破坏了孩子读书的乐趣,让学生成了勉强的阅读者。如果对所读书籍没有制定选择标准,学生将会选择薄而简单的书以尽快完成任务,这将造成他们对教育的玩世不恭。如果对这一项任务进行以下改革:①举行一次讨论,明确选书的标准和主题;②写一篇论文,论述所读书籍的精华;③向班里同学做一个讲演,并回答同学们的提问。当满足这些条件时,学生向有兴趣的听众展示了自己的成就,以他人的认可强化学生的读书行为。

为了培养学生积极主动、持之以恒的学习兴趣和坚忍不拔的意志,教师需要学会把物质奖励和精神奖励结合起来,以精神奖励为主,物质奖励为辅,使学生能够不断迎接挑战,自我提高,尽量发挥自己的特长与才能。

张老师平时就很注意仔细观察学生的良好行为,对他们给予及时的表扬。为了引导学生自主产生良好行为,他把学生的才能与培养方式有效地结合起来:有体育才能的学生,张老师就推荐他们参加运动队;有文艺才能的学生,就推荐他们参加乐队;给爱读书的学生创造更多的读书机会,比如举办读书讨论会等;让爱写作的学生有公开发表的机会;给爱发明创造的学生提供更多的实验机会……在学期末的时候,给表现优异的学生颁发奖状进行鼓励。

鼓励学生进步的方法有很多,张老师选择了给学生提供机会,让他们充分发挥才能和体现自身价值,在期末评比时给表现优异的学生颁发奖状,这种精神上的奖励远比一味的物质奖励更有效果。所以,教师在鼓励和表扬学生时,要以"奖励内部动机"为主,维持学生对活动的兴趣。

11. 班集体，一股强大的教育力量
——班级凝聚力

王老师"被留级"了。

由于在三（4）班的出色表现，他没有跟着班级一起升上四年级，而是留在三年级，担任三（1）班的班主任。

"小王，就拜托你了啊。"叶校长在年度教职工总结会议后，意味深长地来了这么一句。王老师知道这句话背后的意思。

新三（1）班不好带。在这个班还被叫作二（1）班的时候，前任周老师就被气走了，算上一年级被气走的段老师，王老师是这个班的第三任班主任。

"老王，你得好好说说王凡，上课老侧着脑袋，拿眼睛瞥你，可嚣张了！"

"老王，李铭老是在上课时挑事儿，说别人惹着他了，其实就是自己坐不住，你得好好管教管教！"

"老王，孙伟国打起架来厉害着呢！依我看，这小子就是缺管教，我是镇不住他，你得注意点儿啊。"

王老师回味着前任同事们的"谆谆教诲"，叹口气，摇摇头。

良好的人际关系与班级氛围

列夫·托尔斯泰说，天下幸福的家庭是一样的，不幸的家庭各有各的不幸。同理，天下优秀的班级是一样的，问题班级各有各的问题。但是，所有问题最终都归结为缺乏班级凝聚力。班级凝聚力是学生们为了实现班级群体目标而团结协作的程度，从情感上表现为对班级成员、活动和目标的信赖感、归属感和依从感等。苏霍姆林斯基说："教育了集体，团结了集体，加强了集体，

之后，集体本身就会成为一股强大的教育力。"如果班主任能够加强班级集体建设，形成强大的凝聚力，班主任的工作就高屋建瓴、势如破竹了。

如何重建班级凝聚力呢？首要任务是建立良好的班级氛围。王老师明白，任何一个问题班级几乎总是起源于一些问题学生。班里存在问题成员是很正常的，仅仅由于问题学生的存在就能把班主任逼走，这不是正常现象。成功改变问题学生是班主任最终转变问题班级的第一步。王老师决定先从几个"问题学生"入手。他在新学期开始前与这些学生私下交流了几次，试图与他们建立良好的师生关系，为下一步工作打下一个良好的基础。

"王老师，我真没有'瞥'周老师，我眼睛有些近视，一直点眼药，没配眼镜，坐在后排，老看不清黑板，所以眯着眼。"王凡的语气很诚恳。王老师顿时为周老师感到惭愧："老师知道了，老师马上给你安排一个离黑板近的座位。"

"王老师，其实真不是我主动挑事儿，小梅她们知道段老师不喜欢我，老在上课的时候向我扔纸条，往我领口里塞东西，我一烦她们，老师就说我……"李铭说着说着，眼泪就要下来了。王老师的纸巾递了上来："别难过，老师相信你，老师会帮你解决这个问题，你也要相信老师，好吗？"

孙伟国站在王老师身边，不吭气。"你呀，我知道，就是有时候管不住自己。"王老师和颜悦色，"老师遇到过不少和你一样甚至比你还皮的小子。其实都是好孩子，只要管好自己的性子，别老想着用拳头解决问题，就是顶呱呱的好学生。"看着孙伟国显得有些惊讶的目光，王老师拍着他的肩膀说："这样吧，我们之间制定一个私人约定，你只要做到在接下来的一个月里不打架闹事儿，老师就让你管你们小组的纪律，要是做得好，以后还可以做咱们班的纪律管理员，怎么样？"

王老师找了好几个这样的"问题学生"，并没有给他们一个"下马威"，而是和颜悦色地与他们进行愉快的沟通，了解他们的实际情况。根据沟通的结果，王老师心中有了数。其实哪里有那么多的问题学生，绝大多数的"问题"

都是事出有因啊。他愿意相信这些学生，愿意与他们一起寻找解决的办法。

南风效应说，和煦的南风比凛冽的北风更容易让人敞开心扉。王老师让孩子们面对他的微笑和理解，选择了配合而不是反抗。

马太效应说，通常好的会变得更好，坏的则会变得更坏。王老师与问题学生的真诚沟通，让他们感受到了老师的关怀和理解，抑制了马太效应的延续。

皮格马利翁效应说，对一个人的期望是什么样，这个人就会变成什么样。王老师愿意相信孩子们的本性纯良，愿意相信没有天生的问题学生，不因学生们的"坏名声"而区别对待。他一视同仁，学生们因而感受到了这股温暖的期望，准备着从此走上正轨。

真诚地关注，温暖地期待，一碗水端平的做法，是形成班级凝聚力的重要基础。

明确的行为规范和管理机制

要是以为王老师是位好好先生，那就错了。王老师认识到，重建班级凝聚力的第二步就是明确建立并坚决维护共同遵循的班级行为准则和管理机制。新学期第一天，王老师新官上任三把火。

"原来的班干部暂时保留。在将来的工作里，我将结合你们各个方面的表现，采取民主选举和轮岗制任命班干部，每一个学期进行一次选举。"班上顿时响起一阵夹杂着惊讶的嗡嗡声。"行的就上，不行的就下来，每个人只要好好表现，都有机会！"

"从现在起，课上只要出现了违纪现象，我决不姑息，不管是谁！班干部要秉公办事，负起责任来，出现了问题，不管是哪位班干部都可以直接向我报告，在我这里，你们没有区别，我保证！"王老师扫了一眼李铭，李铭的目光中充满了感激。

"普通学生发现了班里的违纪现象，可以随时联系我，我保证你们的报告不会被别人知道。我会通过多条途径进行查实，保证处理的公平公正。"

"班级纪律条款太多,我总结出了五条,发给你们每人一份,以后这五条就是你们的行为准则,我希望你们每一个人都做到充分的熟悉!"

看到学生们被自己的"气场"镇得个个正襟危坐,王老师转换了严肃的面容和语调,为这一段重量级的开场白收了个轻松而有力的豹尾:

"最后,自我介绍一下,我姓王,从这个学期起担任你们的班主任。我的原则是,能争第一的决不做第二!从今天起,我希望和大家一起,作为这个班的一员,团结一心,努力拼搏,把咱们班变成年级里最好的一个!大家一起加油吧!"

果然是个名不虚传的"问题班级"。第二天,问题就找上门了。王老师有着充分的心理准备:他能否维护自己刚刚定下的规则,能否做到公平公正,能否让学生们心服口服,关系着将来相当长一段时间内班级建设得是否顺利,关系到他能否达成最终的目标。

"老师,不是我捣乱!小梅又往我领口里倒水!"李铭被数学老师带着进了教务处,一见王老师就叫屈。

"去把小梅找来。"王老师制止了想要发作的同事,吩咐刚收好作业的班长。

班长把小梅领了进来。

"小梅,李铭说你往他领口里倒水,有这回事没有?"王老师注视着小梅的双眼。

小梅的眼睛避开了。不吭声。

王老师的目光转向班长,班长点了点头。

"令老师很高兴的是,你们都是诚实的孩子。"王老师微笑着说,孩子们都一愣。"但是,小梅,李铭是你的同学,你这样做让老师觉得很失望。按照纪律,明天把一篇300字的检讨交上来,而且要对李铭道个歉。老师可以先不深究这件事,只希望你们能够像好朋友一样,以后不再作对,共同进步。"

小梅点点头。"还有你,李铭,老师相信,小梅已经意识到了错误,我希望她向你道歉后，你别把这些事情放在心上，都是同学，要能够互助互爱。"王老师转向班长，"今天你实事求是，做得很好，老师希望你在将来的工作中能够继续保持！"

预期效应说，人们做出符合规则的行为，需要规则的实施符合人们的预期。王老师制定了一套简明适度的规章制度，并且雷厉风行，说一不二，有效地维护了规则的权威，强化了班主任的威信。当然，在实际的维纪过程中，王老师并没有对违纪现象一棒子打死，而是对事不对人，让违纪学生得以充分地认同对自己的处理，也维护了学生之间的良好关系。如前文所述，班主任在学生中的威信以及学生之间的良好关系，本来就是班级凝聚力的基础要素。

鲶鱼效应说，要在群体中引入不稳定因素，保持群体的活力，提升群体的整体表现。王老师在班干部的任免上采取了轮岗制和选举制，保证让所有在位的班干部感受到肩膀上沉甸甸的担子——坐在这个位置上，是要负起责任的。同时也鼓励学生们对班干部进行监督，引发了学生们对轮岗制班干部体系的新异感和渴望，最终造就了一个以具有强大威信的班主任为核心，以高效而称职的班干部为保障，以具有表现欲望和监督职责的普通学生为成员的理想班级体系。

共同的行为目标与合作任务

常言道，只有共同的利益，才有真正的合作。建立凝聚力的第三步是设置班级统一的目标，使全班具有共同的命运、相同的理想和共享的任务。王老师意识到，为了加强班级凝聚力，还需要设置全班一致的目标和彼此交互的活动，来发挥每个成员的才能和热情，产生集体荣誉感和归属感。

"同学们，从现在开始，我们开展同桌同伴互助活动。具体做法是，从下周开始，全班同学每人就自己能够给予同桌哪一方面的帮助，准备怎么样帮助他，希望达到一个什么样的成果，写一段话交给我。我将为全班同学制作一张绩效评价表,就挂在门口,供每一位受助者填写。"王老师微笑着制止了同学们的议论纷纷,"一年后,我相信我们的班集体会有一番新气象!"

"同学们,下个月校运会就要开始了。咱们班里嘛,有一技之长的同学很多,但是组织上总是差一截,今年,我们要改变!"王老师语调激昂,"现在,请语文课代表负责,组织班里文笔好的同学,以自愿为原则,成立文艺宣传队和小记者队,为咱们班的健儿们打气助威。请对自己某个方面有自信的同学报上名来,其实无所谓输赢,只要参与了,就是胜利,全班同学都会支持你们的!团结加油一个月,让我们班的旗帜在运动会上飘得高高的!大家加油吧!"

每隔一段时间,王老师都会刻意地组织或是利用一些能够调动全班同学共同参与、团结合作的活动,动员整个班级的力量参与进来。从三(1)班到四(1)班,再到五(1)班,王老师的班级成了全校最忙碌的班级。在其他班级以自愿为原则,组织松散地参与群体活动时,王老师的班级紧紧地抱成了一团,无论在组织的效率、团体的成绩以至于班级的团结融洽程度上,王老师的班级都慢慢地走在了全年级乃至全校的前列。

从众效应说,当群体行为与个体行为或行为倾向不一致时,个体将表现出从众的倾向,最终与群体达成一致。王老师创设或利用全班团结与协作的氛围,强调集体的共同目标,鼓励集体的一致行为,使身处集体中的每个学生感受到了集体行为的强大感召,倾向于团结和协作,从而使班级成员相互关心、相互帮助,逐步建立起了强大的班级凝聚力。

群体去个性化效应说,当行为的责任归于整个群体而非个人时,群体中的个体会表现出与平时不同的行为倾向。王老师运用群体性活动,使每个个体分担了一定责任和负担,敢于放手去干,发挥出自己的聪明才智和创造性。在群体行为达到最佳结果时,每个个体分享着同等的成就感,因而增强了个体对群体的归属感,维系了班级凝聚力。

经过四年的班主任生涯,王老师所带的这个前三(1)班成了全校公认的优秀毕业班。王老师转变"问题班级"的过程把苏霍姆林斯基的那句话演绎成了一个班主任版本：教育了（班）集体，团结了（班）集体，加强了（班）集体，之后，（班）集体本身就会成为一股强大的教育力。我们从中不难感受到班级凝聚力的价值和效果。

12. 收放有度，宽严相济
——班主任管理风格

一项调查结果显示，在最受学生欢迎的十种老师中，一种是严而有度的老师。这种老师认为学生难免犯错误，必须按照学生的言行规范来严格要求他们，但是要求一定要有个度，给予他们改正错误的时间和机会，不能一味地批评和指责。这种老师往往把班级管理得井井有条，又受到学生的尊敬和喜欢。另一种是像妈妈的老师，多为中年女教师，她们知道抚养一个孩子的艰难辛苦，对学生体现出一种母爱。学生愿意将自己的心里话和烦心事告诉妈妈老师，而且在妈妈老师那里总是能得到满意的回答和耐心的指点。这种风格的老师能够贴近学生内心，赢得学生的喜爱。

领导风格：专制、民主还是放任

上述调查表明，教师的管理风格会影响他受欢迎的程度。心理学家勒温早在多年前就用实验比较了三种领导风格，即专制型、民主型和放任型，试图科学地识别出最有效的领导行为。

他将一些成年人训练成为具有不同领导风格的领导者，然后让这些人充当青少年课外手工活动制作小组的领导，主管不同的实验组，几个实验组各方面的条件都匹配，仅在领导者的领导风格上有所区别。结果发现，从小组的制作成绩来看，专制型与民主型领导者的小组产品数量大体相当，放任型领导者的小组产品数量最少；而民主型领导者的小组其工作质量与工作满意度更高。在后期的研究中，勒温又发现在某些情况下，民主型风格并不一定比专制型风格工作绩效高。

作为与学生接触最多的老师，班主任的管理风格对班级管理、师生关系有很大影响，尤其是专制型和民主型两种管理风格对不同的班级会产生不同的效果。

有人做过一个实验：他把幼儿园小朋友分成两组，分别给他们一些玩具，对一组温和地说现在还不能玩玩具，对另一组用威胁的语气说绝对不能玩玩具，什么时候同意了才可以玩。然后在接下来的时间里看小朋友到底会不会玩玩具。结果并没有显著差异。过了几天，一个女老师告诉大家这里的玩具都可以玩。结果发现之前被威胁的小组有大多数孩子都去玩，未被威胁的小组就没有那么多人去玩。

可见，被严管的孩子一旦有机会就会放纵自己。现在有好多被压制已久的学生上了大学以后，一旦失去了父母老师的严格约束，就松懈甚至颓废起来，玩游戏、上网成瘾者不在少数。无论教师还是家长都应当反思。正如我国著名教育家陶行知所说，"人人都说孩子小，其实人小心不小，你若认为孩子小，那你比孩子还要小。"

专制型：管则"顺"，放则乱

在传统的教育管理中，班主任是班级的主宰，控制着班级的一切，学生只是被动地接受、服从。现在仍有一些班主任认为"服从便是美德"，觉得自己对学生实行严厉管束是出于对他们的爱。

下课后，一位老师抱怨说："现在的学生实在是太难管了！不来点强硬的怎么行呢？给他点民主，他就会蹬鼻子上脸，课堂纪律乱成一团，简直不知道天高地厚了！"另一位老师接过话茬说："没错，现在的学生往往以自我为中心，不专制点怎么行！就比如前几天吧，我们班评优，学生们想要自己选举出优秀干部，我想了想觉得要不试一次也行，结果没想到，最后评选的结果是认真负责的班长落选了。当时我就很生气，班长那么优秀负责，怎么能落选呢，所以我就强行把班长当作优秀干部汇报给了学校。以后可不能给他们权利，要不这班级纪律就乱套了！"

你是不是也遇到过类似的情况呢？老师的这种做法是很难被学生理解和认同的，过度的专制型管理可能会让学生心生不满，甚至会与老师对抗，这对管理班级无疑是有百害而无一利。

专制型管理的特点是班主任处理日常的基本事务，大事小情亲力亲为，班干部的管理力度和带头作用不大。这种方式在初期能在课堂纪律管理、集体活动的组织严密性和建立规则等方面起到良好效果，但是长此以往它的弊端就慢慢显露出来。比如老师在场的时候，学生就能把事情做好，反之，秩序就会很混乱；又或是随着对老师脾气的了解，学生变得不再畏惧老师，并容易形成对抗老师的非正式群体等。

学校安排春游，班主任老师恰巧生病了，无奈之下，她要求班干部安排好出游计划。班干部召开班会，让大家一起为春游出谋划策。以往这些事项都是班主任来决定的，现在让大家一起商量，同学们也都漫不经心，有的埋头于课本中，有的与其他同学聊天嬉笑，还有的吵闹着要请假，说不想去春游。班干部就春游地点向大家征求意见，同学们七嘴八舌，不能统一意见，最后有人喊道："这些事情让老师去决定不就行了，或者你们班委自己决定吧，还商量什么啊！"

班里状态混乱，最终也没有决定春游地点，班干部把情况汇报给老师，病床上的老师听闻后很是郁闷。其实，她哪里知道，如果班主任一直都是比较专制的管理风格，那么一旦她不在场，学生获得自由时，就会神龙无首，出现混乱的局面。《红楼梦》里宝玉对黛玉说："都是因为不放心的缘故，倒弄出一身的病来，但凡宽慰些也不至于……"在班级管理中，老师不也是因为不放心学生的缘故，而把自己弄得紧张兮兮，累得身心俱疲吗？

民主型：把班级还给学生，但需学生自律

民主型教师尊重学生、相信学生，让学生自己管理班级事务。他们只是作为引导者，建立明确的管理体系和制度，适当地放手让学生参与到班级日常管理中。

有位老师采用的是民主的管理制度。他运用"两套班委轮值制"、"民主评议小组制"、"每周小结制"，建立起层次分明的学生自管体系和学生评价体系，将日常的班级工作全部交由学生去做，在班级里形成"人人有事做，事事有人做"的班风，有效地推动全班学生积极参与班集体建设，锻炼和提高自律能力，树立高度的集体荣誉感。同时，建立"课代表检查作业制"、"学习委员书写每日作业制"，有助于学生养成按时复习的好习惯。

这种管理方式如果运用成功，既能锻炼学生的能力，又能让老师省心，而且容易形成强有力的班集体。美国伊克中学的校训是：让我看，我记不住；让我听，我会忘记；让我参与，我会明白。这不仅是针对学习活动而言，对于班级的自我管理也具有同样的意义。

当然，民主型管理是以学生的自觉意识与良好习惯为前提的。一位老师说："搞民主管理就必须重视对学生习惯的培养。"的确，如果没有建立好相应的规则和秩序，民主反而会造成混乱，给后续的管理带来很大的难度。

班里成立学习小组，要对小组座位进行合理排列，使学生有交流和合作的机会。以前这种安排事项都是由班主任来决定的，这次班主任老师冥思苦想了几天，也没有找到合适的排列方法。有一天，她突然想到把这件事交给学生处理，看看会怎么样。于是她让同学们自己分组，对座位进行排列。结果第二天，班主任刚到教室就发现大家熙熙攘攘吵闹个不停，班干部在一旁努力维持秩序，有几个学生甚至因为分组的事情吵了起来。

班主任老师对此感到很头痛，安排座位本是小事，怎么会这么难管理呢？

其实这正好说明了我们不能一味盲目地采取民主管理的方式。不是所有的班级都适合民主型，也不是所有的学生都能用民主方式来管理。如果在班级管理中没有确立明确的规则和秩序，民主就发挥不出它的功能。

管理智慧：兼收并用，收放自如

在实际管理中，很少有极端型的教师，大多数都是界于专制型、民主型和放任型之间的混合型。班主任不应拘泥于某一种管理风格，而应基于自己独特的性格和能力特长，因人、因时、因地制宜，综合运用三种领导风格。

一般来说，在班级建立初期，要更多地采用专制型管理方式来建立班级规则，塑造学生良好的行为习惯。当然，在小学高年级与中学，班级规则的建立也可以在民主讨论的基础上进行。

新接手一个班级，王老师在班会课上就制定班级规则的事情与学生进行充分的讨论，在讨论的基础上与学生一起制定了如下班规：

1. 早上在家吃好早饭，按时上学，不在门口闲逛。
2. 到校服从班干部管理，认真读书。
3. 按时完成作业，上交作业，及时订正作业。
4. 上课铃声一响就坐好，安静地等老师来上课，课前做好准备工作。
5. 午休时间在教室里安静自修，先完成作业，再看课外书。不在教室里大声说话。
6. 轮到做值日时认真负责地打扫卫生，做到一日三扫。
7. 放学回家排队做到快、静、齐。
8. 认真学好广播操，积极热情地参加体育锻炼。

这个班规对学生的许多行为都有指导和监督作用。特别是当老师不在时，比如早上上学路上不闲逛、晚上回家排队等，让学生有对照的标准，以规范自己的行为。

有道是"没有规矩不成方圆"。合理可行的班级规章制度是做好班级管理工作的基础，也是采用民主型管理方式的前提。在学生对班级规则和制度经过一段时间的了解和适应后，要更多地采取民主型管理方式，让学生参与到班级管理中，做自己的小主人。

前一段时间，王老师因学习外出几日，临走时将班务委托于英语老师。鉴于以前同学们对班级规则已经很熟悉了，也都比较自觉地遵守，所以王老师只是对同学们说："我相信同学们的自觉性，咱不会给英语老师添麻烦，你们平时不就让我挺省心吗？"几日后归来，正赶上学生的自习时间，班上没有老师，学生们全都安安静静地自习，没有喧哗现象，比王老师平时值班的秩序还要好。经过了解，王老师发现，在他走后的几天里，学生特别乖，唯恐因为自己的疏忽导致班级丢分，大家都说咱不能给班级抹黑，说什么也得管好自己，不能辜负了老师的信任。学校组织各班参与体育活动，在班干部的带领下，活动事项都安排得很妥当，大家在班会课上共同讨论，积极参与，还取得了体育活动的优秀奖。

有人说，如果握紧双手，你抓住的仅仅是空气；而当你张开手掌，触摸到的是整个世界。教育学生又何尝不是如此？但是放手绝非放任，要达成放手让学生获得成长的效果，之前必须有种种铺垫，否则极易导致易放难收的状况。如何把民主与专制结合得更好，做到收放自如，实在是考验着班主任的管理智慧。

13. 让我期望，就别让我失望

——预期效应

中秋节的前一天快放学了，陈老师将一堆礼物提到了教室，本来是想先放在教室，等第二天中秋节的时候再发给班上的同学，但学生们看到礼物后非常吵闹。陈老师于是将计就计对学生们说："如果你们能安静下来，老师就把礼物发给你们。"当她的话音一落，所有的学生都安静了下来，而这个时候放学时间已快到了，陈老师要出去安排学生放学站队的事，于是急着开门往外走，可是班上一个同学喊住陈老师说："老师，您还没发礼物呢？"陈老师随口说："你觉得自己做到我的要求了吗？""老师，我们很安静了呀。"另外也有同学小声嘀咕说："是啊，老师说话不算数，撒谎。"陈老师当时一愣，没想到同学们这么"较真"。她看到全班同学都安安静静地盯着她，连平时最调皮的学生也坐得规规矩矩的，于是耐心地和学生解释："孩子们，我们再等等好吗？明天才是中秋节，老师是想发给你们当中秋节礼物。"可是学生们并没有因为老师的解释而释怀，不满的声音越来越多，不少孩子都嘟哝说："既然不发，干吗一开始要骗我们？"

（期望＜现实）＝ 不高兴

陈老师给了学生们承诺，使学生有了一定的预期和希望，但最后却没有达到预期，使学生很失望，因此引来学生的反感。心理学家认为，动物和人类的行为不是受他们行为的直接结果所影响，而是被实际结果与预期结果所支配。如果实际与预期相符，将加强预期的作用力和可信度。然而，如果实际与预期不相符，将给人带来认知失调，从而改变原先惯有的行为，这就是预期效应。

廷克波（Tinklepaugh）1928年对猴子所做的奖励实验证实了预期效应。实验者当着猴子的面，用两个带盖容器中的一个，把它们喜欢吃的香蕉盖住，然后用一块木板挡住猴子的视线。过一段时间以后，要求猴子在两个容器中进行选择。结果发现，猴子具有十分良好的辨别能力，能够准确地从装有香蕉的容器中取得食物。第二次，实验者仍然当着猴子的面用一个容器把香蕉盖住，之后却在挡板后面将香蕉取出，换为猴子不喜欢吃的莴苣叶子，并要求猴子取食。结果发现，当猴子再次想从原来的容器中取食香蕉而实际发现是莴苣叶子时，猴子显露出惊讶的表情，似乎有"大吃一惊"的挫折感，它拒食莴苣叶子，并向四周环顾搜索，好像在寻找预期中的香蕉似的。当寻找失败后，猴子感到非常沮丧，对着实验者高声尖叫，大发脾气，并拒绝取食。

动物如此，人类更是这样，即使是婴儿也已经表现出了这种效应。

爱丁堡大学的汤姆·鲍尔（Tom Bower）对8个月以下的婴儿所做的研究证明，人类在很小的时候面临预期与实际不一致时就会表现出惊讶的情绪。在他的研究中，婴儿坐在桌前，父母在对面拿着玩具逗他们。这时，鲍尔拿一块隔板从婴儿正盯着看的玩具前穿过，一半的婴儿看到隔板穿过后玩具仍在原处，另一半的婴儿看到隔板穿过后玩具消失了。对婴儿进行的心率测量结果发现，看到玩具消失的婴儿表现出了更强烈的惊讶，眼睛也一直盯着隔板穿过的地方。

由此，研究者认为动物和人类的行为或情绪在很大程度上受预期而非结果的支配，实际结果与预期是否一致决定了人的后续行为。

社会心理学和组织行为学中的进一步研究创建了"期望不一致模型"，它是指顾客在购买产品前会有一个期望，购买以后会将产品的真实情况与购买前的期望进行比较，由此形成二者之间的差距或称为不一致。如果实际情况超过了期望，将导致满意；而当实际情况达不到期望时，会导致不满意。

事实上，不只是购买产品时会这样，研究者认为，人的情绪在很大程度上都是受实际结果与预期之间的差距所影响。当实际结果与预期一致或好于预期时，人会产生积极的情绪；实际结果明显比预期差时，则会产生消极情绪，同时改变原先已有的行为。这就如同试验中的猴子，当它发现预期中的香蕉变成莴苣叶子的时候，变得沮丧还大发脾气。预期效应给我们的启示是：对于别人的赏和罚，如果不能按照事先的约定进行，会因为没有达到他的心理预期而降低对今后约定的信任，甚至导致他形成消极情绪。

言必信、行必果

预期效应提示我们，如果你和学生约定达成什么目标就给予他什么奖励，当他真正做到时，一定要奖励他，这样他会觉得你是可信的，自己也是被信任的。

《教师博览》上讲过这样一个故事：美国一位小学校长宣布，如果全校600多名小学生能在4个月内读完7000册图书，他就在圣诞节当众亲吻一只小猪的屁股。此消息一经发布，立刻激起全校学生的阅读狂潮。平时的淘气包变成了读书郎，学生们每天都抱着书读，一直到圣诞节前终于读完了7000册书。而这位校长正式履行了自己的诺言，从畜牧系借来一只小猪，请全校师生举行了一个隆重的亲吻猪屁股仪式。

这位校长虽然亲吻了猪屁股，但是在学生心目中的形象可能并没有打折扣，因为他兑现了自己对学生的承诺。对于孩子来说，老师是值得信赖的。对于老师给他们的承诺，孩子一定从听到承诺的那一刻起，就一直在期盼着什么时候能兑现。这件事也许在大人眼里并不算什么，但对孩子而言却非同一般，因为那是老师对他的肯定。在《中国教育文摘》上刊登过这样一篇文章——《案例：别忘了对孩子的承诺》。

这几天我们正在进行"美丽的中国"的主题活动。一天，小仪兴高采烈地拿着一幅画跑到我面前，说："老师，你看，我画的，是上海的晚上。"我一看，露出了惊讶的表情:"这是你自己画的?画得太好了!"她笑眯眯地说:"是啊,我爷爷带我去玩过的。"我微笑着摸摸她的头,随口就说:"小仪,你真棒,等一下老师要送给你一颗五角星!"因为正在准备接下来的活动,所以我心里想等到活动结束后再给她也不迟。可谁知因为一些琐事,我便忘记了这件事情,一整天下来我都没有兑现对小仪的承诺。马上就要放学了,本来应该很开心的她,却变得闷闷不乐,眼睛还时不时地看看我,好像有些心里话要对我说似的。我有些疑惑,便走到了她身边,小声问:"你怎么了?"她思考了半天终于低着头小声地说:"老师,你不是答应送我一颗五角星的吗?上次你也忘记了。"顿时,我心头一热,感到十分惭愧,立刻从抽屉里拿出一颗红红的五角星送给了小仪,我发现她脸上立刻现出了自豪的笑容。

当学生遇到预期与实际不一致时,除了惊讶,还可能会像小仪一样感到失落、痛苦,甚至是愤怒。因此,答应学生的事情要尽量想办法做到,一方面让学生切身体会和理解"诚信",另一方面不要让学生的希望落空,从而产生消极的情绪。

该出手时就出手

除了答应学生的奖励要说到做到,预期效应还提示班主任,该给学生的惩罚也得办到。本书在《响鼓不用重槌敲——无声效应》一文中也提到,在班主任工作中,有时候需要该出手时就出手。这和企业文化中的"热炉效应"很相似,热炉效应是说,每个企业都有自己的规章制度,这些制度如同热炉一样,是不能违反和触碰的,一旦触碰,就会受到惩罚,即被"烫伤"。

热炉效应形象地阐述了惩处的原则,用到班主任工作中可以衍生出四条原则:第一,警告性原则,热炉火红,不用手去摸也知道炉子是热的,是会灼伤人的,所以在建班之初,大部分班主任都会建立班级公约以约束学生的行为,这样做到有言在先,如果学生违反就要受到惩罚。第二,一致性原则,一旦你碰到热炉,肯定会被灼伤,说到就要做到。也就是说,只要触犯规章制度，就一定会受到惩罚。第三，即时性原则，当你碰到热炉时，立即就被灼伤，惩罚必须在错误行为发生后立即进行，绝不能拖泥带水，绝不能有时间差，以达到及时改正错误行为的目的。第四，公平性原则，不管是谁碰到热炉，都会被灼伤。不论是优等生还是差生，只要触犯了班级的规章制度，都要受到惩罚。

在班级生活中，不可避免地会有学生犯错。这个时候，实际上学生已经知道自己犯了错误，往往他们会按班级的规定准备接受老师对自己的批评，他们一直在忐忑不安地等待。这时如果教师不及时进行批评，学生的不正当行为就会变本加厉，时间一长，犯错误的学生对自己的不良行为已经淡忘，产生懈怠的心理，惩罚就不易被接受。更严重的是，学生预期的批评没有出现，他们就会对你产生不信任。下一次犯错时，哪怕你再及时地批评，他们也会理直气壮地拒绝或者犟头犟脑地否定。那样你的批评哪怕是发自肺腑、精心考虑，结果都会大打折扣。

一位刚从师范学校毕业的新老师来到某中学任班主任，总想用友善来赢得学生的好感。学生犯了错误以后，她也不进行批评纠正，久而久之，她的和善被学生理解为"好欺负"。一天她上课时，一位学生竟把脚放到讲台上，她很恼火，就去找校长解决，结果没找到。再回来时，教室就像一锅沸腾的开水，场面十分热烈。而那位学生竟还出言不逊，老师怒不可遏，随手将一个黑板擦砸向那个得意忘形的学生，致使学生的眼角缝了好几针。结果这位老师被解聘了，带着悔恨和遗憾黯然离去。

很多新老师都会带着一种善意来与学生拉近距离，想与学生处好关系。出发点是好的，但一定要掌握好尺度，要做到宽中有严，既不刻意地讨好学生，也不轻易批评学生。一旦学生犯了原则性错误，如故意违反纪律，不注意习惯的养成，三番五次地犯同样的错误等，就不能姑息迁就，绝不能抱着不提醒下次会改的侥幸心理，而要严厉批评，要让学生记住老师的底线在哪里，绝对不能超过这个底线。如果有违纪违规者，无论成绩优异或是学差生，都一律加以纠正。这样才能树立起老师的威信,也能起到杀一儆百的效果。当然,采取的惩罚方式要让学生感受到是因为自己错了才被惩罚,老师对自己是没有恶意的。

14. 榜样的力量是无穷的

——模仿学习

下课后,有位老师走出教室,发现自己的水杯落在讲桌上了,便转身回去取。刚走到教室,就看见一个女生正在模仿黑板上的字迹,一笔一画地练习粉笔字,旁边还有几个学生在津津有味地看着。老师感到很自豪,也很欣慰,自己的书法还不错,不知不觉就成了同学们学习的榜样。

奖励榜样行为

我们给学生树立一个榜样,要求学生好好向榜样学习,学生真的就会效仿吗?不一定,具体情况需要具体分析。就连学龄前的儿童也知道,"有利可图"的榜样行为才值得模仿。心理学家班杜拉曾经做过一项研究,考察儿童是如何学会攻击行为的。

班杜拉将4—6岁的儿童随机分成三个组。在实验的第一个阶段,三个组的儿童都观看一段录像,录像中是一个成年人在打一个充气娃娃,但三组看到的结局不同。第一组看到成年人受到了表扬——"你是一个强壮的冠军";第二组看到成年人被另一个成人狠狠地教训了一顿——"喂,住手!以后再看到你这样欺负弱者就给你一巴掌";第三组看到成年人既没有被奖励,也没有被惩罚。看完录像后,三组儿童被一一送到有充气娃娃的小屋里。结果发现,第一组儿童都会学着录像中成年人的样子打充气娃娃,第二组很少有人敢去打充气娃娃。

这个实验就证明,不是所有的榜样行为都会被模仿,那些受到奖励的榜样行为才会被模仿，而受到惩罚的行为则会被极力避免。在班级管理中，班主任不妨在树立榜样之后，对榜样行为进行奖励，让学生了解到行为的"好处"，从而表现出相应的行为。下面这位班主任在这一点上就做得卓有成效。

我们班的学生很少收拾自己的课桌，结果桌面上乱七八糟的。为此，我不知费了多少口舌和精力，但都无济于事。期中考试时，我在同年级的三班监考，发现他们班的"皮大王"阿涛的桌子收拾得干干净净，里面的课本文具都整理得井井有条。考试结束后，我就让阿涛把他的桌子搬到我们班，给我们班的同学展示。同学们看到干净整洁的桌子都惊讶不已，我趁机采访阿涛："你的桌面为什么收拾得这么干净呢？""我从小就养成了习惯，把自己的东西摆放整齐。""那你收拾好桌面有什么好处吗？""我自己看着舒心，还有就是找东西的时候特别方便，可以节省不少时间。"送走阿涛之后，我让我们班的同学回家后写一篇日记，谈谈自己的感想。在接下来的日子里，同学们学着阿涛的样子整理自己的书桌，慢慢体验到了"收拾"的好处，我再也没为桌面的事费过口舌。

在树立榜样之后，还要鼓励与强化学生表现出相应的榜样行为。有时候，对于学校和老师倡导的行为，学生虽然知道该怎么做，但是由于各种原因不愿意表现出来。例如，随着学生年龄的增长，他们变得不愿意跟老师互动交流，也不愿意积极地表现自己，甚至排斥那些表现积极的同学。这个时候老师可以营造氛围，用学生能接受的方式鼓励和表扬那些积极互动和展示的行为，而不是针对个人。

王老师新接手的三年级1班非常沉闷。老师提问之后，同学们常常沉默甚至低头，更别说主动举手了。不得已抽点起来的同学，也只是简短地说几句话或几个字，课堂就变成了老师在自言自语、自问自答。老师想要及时了解同学们对知识的掌握程度，只能通过随堂测试或作业。老师对此感到很惊讶，询问同学后才得知，前任老师经常批评回答错误的同学，对于回答正确的同学也很少表扬和鼓励。久而久之，同学们在课堂上就变得沉默了。后来王老师在抽点同学时，有意识地抽点那些可能会回答正确的人，如果答对了，就表扬，并带动同学们鼓掌；如果答错了，就会提示和引导，并给予一定的肯定。慢慢地，同学们意识到，在王老师的课堂上答对了会受到表扬，答错了也不要紧，课堂气氛因此变得活跃起来。一个同学回答时，其他人倾听并鼓掌，这成了班里的"潜规则"。王老师进一步制定了课堂互动规则，补充回答的同学必须说"我认为××同学在××方面说对了，如果再××就更好了"。同时，她还鼓励同学们将这些规则运用到其他老师的课堂，形成了班级特有的课堂文化。

反过来，对于坏榜样，教师要通过惩罚来抑制学生将学到的这些不良行为表现出来。否则，一旦条件允许，学生就会展现出来。尤其对于那些不容许的严重的错误行为或违规行为（如考试作弊），学生一旦触犯，就要严惩不贷，轻者记过，重者警告或开除学籍，以达到"杀一儆百"的效果。

身教重于言传

榜样是通过什么方式来影响我们的呢，口头劝说，还是身先士卒？班杜拉对这个问题也非常好奇，他进行了另一项研究比较榜样的言传和身教的效果。

班杜拉先让小学3—5年级的儿童做一种滚木球的游戏，并给他们发放一些现金兑换券作为奖励。然后让这些儿童进行了一场募捐活动。这些儿童被分成四组，每组都有一个班杜拉安排的"托儿"来扮演榜样。第一组的榜样是个彻头彻尾的吝啬鬼，他向儿童宣扬要把好的东西留给自己，不必去救济他人，在接下来的募捐活动中，他也带头不把自己的兑换券捐献出来。第二组的榜样是个有着菩萨心肠的好人，他向儿童宣扬助人为乐的精神，并慷慨地将自己的兑换券捐献出来。第三组的榜样是个"刀子嘴、豆腐心"的人，他口头上说"人不为己，天诛地灭"，但实际上又带头把自己的兑换券捐献出来。第四组的榜样则是个道貌岸然的伪君子，他口头上宣扬助人为快乐之本，等到真正募捐的时候却一毛不拔。结果发现，在榜样捐了款的第二、三组，捐献兑换券的儿童明显多于榜样没有捐款的第一组和第四组。

班杜拉的实验告诉我们，身教大于言传，榜样说了什么并不是最重要的，关键要看他是怎么做的。这也提示我们，在教育学生时，我们的行动才是真正的"巨人"。下面这位班主任对此深有体会。

一次，我发现我们班的卫生区有垃圾，就顺便叫一个学生去打扫，那个学生很不服气地说："今天不是我值日。"我说："我知道，但是我现在就派你去。"他很无奈，只得去扫，但是边干边嘀咕。当时我听了之后非常生气，就狠狠地批评了他一顿。事后我冷静一想，卫生是做完了，但学生并没有受到教育，反而破坏了师生关系。后来，遇到类似的事情，我就改变了发号施令的做法，而是自己动手，身先士卒，给同学们做示范。比如，有值日生来晚了，没人拖地，我就拿起拖布去拖。同学们一见到老师亲自动手，都纷纷站起来主动帮忙。几次下来，班里的卫生根本就不用我操心了。

反过来，教师有时要求学生改掉一个坏习惯或小毛病，自己却依然如故。己身不正难正人，不管说得多好，也是空费口舌。让我们看看这位班主任是怎么从学生的回敬中意识到自己的问题的。

有一次，我发现班里一个男生吸烟，就毫不客气地把他带到办公室进行批评。"吸烟有害健康，你不知道吗？《中学生守则》上明文规定中学生不准吸烟，你为什么明知故犯？"我一连质问了他好几个问题，他却一脸的无动于衷，反而把头扭向一边，一副"懒得理你"的样子。我气坏了，恨不得拍他几下。郁闷之时，我习惯性地拿出香烟，正准备点燃时，他把目光投向了我。我恍然大悟，你自己还吸烟呢，怎么管学生？于是我把香烟收起来，放下老师的架子，温和地对他说："咱们俩来一个君子协议如何？"他有些疑惑不解，我继续说："你刚刚也看到了，我跟你一样也吸烟。我晚上经常咳嗽，你师母为这事儿经常批评我。我决定了，从现在开始我们俩一起戒烟，行吗?"他没想到,老师为了教育他,把自己也教育了一顿,很是感动。后来,他遵照约定,没有再吸烟,而我自己也改掉了多年的恶习。

发掘榜样资源

什么样的榜样会引起我们的注意与仿效呢?班杜拉指出,这取决于榜样与观察者两个方面的特征。一般来说,热门、强有力的、出名的、流行的人容易成为榜样。有时候,老师会觉得现在学生的偶像崇拜是一件很令人头疼的事情,其实,在教育学生时,不妨列举一些偶像明星人物的积极方面,比如周杰伦孝顺父母,多才多艺,李宇春热心公益等,让学生去学习明星人物的优良品质,而不只是简单模仿他们的衣着打扮。一位班主任是这样挖掘明星偶像的积极示范作用的。

在自习课上,我发现一个女生对着报纸发呆,上面有一个版面都是薛之谦的照片。青春期的孩子都有偶像,只是这个女生一直内向,成绩平平,桌面上和课本上都是薛之谦的照片。她如此狂热地追星,着实令我惊讶,于是关注起她来。有一次考试,我发现,对于稍有难度的题目,她就直接跳过了,但对基本题目答得还不错。我把她叫到办公室,递给她一张薛之谦的海报(为了缩小和同学们的代沟,我也经常关注娱乐新闻)。她很是惊讶。我解释道:"我看到你的桌上贴满了他的照片,知道你喜欢他,你喜欢他什么呢?""他长得帅气,而且很有才华,唱歌很好听。""嗯,还有吗?""为了实现自己的音乐梦想,他撕掉了去瑞士的机票,跟父亲约定三年内一定做出成绩。我觉得他很有魄力,很 Man。""嗯,老师很欣慰,你选择偶像的眼光不错。我想他能取得今天的成就,光有魄力和才华是不够的。据我了解,他刚进娱乐圈的时候,唱片发不成,排戏也只能演小角色,低迷了很久,才在选秀上崭露头角。""哇,老师你连这个都知道!""娱乐圈有才华的人应该很多但成名的很少。我想,他之所以成功,有一个重要的原因就是在困境中不放弃自己,攻克难关,抓住机遇!老师希望你能向自己的偶像看齐,攻克学习中的难题,不轻言放弃,做一个合格的谦友!"在我的鼓励之下,她在学习中投入了更多的精力,不懂的地方就问老师,问同学。我在课上也有意识地让她完成一些难题。慢慢地,她的学习成绩有了进步,自信心也提高了。

另外,观察者与榜样之间的关系也会影响前者的关注。一般来说,与学生具有较高相似性的榜样容易受到关注,如年龄相仿、性格相似、价值观相同、能力相当或者经历一样等。在前文有关收拾桌面的案例中,阿涛与"我班"学生之间就具有较高的相似性,他们是同龄人,而且阿涛素有"皮大王"之称,他能做到的事情,其他人更应该做到,因此以阿涛为榜样就能起到很好的示范作用。另外,近在咫尺的人,如经常在学生的学习与生活中出现的家长、教师、同学或朋友等,更容易被关注和模仿。

教师在设立榜样时,要站在学生的角度,根据这些方面的因素考虑榜样的可接受性,力争使榜样得到学生们的认可,发挥其模范带头作用。

15. 小问题，大管理

——蝴蝶效应

"……他们为了打发时间约我打牌

我很乐意地接受了

其实我们原来也经常玩牌的

其实无须掩饰

我智商真的比较高

所以打牌经常赢

几个同学都怀疑我作弊

我坚持说没有

谁知道那三个我自以为平时没有歧视过我的同学

以为一直平等对我的同学

竟然恶语伤我，踩躏我的人格……"

这是杀害了四个同班同学的马加爵在狱中写的遗书，这几位同学根本没想到仅仅是因为说马加爵打牌时作弊就引来了杀身之祸。

小翅膀引起大飓风

马加爵杀人的起因看起来都是小事，可是引发的结果却让人震惊。如同1979年12月29日，美国麻省理工学院气象学家爱德华·洛仑兹第一次提出的蝴蝶效应，让人们惊叹：原来小翅膀可以引起大飓风。

在华盛顿特区召开的美国科学进步协会年度会议上，爱德华·洛仑兹提交了题为"巴西一只蝴蝶拍一下翅膀会不会在得克萨斯州引起龙卷风？"的论文。他说：一只南美洲亚马孙河流域热带雨林中的蝴蝶，偶尔扇动几下翅膀，可能两周后会在美国的得克萨斯州引起一场龙卷风。其原因在于：蝴蝶翅膀的运动，导致其身边的空气系统发生变化，并引起微弱气流的产生，而微弱气流的产生又会引起它四周空气或其他系统产生相应的变化，由此引发连锁反应，最终导致其他系统的极大变化。

蝴蝶效应揭示了：细小的因素与看似完全不相关的巨大复杂的变化之间存在着紧密的因果联系。中国古语云："积行成习，积习成性，积性成命"，"千里之行，始于足下，千里之堤，溃于蚁穴"，貌似不相干的事情之间竟然产生了连锁反应。

2010年，佛山连杀13人的杀人狂魔成瑞龙在接受记者采访时总结自己为何犯罪的四大外因，其中第一条就是："当年在学校，班主任认为我调皮，勒令我退学，这是我人生的一大转折点。"

谁曾想到，一个学生调皮，最终导致多年以后13位无辜之人被残害了性命。在班主任工作中，蝴蝶效应提示我们：教育无小事！一件微不足道的小事可能毁了一个学生，也可能成就一个学生。因此，班主任在面对教育中的小事时要更加慎重，将不好的小事扼杀于摇篮，让好的小事真正引起"飓风"。

一着不慎，全盘皆输

蝴蝶效应启示我们，在教学过程中，教师要与学生交流沟通，防微杜渐。蝴蝶效应最初的发端往往不易被人察觉，最终的结局却足以震撼人心。教师应该时刻警醒，留心有着不良发展趋势的苗头，防微杜渐，未雨绸缪。因此，了解和研究学生就显得尤为重要。以尊重、平等、朋友式的态度真诚对待学生，用爱心、耐心、宽容之心主动与学生交流沟通，第一时间获得学生的所思所感，在理解的基础上加以更好的引导，帮助其建立正确的人生观、价值观与世界观。

一些女同学经不起"时髦"的诱惑，开始过分追求穿着打扮、吃喝玩乐，但又往往受经济条件限制，以致影响学习情绪，严重的还可造成盗窃、损害自身人格的事情。此外，班里首先发生的是个别同学的意见分歧、争执，最后发展到班里帮派或寝室与寝室之间的矛盾，甚至发展为严重的打架斗殴事件等。

蝴蝶效应还告诉我们，班主任在班级管理中如果对一些小事处理不当，有可能就会造成意想不到的后果。作为班主任，要时时处处为学生着想，处理细节问题不可不慎。

小刚最近学习积极性很不高，上课总是没精打采的。老师批评他最近学习不认真，他却和老师顶嘴。老师很不解，因为小刚以前是个很认真的学生，上课也总是很积极地回答问题，为什么会突然变成这样？后来，老师从小刚的父母那儿了解到事情的蹊跷。原来，有一次小刚上课回答完问题以后，老师没有给予任何反馈，却喊了另外一个同学重新回答，而那个同学回答得和小刚差不多，可是老师却表扬说回答得真好，可见是认真思考了。小刚因此一直闷闷不乐，认为老师不喜欢他，从此不爱回答问题了，上课也不认真听讲了。老师得知情况以后，将小刚叫到办公室，向他解释另外那个同学成绩不如小刚好，所以他表现得好的时候，老师想给予更多的鼓励，结果没想到无意中伤害了小刚，老师表示很抱歉。小刚听了终于释怀了，渐渐又恢复了学习的积极性。

更有甚者，有些学生犯了错误，班主任上纲上线，甚至讽刺挖苦学生，这会严重挫伤学生的自尊心和自信心，导致学生自暴自弃，结果不但事与愿违，甚至出现学生离家出走、轻生等意想不到的情况。成瑞龙的班主任一定没有料到，就因为自己当年勒令他退学，间接导致了很多年后杀人魔的诞生。

星星之火，可以燎原

美国20世纪90年代中期以前，犯罪率一路高涨，以至于犯罪学家在给美国司法部长写的报告中提到，在接下来的10年当中，美国的青少年犯罪率将上升，悲观的话，上升将超过100%。然而，有意思的事情发生了，20世纪90年代中期开始，犯罪率不但没有上升，而是一路下降到历史最低点。于是，犯罪研究专家们不得不反过来为犯罪率下降寻找原因，他们说纽约市创造的更发达的监狱系统、更严格的枪支控制、强劲的经济增长等导致了犯罪率下降。然而，经济学家史蒂芬·列维特指出，犯罪率下降的主要原因是20多年前的一桩诉讼案。

当时，达拉斯州有一个名叫Nerman McCorvey的年轻女士怀孕了，她很贫穷，没有受过教育，整天酗酒、吸毒，虽然只有21岁，却已经生了两个孩子，并且都交给别人抚养。1970年，Nerman发现自己又怀孕了，而当时堕胎是违法的，于是在部分权势人物的支持下，她成为第一诉讼人，向政府提交申请，希望能够将堕胎合法化。1973年1月22日，法庭宣判这名女士获胜，允许在全美实现堕胎合法化。

列维特认为，美国各州在20世纪70年代中后期逐步实行堕胎合法化引发了20年后美国犯罪率下降的现象。因为选择堕胎的少女往往是没有能力给孩子提供良好成长环境的那些人，如果她们生下孩子，那么孩子很可能是在贫民窟长大，从小就在暴力、吸毒、酗酒等恶劣环境下成长，他们更可能在成长为青年后犯罪。堕胎合法化使得这些潜在的罪犯胎死腹中。列维特用数据证实了这个假设：美国所有州的犯罪率都在下降，而且先实现堕胎合法化的州先下降，后实施的州后下降。列维特撰写的相关论文《堕胎合法化对罪犯的冲击》在2001年5月的《经济学季刊》发表后，引来了各界争议。但到目前为止，还没有直接的论据证明他的推论是错误的。一项20年前的决议改变了20年后的全国犯罪率，让人不得不再一次惊叹蝴蝶效应的巨大力量。

从积极的角度看,将这个故事类比到班级管理中,班主任一定要善于发现学生的闪光点,于细微处见精神,促使学生由量变发生质变,从而创造辉煌的人生。

一位教师在谈到评语时激动地说:"1995年我收到一封学生的信,他写道,'我坐在财经大学宽敞明亮的教室里给您写信。还记得吗?您在我本子上批过一句话——句子造得很精彩,希望你做人也精彩。从那时起,我一直努力使自己精彩,尽管我的基础很差,没有考上重点高中,但是我没有放弃努力……'我深受感动,为这名学生的努力而感动,也为当初自己的批语而感动。我没有想到自己很随意的一句赞扬,竟会产生如此巨大的反响!

教师无意中的一句话、一条评语、一个微笑、一个眼神、一个抚慰,都有可能改变学生的一生。作为教师,请你多多地朝向学生美好的未来扇一扇蝴蝶的翅膀吧。

16. 小题大做，防微杜渐
——破窗效应

美国斯坦福大学心理学家津巴多（Philip Zimbardo）做过这样一个实验。他找来两辆一模一样的汽车，将一辆停在比较杂乱的街区。他把这辆车的车牌摘掉，顶棚打开，结果这辆车在一天之内就被人偷走了。他将另一辆车停在中产阶级的社区，这辆车摆了一个星期也安然无恙。后来，他用锤子把这辆车的玻璃敲了个洞，结果，仅仅过了几个小时，车子就不见了。

一窗破，窗窗破

在这个实验研究的基础上，美国政治学家威尔逊和犯罪学家凯林提出了"破窗效应"。一个房子如果窗户破了，没有人去修补，时隔不久，其他窗户也会莫名其妙地被人打破；一面墙如果出现一些涂鸦没有清洗掉，墙上很快就布满了乱七八糟、不堪入目的东西；一个很干净的地方，人不好意思丢垃圾，但一旦地上出现垃圾之后，人就会毫不犹豫地乱扔东西，丝毫不觉羞愧。最初的破窗户、涂鸦与垃圾暗示着无序与纵容，成为滋生、蔓延并且"繁衍"违规行为的温床。

破窗效应告诉我们，环境传递了强烈的暗示和诱导信息，环境中的任何一种不良现象一旦被容忍，这种不良现象就可能被无限放大与扩展，以至于环境大大变坏而一发不可收拾。在班级管理中就存在着形形色色的破窗效应。

早读课一个学生迟到，班主任视而不见，或只是轻描淡写地询问几句，没有严肃处理，说不定以后会有第二个、第三个学生迟到……

一名学生不出早操，班主任不追查原因，不及时处理，明天可能一个宿舍的同学都不出操，后天可能有更多的同学不来……

周五学生找班主任请假，只是为了能提前回家多玩一会儿，班主任若不问清原因，草率批准，很可能会有更多的学生编出各种理由来请假……

一个学生带口香糖在课堂上偷偷摸摸地吃，班主任没有加以严肃的批评，那么一段时间后，学生书包里会出现一个又一个零食袋，课堂上吃零食蔚然成风……

课堂上有学生做小动作、说悄悄话，班主任不及时制止，过不了几天整个班级就会像一个热闹的菜市场……

教室里有几张桌椅被碰歪了，班主任不追查原因落实责任，过几天就可能有一排桌椅七零八落，学生抽屉里的物品也乱七八糟了……

班级管理中，一种小小的问题行为没有得到及时的处理，这种情况就给学生们传递了一个错误的信息：相应的规则是不必认真遵守的。遵从这个规则的人自然就会越来越少，最终积重难返。

寝室纪律问题成了某些班主任的一块心病。有的班主任随时随地勤检查，按照寝室规章对违规学生施行扣分、处罚甚至罚款，但都收效甚微。其实，在实施规章制度之初的一段时间，扣分现象极少，而有的班主任没有对这极少的扣分按规章制度进行处理，觉得小问题不足以坏大事，结果给同学们一个错误的信息——规章制度是可以违反的，而且是可以不受到处罚的。当极少发展成极多时，处理已经为时已晚。

一个班级一旦出现破窗效应，这个班的问题就会层出不穷，班主任的工作就会处于被动状态。久而久之，学校、老师乃至其他班的学生便会对这个班产生不好的印象，而这个班的学生也会逐渐认同这种印象，并自觉或不自觉地朝着这个方向发展。在这种氛围下，坏风气、坏习惯、坏思想就会慢慢地乘虚而入，蔓延开来，这个班可能真的就如人们所预料的那样不行了。古人云,"千里之堤,溃于蚁穴",班主任要时刻警惕"破窗"导致的这种恶性循环。

"破窗"止于萌芽

日本的企业有一种称作"红牌作战"的质量管理活动。

这些企业将有油污、不清洁的设备贴上具有警示意义的"红牌",将藏污纳垢的办公室和车间死角也贴上"红牌",促其迅速改观,从而使工作场所清洁整齐,营造出一个舒爽有序的工作氛围。在这样一种积极暗示下,久而久之,人人都遵守规则,认真工作。实践证明,这种工作现象的整治对于保障企业的产品质量起到了非常重要的作用。

"油污"、"藏污纳垢"看似微小,但这些"小奸小恶",特别是对于触犯企业核心价值观念的一些"小奸小恶",对其进行小题大做的处理是非常必要的。"红牌作战"质量管理启发我们,班规班纪一旦制定,班主任对"犯事"者,哪怕是一次迟到、一句粗话、一块垃圾或者一场打闹,必须做到"零容忍",需要像日本企业那样小题大做,以求防微杜渐。

班主任张老师在早自习课上闻到一股包子味。他细心观察后发现,这早餐是走读的小A带给住校的小B和小C的。张老师立即找他们三人谈话,他们承认早自习之前是在教室里吃过早饭,也承诺以后不再在教室里吃东西了。但是他们认为,学校校规校纪和班规班纪都没有规定不准在教室吃零食或者包子之类的食物。张老师虽然当班主任的时间不长,但善于动脑筋。他在下午自习课,召集班干部开了一个简单的班委会,专门讨论教室吃零食吃饭的事。最终在班规中补充了一条——教室中不准带入也不准吃油炸、蒸煮等食品,并加大检查力度。事后,这种现象销声匿迹了。

从张老师的做法可以看出,对于那些看起来是偶然的、个别的、轻微的"过错",班主任不能不闻不问、熟视无睹、反应迟钝或纠正不力,否则就会纵容更多的学生去"打烂更多的窗户玻璃"。张老师对学生偶发的"破窗"行为，出手迅速，处理得有节、有理，成功地将其阻止于萌芽状态。

修补"破窗"不为晚

20 世纪 80 年代初，纽约的地铁被认为是"可以为所欲为、无法无天的场所"，纽约地铁的犯罪率飙升。纽约市交通警察局长布拉顿受到了"破窗"理论的启发，采取措施全力打击逃票。结果发现，每七名逃票者中就有一名是通缉犯，每二十名逃票者中就有一名携带凶器。从抓逃票开始，地铁站的犯罪率竟然下降了，治安大幅好转。这位交警局长的做法证明，小奸小恶正是暴力犯罪的温床，对这些看似微小却有象征意义的违章行为进行大力整顿，反而大大减少了刑事犯罪。

同理，当班级出现"破窗"又没有及时修补而使之形成一定气候时，也绝非无可救药，只是治理难度要大得多。这时，班主任不仅要花更多的精力，更要分清主次，找准要害，循序渐进。

有时，班主任关注学生的思想动态，不妨考虑加固后进生"这扇最容易破损的窗"。下面这位班主任就注意到了班上"破窗"们的点滴进步。

班里新来了一个留级生，由于他的勤奋努力，使得原本想混日子的后进生受到感染，学习气氛开始转好。有时老师反复强调的重点，有的人或许不以为然，但是他的一句话"这个内容要考试"就能引起同学们的高度重视，留级生的话比老师的话还有效！

留级生的到来以及他的勤奋努力，及时修好了后进生想混日子的这一扇被打破的玻璃，有效阻止了"破窗"现象。班主任要敏锐地察觉到这些后进生细微的思想动态，及时给予干预、引导和帮助。

当然，每个学生都是在错误中成长的，不犯错误是根本不可能的事。班主任不要把学生的"破窗"看作一件严重的事，而是本着欣赏教育的心态去引导学生，给学生一个改正的机会。总之，班主任要重视破窗效应，预防破窗效应，但一旦出现"破窗"，要善于寻找教育的契机，成功维护班规与学风。

17. 月亮走，我也走

——群体规范

假设你正站在十字路口处等待通行，红灯亮了，路面上并无车辆行驶。这时候，好几个人不顾红灯的警告穿越马路，置身其中的你会怎么做呢？你是留在原地，还是跟着人群一起闯红灯呢？

有时我就这样"被和谐了"

假如跟着人群一起闯红灯，那你这是从众行为。你不是不知道闯红灯是不对的，但你却不由分说地随大流。从众心理是指由于群体压力而引起的个体行为或信念的改变。说得通俗一点，大家都这么认为，我也就这么认为；大家都这么做，我也就跟着这么做。

人为什么会发生从众行为？人在什么样的情境下会表现出从众行为？有多少人不会发生从众行为呢？美国社会心理学家阿希进行了从众现象的经典实验。

实验者招来一些大学生参与实验，每组7人，坐成一排，其中6个为事先安排好的实验合作者，只有1人为真的实验对象。实验者每次向大家出示两张卡片，一张画有标准线段X，另一张画有三条线段A、B、C，三条线段中有一条与标准线段X等长（如图1）。

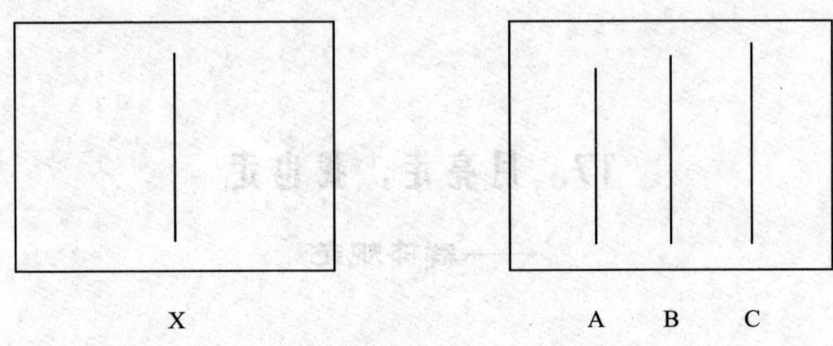

图1　阿希的从众实验

实验者要求实验参与者判断A、B、C三条线段中哪一条线段与X线段一样长。实验者规定每组大学生按一定顺序回答这个问题，那个真的实验对象被安排在第六个。第一、二轮测试，大家都做出了正确的选择。从第三轮至第十二轮测试，前5名参与者按事先要求故意说错。这就形成一种与事实不符的群体压力，那个真的实验对象面临着认识论上的两难困境："什么才是正确的呢？是同伴告诉我的，还是我的眼睛告诉我的正确？"

实验表明：

(1) 真的实验参与者中大约1/4~1/3保持了独立性，没有发生过从众行为。

(2) 所有真的实验参与者产生从众行为的平均百分比为35%。

(3) 大约有15%的真的实验参与者，其从众行为的次数占实际判断次数的75%。

一般认为，发生从众行为是因为个体在群体中受到信息上和规范上的压力。信息压力来自人们的一个经验：多数人的正确几率比较高。在模棱两可的情况下，由于缺少参照构架，个体就越发相信多数人，越从众。

物理课堂上，老师提出了一个较难的问题，然后让选择A的同学举手，选择B的同学举手……此时，老师发现有一部分学生是在观察完大多数同学举手之后才举起手的！这些同学可能有的并不是选择这个答案，或是在犹豫当中，或是根本不知道答案，但最后还是相信了多数人的判断，表现出从众行为。

在这个例子中，部分学生迫于信息的压力，在模棱两可的犹豫中，相信多数人的正确率比较高，发生了从众行为。而规范压力来源于这样一种心理：群体中的个人往往不愿意违背群体标准而被其他成员视为越轨者，害怕与众不同而成为"一匹离群之马"，害怕遭受孤立，因而采取多数人的意见。

小学数学课上，李老师写出一道计算题："书架每层大约放书20本，有4层，每个书架大约放书多少本？"让学生分小组讨论：问题中出现"大约"是否是让我们进行估算？有一小组得出结论，"问题中出现大约是让我们进行估算。"李老师进一步询问学生："是你们小组交流、讨论得到的结果吗？"学生们给了一个肯定的回答："是。"等到李老师将题目讲解完之后，有个学生悄悄说道："我说不是嘛。"针对这一现象，李老师问这个学生："为什么刚刚小组交流的时候没有把真实的想法说出来？"学生说："大家都认为是要进行估算，我也不敢说不是，怕说错了。"

在这个例子中，那个学生是迫于规范压力，不敢违背小组的标准，怕显得与众不同而遭受孤立，因此发生了从众行为。

从众有顺从和接纳两种主要表现。顺从是表面上与群体相一致而内心并不赞同；接纳是不仅在行动上而且也在信念上与社会压力保持一致。从众导致个体丧失自己的独立判断能力，在群体中淹没了自己的个性，这种消极的从众要努力避免！但有时从众也是可以加以利用的，比如，利用良好的班级氛围来影响那些与班级不是很和谐的同学，使他们产生积极的从众行为。

顺从，让我不再孤单

群体规范是群体建立的普遍认同的行为标准与准则，一般是非正式的、不成文的规定。它可分为正面规范与负面规范,正面规范规定了与群体目标一致,需要鼓励的行为表现;负面规范规定了与群体目标相悖,应该回避的行为表现。下面这个著名的从众心理实验展示了群体规范的形成过程以及群体规范压力对个体选择的影响。

实验是由心理学家谢里夫(Sheriff)在暗室内进行的,参与者的任务是在暗室中判断光点移动的距离。实验分两个阶段进行。在第一个阶段,每个参与者单独坐在室内,在一段距离之外出现一个光点,几分钟后熄灭。然后让被试判断光点移动的距离。实际上光点并没有移动,是典型的视错觉实验。重复数次判断以后,每个人的反应模式基本形成,而且各不相同:有的说是2英寸,有的说是6英寸,等等。随后让这些人一起在暗室内判断再次出现的光点移动的距离,并可以互相讨论说出自己的判断。实验反复进行,经过一段时间,大家对光点移动距离的判断逐渐趋于一致,比如都认为是6英寸。这就意味着群体规范形成了,并且代替了各自的反应模式。在实验的第二阶段,把这些人重新分开,重新做光点移动距离的判断时,他们并没有恢复原先建立的个人反应模式,也没有形成新的反应模式,而是保持了已经形成的群体规范。

群体规范会形成一种压力,无形中约束着群体成员的行为。在班级管理中,班级气氛实际上也是一种群体规范。如果班级气氛很积极、活泼,而且同学们认同这种气氛,几乎已成了类似班规的不成文规定,那么同学们的行为倾向于积极活泼;反之,班级气氛很消极很沉闷,学生则倾向于消极沉闷。班主任要努力营造一种积极向上的班级氛围,而学生也会产生积极的从众行为。

有十年工作经验的班主任刘老师,对如何培养良好的班级精神做了一些有益的尝试,如遇到不利于团结、不利于班务工作、不利于学生成长等可能影响班级情绪的问题时,他就利用"从众心理"来处理。比如,一次作业有很多学生做得不认真。在公布作业情况时他面带笑容地说:"这一次作业有

48人（共50人）做得很认真。"一次足以影响学生学习积极性的考试考得不理想，他并不公布分数，而是说："这一次考试大家发挥正常，有1/3的人更是超常发挥。"有时学生不愿参加集体活动，他也采用这种方式调动其积极性："本月的黑板报已经有六个组希望参与，我们最终要选出方案最好的一组。希望大家做好准备。"（其实只有一个组说过。）"对于假期的社会实践活动，已经有将近40个同学报名，请愿意参加的尽快报名。"（本来只有四五个学生讲过。）

刘老师利用群体压力方面的暗示，培养出一个又一个积极向上、充满凝聚力的班集体，师生都在其乐融融的氛围中享受着那份和谐。当然，这要求班主任对自己的学生有充分的了解与沟通。

在日常生活中，暗示的结果有时很有趣。一个人咳嗽、笑或打呵欠，周围其他人也这样。一个人处在愉快的人群中间也会感到愉快。有人对美国的护士、会计师进行研究发现，在同一工作群体中，人们的心境通常非常相似。因此，班主任要充分利用班级环境的暗示力量引发学生的良好行为。

接纳，合唱出动听的歌

电影《放牛班的春天》讲述的是这样一个故事。在1949年的法国乡村，有一个充满暴力、恐怖、严厉制度的少年管制学校。这里住着一群不学无术、冷漠、野蛮无知的孩子，他们是使家长无奈、老师烦恼的问题少年。谁也不会在意这些尚未成熟的心灵中所怀揣着的天真烂漫的梦想：将军、音乐家、建筑家……体罚在这里司空见惯。原任老师束手无策，无奈调职。这些学生就生活在这样一个以闹事为主要生活的环境里。新来的音乐老师马修尝试用自己的方法改善这种状况，他重新创作音乐作品，组织合唱团，决定用音乐的方法打开学生们封闭的心灵。他用善良、宽容、接纳、欣赏、尊重和耐心，以跳动的音符，形成一种团体的影响力，转化了这一群桀骜不驯、本已无可救药的学生，使他们对合唱班有了依恋与向往。合唱班让他们感受到了接纳与认可，他们也接纳了这个班级群体，接纳了这个社会。

这部电影中的老师通过自身的人格魅力，给这个合唱团塑造了一个良好的气氛，使学生们受群体压力的影响，产生学习音乐的从众行为，给本已无可救药的问题学生带来了生机盎然的春天！

一个"坏学生"小飞，刚从外校转来，平常不好好学习，上课睡觉，课下也不和其他学生一起玩。他很孤傲，也很自卑，但他非常有音乐天赋，却从来不肯在公众面前展示他美丽的歌喉，反而以戏谑的姿态让自己出现。在班级一次选组合唱团的活动中，大部分同学都进入了合唱团，但老师没将小飞选入合唱团。每次当他看着合唱团在练歌的时候，就有被排斥在外的感觉，于是他偷着在学校的角落里练歌。偶尔有一次老师听到了他的歌声，简直被震到了，觉得他的嗓子是个奇迹，有着异乎寻常的音色。老师及时调整，努力争取他加入合唱团。小飞起初不想在公众面前展示自己的声音，但因合唱群体的影响，他开始当着大家唱歌，而且在合唱团中学得很快，表现优异，得到了团体的认可与接纳，而他也认可、接纳并融入了这个班集体，学习成绩也好了起来。

每位班主任都可以像这样用自己的爱心、宽容去感化每一个值得尊重的尤其是正在成长的生命，同学生们一起创设良好的班级氛围，影响那些被视为"异端"的孩子，让他们接纳班集体，共同唱出动听的歌。

18. 集体在做我也做
——群体去个性化现象

2004年4月28日,哥伦比亚广播公司刊登了一组触目惊心的照片。其中一张图片显示,在一个监狱里,一名男囚犯双手抱头,全身赤裸地背靠牢房的铁门,神情惊恐。在他的面前围着几名军人,其中有两人各牵一条蠢蠢欲动的军犬。随着照片和视频资料的不断曝光,这一被媒体冠之以美国驻伊美军"虐囚门"的事件迅速升温,在全球引发舆论震动,引起了各国政府与人权组织的广泛关注。

魔鬼是怎样炼成的

"虐囚门"经媒体曝光后,斯坦福大学心理系教授菲利普·津巴多说,"这种行为源自罪恶的环境,这个环境可以把好人变成罪恶的替身。如果把好苹果放进一个劣质的桶里,这个桶会使所有接触它的东西腐烂。"

图2 "虐囚门"事件漫画

历史往往有惊人的相似之处。《福尔摩斯探案全集》的作者阿·柯南道尔说，世上本来就没有什么新鲜事，都是前人做过的。德国纳粹士兵将枪口对准成千上万无辜的犹太人时，难道他们都丧心病狂了吗？日本军国主义在南京手举屠刀对着手无寸铁的中国百姓时，是不是所有的士兵都失去了人类的基本良知？他们之中也许有人经历了内心的痛苦挣扎，最终还是扣动了扳机，砍下了头颅。这些人会说，"我这么做，是因为长官让我这么做，更重要的是，大家都这么做。"

"大家都这么做。"这句话被无数人当作借口运用了无数次，为他们自己也这么做而开脱。这就是群体去个性化现象。处在群体中的个体，因所处环境导致的匿名性或责任分散性而失去个人感，会违反他在日常社会生活中常常遵守的行为准则，表现出非正常的行为倾向。一个虐囚的美军士兵在自己的社区里没准有着乐善好施的良好口碑，某些参与大屠杀的人也许在前一天还在给自己的学生讲授着"人生而平等"的思想，但是，一旦他们身处"劣质的桶中"，一切都变得不一样了。群体挟持着个体犹如湍流冲刷着水中的浮萍，使得个体身不由己地随波逐流，甚至将个体带到了与其本心完全相反的方向。

个体在群体之中为什么会丧失自我呢？心理学家津巴多早在1969年就做过一个著名的实验，揭示了这一现象的深层原因。

实验者找来一些女大学生，要求她们对隔壁的一个女孩进行电击，并告诉她们此举完全是科学实验的需要，与任何道义责任无关，请放手去干。这些女大学生被随机分为两组，一组身穿白大褂，头带布罩，只露出眼睛，彼此之间谁都认不出谁来，这组被称为"去个性化组"；另一组穿着平时穿的衣服，每个人胸前还挂着一张名牌，彼此能清楚地分辨谁是谁，这组被称为"个性化组"。两组女生都能通过一块玻璃看到隔壁被自己电击的女孩。当然，被电击的女孩不会受到真正的伤害，而只是在假装表演被电击的状态。当她看见隔壁的女生按下电钮"实施电击"时，生动地表演出百般可怜与痛苦万状，大喊大叫，流泪挣扎，呼救求饶，咳嗽干呕等，让那些被蒙在鼓里的女生还真以为是自己的电击导致了她们的痛苦。结果发现，去个性化组比个性化组按电钮的次数多出将近两倍，并且每一次按下电钮的持续时间也更长。

这一实验结果证实了津巴多的预想：去个性化组比个性化组在按电钮时表现出"更少的约束"。津巴多由此认为，去个性化行为由环境所导致，这种环境具备两个特点：一是匿名性，当个体意识到人群中没有人关注自己时，会毫无顾忌地违反社会规范、道德甚至法律，表现出一些正常情况下不属于自己的行为；二是责任模糊，当个体从属于某个集体时，会认为任何集体行为的参与者都是这个集体中的所有人，任何个体都不必为集体行为而单独承担责任，因而在践行集体行为时压力减少，内疚感降低，从而使行为更加极端。"有的成员甚至觉得他们的行动是被允许的或在道德上是正确的，因为集体作为一个统一体参加了这一行动。"

最后的狂欢节

学校和班级是学生的集体。这个集体一旦出现了匿名性与责任模糊的条件，学生个体就会消失在这个集体之中，表现出非理性的行为。一位班主任在日记中记录了住宿生们毕业前夕"最后的狂欢"的生动场景。

熄灯铃声已经过去了10分钟，黑暗笼罩的宿舍区里却仍然无法平静。在学生们窃窃私语构成的"嗡嗡"背景下，不时传出某个男孩子类似"大学，我来啦！"或是"某某（某个女生或女老师的名字），我爱你！"的尖声高喊。不多时，没有任何前奏地，一只暖瓶突然从不知哪个窗口飞出来，在宿舍楼前的校道上炸开了。仿佛听到了信号一般，接下来是一只塑料板凳着地的声音，然后是玻璃杯的破碎声，饮料瓶、衣架、脸盆砸在水泥地上的声音，甚至不少同学把台灯和点燃的书都从阳台上扔了下来……

多么熟悉的情景！熄灯后的黑暗环境，彼此之间的不可见，以及不论是自发或从众导致的群体一致性行为，无不使学生们"越界"的行为越来越极端，越来越毫无顾忌。反正别人不知道我是谁，干吗不也爽上一回？横竖大家都在闹，也不多我这一个！

如何避免群体的非理性行为出现呢？

一方面，班主任需要时刻注意，不要为学生的非理性行为创设匿名性与责任模糊的条件。

有一位班主任为了丰富同学们的课外读物，用班费为大家购买了许多优秀图书并作为公共资源摆放在教室一角，告诉大家可以随意取阅。同学们争先恐后地挑选着自己喜爱的图书，拿回座位翻看。但是出乎意料的是，同学们并没有像班主任想象的那样自觉爱惜图书，而是乱涂乱画、随意折角，对于不喜欢的图书随手丢在地上。不到一周，新买的几十本图书就只剩十余本，剩下的也都被糟蹋得破旧不堪。由于起初没有对借阅者记名，所以班主任也查不出是谁在图书上乱涂乱画，是谁传丢了图书或者私自拿回家中了。这位班主任吸取了教训，自己掏钱重新买了一些图书补充进来，并向大家规定：图书仍是公共资源，供大家随意取阅，但是统一由班主任保管，任何一个同学都需亲自找班主任在借书记录本上登记个人信息，并在图书的借阅卡片上登记自己的姓名和借阅时间。这位班主任还告诫大家，公共资源需要每一位同学的爱护，借阅者有责任和义务在借阅期间保管好图书，并必须在归还时保持图书的完好。此举措出台后，图书的使用情况得到了很大的改善，同学们都能够自觉地爱惜手中的图书。

另一方面，班主任要培养学生的道德规范与行为准则的坚守力，让学生树立"慎独"意识。《礼记·中庸》说，"君子慎其独"。一个品德高尚的人在没有人看见的地方、没有人听见的地方也是有所戒惧和谨慎的。在这里，"慎独"被赋予了新的含义，即使在人群之中也需慎独。当集体掩蔽了个体的个性，稀释了个体的责任甚至给予个体相当的社会压力时，当集体所扮演的角色由道德行为的监督者演变为极端行为的庇护伞时，个体仍然能够坚持自己内心的良知和自定的道德标准，这种慎独精神就能成为克服非理性群体去个性化行为的天然屏障。

匿名的建议

群体去个性化现象一般会导致不良行为,但班主任有时可以积极利用这一现象,鼓励学生、家长在没有压力的情况下表达自己真实的想法,表现自己的创造性。在日常班级管理工作中,班主任要创设出匿名性与责任模糊性的环境可能并不容易,但具有即时性、匿名性和开放性的在线交流可以起到意想不到的作用。一位班主任在工作日志中写道:

校园网上的班主任论坛开放注册不久,我在上头发表了一篇题为"班主任怎么这么难当"的帖子,谁想到一石激起千层浪,好多坛友纷纷跟帖,提出自己对班主任工作的意见,不少意见在日常工作中是很难听到的。虽然并不知道跟帖的坛友们都是谁,但这些意见已经给我改进自己的工作提供了相当丰富的资源。

在线平台提供了匿名交流的可能性——任何获准进入这个交流平台的用户都可以通过申请非实名 ID 的方式达到匿名交流的目的;同时,在线平台上的发言由于不会被追溯到发言者自身,因而基本不涉及承责问题,具备了良好的责任模糊特点。这两点特征使在线交流平台如 BBS、博客、校园网意见箱等成了相当好的集思广益的场所。当然,在这种情况下出现的意见可能鱼目混珠,教师需要加以认真甄别,择其善者而用之。

19. 我们的班级我们做主
——控制感

在拥挤的电梯里，如果可以选择，你更愿意站在哪儿？电梯中央？靠里的角落？门口的角落？按键板前面？

1979 年，心理学家罗丁等人调查了人们对这个问题的回答，结果显示，人们更愿意站在靠近按键板的地方。为什么呢？因为我们每个人都有自己的"私人空间"，当有人与我们相距太近而闯入自己的私人空间时，我们就会感到压力，觉得不舒服。拥挤的电梯就是一个典型的私人空间被"闯入"的情境，当我们站在靠近按键板的地方时，觉得自己对环境具有控制力，压力情境的负面影响（如焦虑感）会随之降低，我们似乎觉得电梯也没有那么拥挤了。

抢盐究竟为了啥？

控制感是个体关于自己能否控制自身和周围环境的一种主观信念，是人类最基本的心理需求之一。我们在平时的工作、生活中无时无刻不在体验着控制感带来的影响。2011 年 3 月，随着人们对日本福岛核泄漏恐慌的蔓延，国内出现了"抢盐潮"，平时一两块钱一袋的食盐甚至被炒到了 70 元！尽管相关部门一直在澄清"碘盐防辐射"是缺乏科学依据的谣言，但抢盐潮仍然持续了一段时间。2003 年 SARS 恐慌下也出现了类似的抢购风潮。

图 3　各大超市、商店的盐被哄抢一空

　　这种群体抢购行为的心理原因有很多,如人们缺乏安全感,不信任社会资源的支持等,另外一个就是缺乏控制感。在面临核辐射、SARS 这类大型灾害事件时,人们的控制感相当低——没有能力让情况变得更好,这又导致更多的焦虑和恐慌。人们极度需要"做点什么"来提高控制感,降低焦虑水平。一旦得知"碘盐能防辐射"后,买盐自然就成了不二选择!姑且不论防辐射效果的真假,买盐这一行为本身至少可以缓解低控制感带来的焦虑和恐慌:人们会觉得至少自己采取了对应的控制行为,为抗击核辐射做好了准备。

　　为什么我们如此无法忍受没有控制感的生活?下面这项动物实验可以带给我们更加科学的启示。

　　心理学家将两只老鼠放在通电的箱子里,并将两个箱子接通。如图 4 所示,老鼠 A 的身边有一个开关,如果它在挣扎中碰到这一开关,电击就会暂停;而老鼠 B 则无论如何也无法主动逃避电击,只能在老鼠 A 触碰开关的时候沾点光避免电击。

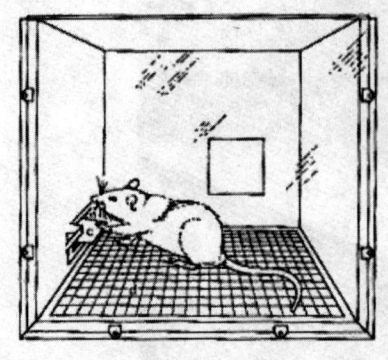 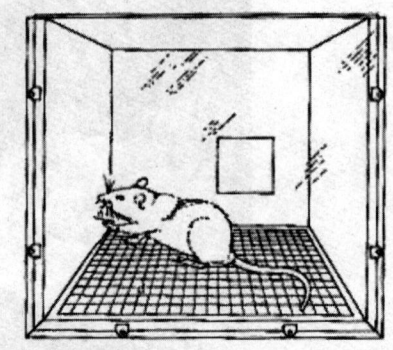

图 4　老鼠 A 碰到开关电击暂停，老鼠 B 被动承受与 A 鼠一样的电击

随着电击的来临，老鼠 A 很快学会了通过按开关来避免电击，而老鼠 B 虽然也在同伴的努力下一次次从电击中解脱出来，但它对电击是没有控制力的，只能听天由命。

一段时间的实验结束后，研究者发现，老鼠 A 皮毛依然光滑，胃口也不错，并且很快从电击的折磨中完全恢复了过来；老鼠 B 的情况则完全不同，它在实验后变得食欲不振、情绪低落，而且很快死去了。由于这两只老鼠接受的电击量完全一样，显然，老鼠 B 的死亡并不是生理上的折磨造成的，而是心理上控制感的缺乏所致！

设想一下，如果有一天你的三餐吃什么，电脑桌面是什么图片，假期怎么安排，办公室如何布置，甚至与学生、同事、家人要说什么话等，都由别人替你决定，你会觉得快乐吗？

反过来，生活中有许多事情能够满足学生的控制感，因而令他们着迷不已，电子游戏就是一个典型。电子游戏与学习任务都是有一定难度，需要花费时间和精力才能完成的工作，为什么在教室里无精打采的学生一坐在游戏机前就变得生龙活虎了？为什么在学习中畏难情绪高涨的学生游戏时却能发挥屡败屡战的精神，努力克服重重困难？这是因为游戏给予学生充分的自主权和控制权。在游戏中，游戏类型、主题、人物角色、背景图片、难度等都是可以由自己控制和决定的，玩游戏的质量、速度如何也完全由自己负责和承担。但学习中的学习目标、内容、难度、进度等都是由老师和课本事先安排好的。

懒老师教出勤学生

李老师第一次当班主任，热情很高，"上任三把火"。她每天早早来到学校，一手拿笤帚，一手抡拖把，满头大汗，气喘吁吁；下午学生打扫时，她又担心小纸片没扫干净，或者桌子上还有灰道道，有时她狼吞虎咽地吃过晚饭就立即回班与学生一起做卫生。结果如何呢？班上的活她干了不少，卫生流动红旗却总是和她的班擦肩而过。

这个班主任真是当得太累了。班级的琐碎小事太多，学生的自我管理能力又太差，什么事都离不了我。总是这边忙得不可开交，那边说不定什么时候几位捣蛋鬼又会生出些许是非，直搅得你焦头烂额。整天累得要命……我总觉得自己做的工作最多，但班上学生的总体素质并不理想……

这正是勤老师教出懒学生！管得越多，效果却越差，李老师越想越疑惑。她决定放下班上的种种琐事，去3班偷偷取经。为什么3班无论在成绩、卫生还是秩序上都能遥遥领先呢？暗暗考察一番之后，李老师更是一头雾水。"除了比我们班干净、整洁点，也没什么特别的嘛"，她心想，"并且班主任张老师也没有来班上巡视，万一有什么事情怎么办？"李老师正要离去，只见教室墙上的一幅挂图掉了下来，她以为学生们会趁机哄闹一阵之后去请班主任，没想到班上不但没乱，反而有几名学生马上从讲桌抽屉里拿来图钉把挂图钉好了。

李老师回到办公室，却见张老师悠闲地喝着茶！李老师请他一定要把"秘籍"传授给自己。张老师说，他喜欢把自己的班级称为"自治区"。在制定班级制度时，他把班级制度分为纪律、出勤、卫生、宿舍、奖惩和偶发事件六个方面。班会上，他让班上的六个小组分别起草对应的制度，然后由组长一一宣读，根据其他小组的意见逐条修改，直到全班一致通过。学生们从争执到最终达成一致，不但完善了班级制度，更重要的是，更加遵守和信服这一个由自己参与制定的班级制度。

在日常管理中，张老师采用了"专项任务组 + 班干部 + 小班主任"的管理制度。专项任务组包括卫生组、设备组、纪律组、锻炼组等，各司其职；专项任务组的直接"上司"是对应的班干部；小班主任的工作则是听取班干部的工作情况汇报并进行监督检查。这样一来，每个人都参与了班级管理，再加上小班主任是通过竞选轮流担任的，学生们参与班级管理的积极性也就大大提高了。

控制有助于提升生命质量

张老师的班级管理之道似乎印证了在老师中流传的一句话——"懒老师教出勤学生"。当然，此"懒"绝非真正的撒手不管，那么，张老师的"懒"高明在哪儿？下面这项研究可能会给我们一些启示。

美国心理学家兰格和罗丁在一家养老院里随机挑选了两层楼的老人参与实验。四楼的老人为"责任感提升"组，他们被告知：①他们可以自己决定如何布置房间；②养老院给他们准备了植物，他们可以选择要或不要，如果要则可以选择一株自己喜欢的并照顾它；③下周四、五晚上会各放映一场电影，如果想看的话可以任意选择一天观看。

二楼的老人则作为对照组，他们被告知：①管理员已经尽力将他们的房间布置得舒适，并且会在各方面帮助他们；②养老院为他们每人准备了一棵植物，护士会每天照顾。③下周四、五晚上会各放映一场电影，稍后将通知哪一天去看。

不难看出，两组老人的差异在于，"责任感提升"组的老人在生活中有进行选择的机会，对照组的老人虽然在其他因素上与实验组基本相同，但是养老院代他们做出了大部分决策，他们只是被动地接受。

研究者在实验前和实验三周后两次测查了老人的自我评价和护士（对实

验并不知情）对老人的评价，结果表明，"责任感提升"组的老人所报告出的愉快程度、积极程度明显比对照组高，护士评价说，"责任感提升"组的愉快程度和积极程度在总体上比对照组显著高，而"责任感提升"组的老人比对照组的老人安排更多的时间拜访其他人（包括其他老人），并同工作人员聊天。研究者据此进一步得出结论：对于一个被迫失去自我决策权和控制感的人，如果我们给他一种较强的自我责任感，提高他对生活的控制感，那么他的生活质量会提高，生活态度也会变得更加积极。值得一提的是，在这项研究结束的18个月后，研究者还进行了后续追踪研究，发现在这18个月的间隔中，有30%的对照组老人离开了人世，而"责任感提升"组中去世的老人仅为15%！

这一研究告诉我们，控制感不仅有利于身体健康，还能有效地增加我们的积极情绪和积极行为。张老师赋予学生控制感，将班级管理的权力和责任交到学生手中。全班同学一起自主制定规则，"学生行政班子"自主管理班级。张老师通过这样的方式，不仅将自己从烦琐的、纷杂的具体事务中解脱了出来，更重要的是，学生们的责任感和主人感得到增强，久而久之，班级的整体素质和凝聚力自然也会大大提高。

除了组织班级自治外，班级博客也是一个非常公开、民主的意见征集的平台。有一位老师利用班级博客这一开放空间，为班上每一个学生提供了参与班级管理、决策的机会。

在我们的班级博客上有一个最为火爆的板块叫"实话实说"。学生们可以选用实名或匿名方式发帖，畅谈自己对于班级和班级管理的看法，提出自己的建议。比如，在班级环境的布置上，学生们纷纷上博客发表自己的观点。有的学生构思了不同的分区以及各个区块展示的内容；有的学生则建议把班徽和班规展示出来；擅长板报设计的学生甚至上传了他们画的草图……班上所有学生都参与其中，使得班级管理趋于民主化、合理化，也提高了学生们"参政议政"的主人翁意识。

值得注意的是，在给予学生控制感时，也不要走得太远、太极端。毕竟学生受到身心发展的限制，还不具备完全自主的能力，老师一旦"放任自流"，结果可想而知。此外，"民主自治"的方式虽然看似充分发动了学生，解放了班主任，但实际上班主任并不是"无事一身轻"，相反，他要在这一过程中给予持续的关注、支持和帮助，并把目光放在更宏观、更重要的方面。

20. 男女搭配，干活不累
——异性效应

在宇航员、野外考察人员等一些工种比较单一的男性为主体的职业中，时间久了，从业人员会患上一种"怪病"。在航天宇宙飞行中，有半数以上的男性宇航员会产生一种"航天综合征"，出现头痛、眩晕、失眠、烦躁等症状，服用任何药物都无济于事。无独有偶，很多前往南极考察的澳大利亚科研人员也出现了同样的病症，晚上失眠多梦，白天昏昏沉沉，试用了多种治疗方案都丝毫不见起色。这是什么原因呢？

异性相吸

经过调查研究表明，这是由于"性别比例失调严重，导致异性气味匮乏的结果"。于是，美国医学博士哈里教授向美国宇航局提出建议，在每次宇航飞行中，挑选一位健康貌美的女性参加；一些国家也有意安排一两名女性参加南极的考察队。于是，航天员和考察员们所患的"怪病"便不治而愈了，正所谓"男女搭配，干活不累"。

异性相吸是人的本性。在异性面前，人往往对自己要求更严，表现得更出色。与只有同性参加的活动相比，在有两性共同参加的活动中，参加者一般会感到更愉快，干得更起劲，甚至会做原本不愿意做的事，这就是异性效应。与异性在一起时，人满足了异性之间心理接近的需要，因而获得了程度不同的愉悦感，并激发起内在的积极性和创造力。

男女同学相互交往，相互吸引，可使集体成员有一定的情感依恋，增强班级凝聚力。一个班级中如果男女同学正常交往，发展真诚的友谊，这个班的班风、学风往往比较好,同学们的积极性高,组织活动容易成功,班级的管理质量也好。

有一次,初一年级举行男篮比赛。班级女生由于事先没有得到比赛通知,不知道操场正举行篮球比赛。第一天,每个组一开始竞争还很激烈,到了下半场,大家都有点累,士气明显不足。比赛结束后,班主任老师让班干部通知本班女同学第二天来做啦啦队员,送饮料等。在第二天的比赛中,班级啦啦队不断为自己班的同学助威,大大鼓舞了队员们的士气。

从此以后,这个班经常开展一些需要男女同学共同参与,靠互相帮助、团结协作才能完成的活动或工作。在组织外出野炊、郊游时,分配女生到不同的组里,学生们在每次活动中都很活跃。这些活动不仅可以消除男女之间的界线,形成自然融洽的同学关系,而且可以培养学生勇敢、负责、团结、文明等可贵的品质。

但是,异性效应也存在一些消极的影响。例如,有的同学追求自我表现和个性形象,有的同学举止矫揉造作,有的同学为了在异性面前表现自己的"资本"而去打架斗殴等。班主任需要分析这些学生反常举止背后隐藏的在异性面前的表现欲,耐心地引导他们如何去正确地维护自尊。

异性相照

青春期的男女学生都希望引起异性的关注,都希望能以自己的某些特点或特长受到异性的青睐。男生总想在女生面前显示自己,而女生也往往尽力给男生留下好印象。

心理学家曾做过这样一个测试,在学生就餐的时候,把学生分为两组,一组中男、女生都有,另一组中只有男生。结果发现,男生在男女同桌就餐时要比单独就餐时文明许多,这是由于大多数人在异性面前更注意自己的言行。

学生也十分关心异性对自己的评价。这无异于是一种无形的约束力，使学生注意自己的言行举止，检点自己不合理、不完善的表现。班主任可以利用这种异性评价与无形的约束力，来解决单靠说教和命令无法奏效的棘手问题。

这学期以来，班上出现了很多男生留长发的现象。如果老师按照惯常的方式强令他们剪短头发，学生一定会产生逆反心理。李老师一直为此苦恼不已。一天下午，他突然想到了一个好主意。他利用活动课的时间，在全班女生中间举行了一次"我心目中的优秀男生"的调查，其中就包括优秀男生的形象。调查结果发现，女生们欣赏的男生形象应该是干净清爽，而不是长发飘飘的。在班会上，李老师把这一调查结果反馈给了班上的男生。从此以后，很多男生自愿剪短了头发，把自己整理得干净整齐。

女性是男性的镜子，男性是女性的镜子，谁不愿意在镜子里留下美好的形象呢？异性的评价在他们心目中可能比班主任的评价更重要，异性的鼓励也许比其他人的教育更起作用。为了在异性面前呈现一个完美的形象，男女学生会尽其所能，充分发挥自己的潜力以引起异性的关注和尊重。李老师的做法值得借鉴。

异性相补

男女之间不存在智力的高低之分，但在很多方面存在一定的差别。男孩子在思维方法上偏重于抽象化，概括能力较强。女孩子在思维方法上多倾向于形象化，观察细致，富有想象力。男孩子一般不拘泥于细枝末节，不计较点滴得失，好动，进攻性强，乐于迎接挑战；女孩子往往感情细腻温和，情绪多变，委婉，多富同情心。男女生在智力特长、气质和性格以及行事风格上相互补充。

在相同的条件下，中学生的情感往往偏向于异性同学，乐于向对方提供帮助，同时也希望得到异性的理解和接纳，这对中学生的学习十分有利。班主任若能利用异性效应，让男女同学在学习上互帮互助，则可提高学生的成绩以及学习的积极性。

李老师班里有一女生文科成绩优异，而理科成绩平平，对物理和化学曾一度兴趣索然，情绪低落；与此相反，另一男生理科成绩非常拔尖，而对语文和英语毫无兴趣。针对这种特殊情况，李老师特意安排这两位学生成为同桌，并时时提醒他们要相互学习和帮助。半学期下来，成效比较明显，两人薄弱功课的成绩均有明显提高。特别是在英语口语练习中，男女同学更是乐于相助。这位男生说："我有问题问男生，他们会嫌我烦，而女生会一遍一遍地教我，直到我弄懂为止。"男女生之间的坦诚相助，使班级中共同探讨问题的气氛浓了起来。

男女生同桌后，在交往、合作和探讨中彼此取长补短，相互帮助，共同提高。男生有了学习模仿的榜样，开始对文科学习有了积极的态度，而女生对数理化的学习多了一份热情，互相学习和促进使学生的学习积极性异常高涨。男女同学在一起学习可以相互启发，使思路更加开阔，思维更加活跃，触发智慧的火花。在活动中男女同学相互交往，心理交融，也易取得明显的效果。

当然，班主任要引导男女同学在交往中既要无拘无束，坦诚相待，相互激励，共同进步，又要注意适当把握异性之间交往的"度"，使异性交往健康顺畅地进行。

21. 生于忧患，而死于安乐
——鲶鱼效应

挪威人喜欢吃沙丁鱼，尤其是活鱼。挪威人在海上捕得沙丁鱼后，如果能让它活着抵港，卖价就会比死鱼高好几倍。但是，沙丁鱼非常娇贵，极不适应离开大海后的环境。虽然人们付出了种种努力，但绝大部分沙丁鱼还是在中途因窒息而死亡，只有一条渔船总能让大部分沙丁鱼活着回到渔港。船长严格保守着运送沙丁鱼的秘密，直到他去世以后，谜底才真正揭开：在装满沙丁鱼的鱼槽里放进一条鲶鱼！

原来，鲶鱼进入沙丁鱼槽后，由于环境陌生，便四处游动，并且鲶鱼是食肉鱼，它的到来使沙丁鱼感受到了这个"异己分子"的威胁。于是，沙丁鱼紧张起来，加速游动，在鱼槽中上下浮动，使水面不断波动，带来了充足的氧气，从而保持了旺盛的生命力。如此这般，一条条沙丁鱼就能够活蹦乱跳地回到渔港了。

鲶鱼：适度的压力源

管理学从这个故事中引出一条管理机制——"鲶鱼效应"。这一效应强调，通过个体的中途介入，对群体起到促进竞争的作用。鲶鱼出现以前，沙丁鱼根本不愿游动，以至于在没有到达海港之前就全部死去了；当发现鲶鱼后，沙丁鱼产生了危机感，做出了一系列适应生存的反应，从而保证了它们的生命活力。鲶鱼效应告诉我们，如果给组织制造适度的压力和紧迫感，可以带来积极的效果。

我国古代也注意到了这个道理。在《西游记》中有这样一段故事：孙悟空在花果山占山为王之后,大闹东海龙宫,独闯阎罗殿,惊动了天庭。玉帝本要将其捉拿,但最终在太白金星的建议下将孙悟空招安到天宫,还给封了个"弼马温"的官职。其实,"弼马温"并非吴承恩随意捏造,究其根源,乃是"避马瘟"的谐音。

根据《齐民要术》记载,北魏时期的农户就已经有了"系猕猴于马坊,令马不畏、辟恶、消百病"的经验;李时珍在《本草纲目》中也提到了马厩里养猴能"辟马瘟疫"。为什么呢?现代专家给出了解释:由于生性好动的猴子一直在马厩里上蹿下跳,使马无法松懈倦怠,从而增加了其活动量和饮食量,使其更加肥壮。不仅如此,在猴子的"搅动"下,马只能以站立而非卧倒的方式休息,这样可以减少病菌感染,增强抵抗力。另外,马是一种比较敏感的动物,对外界刺激易惊易怒,猴子的不断刺激正好让马得以习惯化,从而提高了适应能力,对突然出现的人或物以及声响等不再惊慌失措。难怪我国民间流行一种说法:"一物伏一物,马匹怕猕猴!"

同理,在管理上,如果组织中人员长期固定不变,就会使组织缺乏新鲜感和活力,员工容易变得安于现状,缺乏竞争力。只有增加压力,创造竞争气氛,才能激发员工的进取心,从而使组织充满活力。

鲶鱼:珍贵的异议者

从鲶鱼"异己分子"的身份出发,鲶鱼效应也告诉我们,一个团队中存在一个与众不同的成员是很有必要的。社会心理学家阿希对从众实验的后续研究就很好地证明了团队中异议者的重要性。

在著名的从众研究(参见"从众效应")之后,阿希对实验条件进行了改变。在之前的研究中,他安排了几名研究同盟(即称"与X等长的线段是A"的托儿),而那名真正的实验参与者也认为A与X长度相等,出现了从众现象。

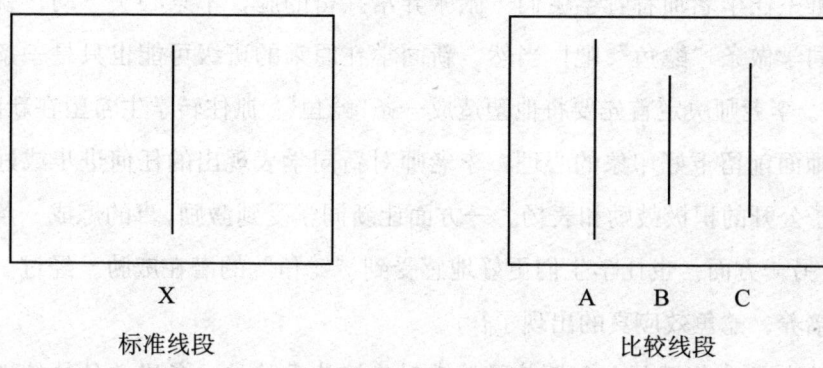

标准线段　　　　　　　　　　　比较线段

图5　阿希的实验材料

现在,他增加了一个给出正确答案的研究同盟(即称"与X等长的线段是C"的人)。结果发现,这个唯一表示异议的声音足以消除从众现象,这时真正的实验参与者都给出了正确答案。接着,阿希再稍加改变,他让增加的研究同盟不再给出正确答案,而是给出另一个错误答案(称"与X等长的线段是B")。结果真正的实验参与者仍然都给出了正确答案。

上面两项延续实验告诉我们,有时候我们需要的只是有人给出一个不同的答案或观点而已。异议者的出现,哪怕他的意见是错误的,都能有助于我们重新审视被从众压力所扭曲的判断。无论是大多数人的观点正确,还是为数不多的异议者掌握了真理,关注异议者并倾听他们的意见都有助于我们做出更为正确的判断。

"鲶鱼"新同学

一天,在走道上远远就听见教室里炸开了锅,细听才知道,学生们正在热烈讨论班里要来的新同学呢。"男的女的呀","长得帅吗","学习好不好啊","从哪儿转来的呀"……

班主任李老师看着学生们一张张异常兴奋的脸，不禁心头一动，就让新来的同学做条"鲶鱼"吧！当然，新同学在原来的班级可能也只是一条"沙丁鱼"。李老师决定首先要将他塑造成一条"鲶鱼"。抓住转学生希望在新同学、新老师面前留下好印象的心理，李老师对新同学表现出的任何进步或好苗头都给予公开的积极鼓励和表扬。一方面让新同学受到激励，真的炼成一条"鲶鱼"，另一方面，也让学生们更好地感受到"鲶鱼"的潜在威胁。经过一段时间的培养，鲶鱼效应真的出现了！

学生们对老师大力表扬新同学感到吃惊甚至嫉妒，新同学的持续进步使排在他后面的同学看到了希望，同时也感到有些羞愧，从而萌生了奋发之意。对于排名很靠前的学生而言，新同学也给他们制造了一定的压力，使他们不敢懈怠。新同学真的就像鲶鱼一样，逼得班上的"沙丁鱼"动了起来，班级氛围也活了起来，形成了你追我赶的学习风气。许多同学都说："因为有了他，我们的学习有一种紧迫感。"

这位班主任老师很好地利用了学生们对转学生的好奇心，顺势将其塑造成了一条"鲶鱼"，并收到了不错的效果。但是，需要指出的是，对鲶鱼效应的应用必须足够谨慎。一方面，要根据班集体的实际情况进行分析，如果班上学生一盘散沙、不够进取且班级缺乏活力时，鲶鱼效应才可能发挥其积极的作用；反之，如果班级的竞争氛围已经比较浓厚，再引入"鲶鱼"则可能带来过度的压力甚至恐慌。另一方面，在引入"鲶鱼"的过程中，一定要把握度量，不宜过火。因为如果老师过分关注和赞扬"鲶鱼"而忽略他人，则可能使学生们产生不公平感甚至产生对老师的负面情绪，并很可能通过孤立、排斥"鲶鱼"的方式来加以应对，不利于班级关系的健康发展。

此外，能够充当"鲶鱼"给班级带来活力和新鲜空气的，除了学生之外，也可以是班级制度。让我们看看班主任李老师是如何让班级制度起到鲶鱼的效果的：

一方面，我们实行了班干部定期选举制度。我在班上做好了宣传：以后，班干部将采用自愿报名、民主选举的方式进行定期选举。这样一来，原来的小干部们害怕自己将来落选失了颜面，在自我约束和班级工作上加强了要求，发挥了榜样带头作用，服务意识也提升了。另一方面，其他班级成员也摩拳擦掌，跃跃欲试。于是，在位的神经绷紧，旁观的箭已上弦，一条良好的压力互动链就形成了。

在学生评比上，我也动了不少脑筋。班上本来一直就有对学生进行各项评分（学习、纪律、卫生等各方面）的做法，但是，当"贫富分化"越来越严重时，领先的"兔子"们也想歇歇脚，出现了松懈情绪，另外，后段生早已不抱希望，"主动出局"。怎么办？我首先对综合评分靠前的学生进行了表彰，正当他们开心得意而后段生目光暗淡时，我突然宣布，原有分数全部归零，所有人又回到同一起点，并且以后每个月都会进行一次表彰暨归零仪式。虽然有的学生在抱怨，有的摩拳擦掌，但我发现所有学生接下来都很好地投入到新阶段的学习当中。

李老师通过重新洗牌、定期归零的政策，保持了学生们持续的活力与班级旺盛的竞争力，使整个班级在没有明显的"鲶鱼"同学的情况下，达到了鲶鱼效应。

一团和气还是一潭死水？

某中学从初一入学时便将所有学生按照成绩的好中差分成了A、B、C三个等级班，三个班上的师资配备相同，只是各自按照不同程度的课程目标进行教学。看得出来，该校是按照分层教学的思想，希望将学生按能力分层之后"量体裁衣"，从而克服传统班级"齐步走"中出现的优生吃不饱、差生吃不了的弊端，使所有学生都能得到最大程度的发展。

三年过去了，到了分层教学效果见分晓的时候。出乎所有老师意料的是，A等班（优生班）在中考中表现平淡，B等班则更加平庸，C等班不仅成绩不好，学生的各种行为习惯也发生了质的变化，沦为了不折不扣的"问题班级"。整个年级进入重点高中的学生凤毛麟角,比实施分层教学前大大减少!

为什么会这样?老师和学校领导百思不得其解。

其实,班级就如同一个鱼槽,里面既有大鱼,又有小鱼。分层教学则相当于人为地将大鱼、中鱼和小鱼分别装入了不同的鱼槽。这样一来,每个鱼槽里的鱼都实力相当,很快进入了一种稳定状态。毫无威胁、平静安宁的水槽意味着生存的压力和危机已然不再,很快,鱼儿们便会逐渐丧失积极性和进取心。

反过来,如果一个班级允许和接纳学生的差异,并且从多个维度而不只是以成绩评价学生,那么无论在学习上还是音乐、体育、美术等各个方面,都总会有那么几位特别突出的学生(并且通常是不同的学生)给其他人带来竞争的威胁,持续地唤醒班级活力。并且,不同的学生在不同的领域充当"鲶鱼",一是有利于更多的学生树立信心,更重要的是,所有学生都会认识到自己并非十全十美,从而充分地投入到你争我赶的积极竞争中。

管理心理学中关于团队构成的众多研究也证实了成员异质性(差异性)的积极影响。有学者研究证明,异质性高的团队比异质性低的团队创新能力更强,能激发更多的观点,遇到复杂问题时也能产生更好的问题答案。班主任在组班、组团、组队时需要注意这一点。

第二部分

面向个体学生

22. 关注的力量
——霍桑效应

有一次,我在街上碰到了班主任王老师,他叫错了我的名字。我当时有点伤心。后来想想,像我这样成绩平平又听话的学生,自然不会引起老师的注意,他不记得我也是正常的。我就这样默默无闻地听课、写作业、考试,成绩一直不上不下。直到高三,新班主任刘老师把我叫到办公室单独谈话。她拿出我高二的期末成绩单,分析我的强项和弱项。我感到很意外,没想到才刚开学她就会注意到平凡的我,因为我在她的英语课上表现一般,成绩也只是中等。这次谈话让我有了很大的收获,倒不是因为老师的分析,其实到了高三大家都知道自己的优势和弱势,而是因为她改变了我的看法——老师离我并不远,她也在关注着我。

接触与鼓励是关注

这个学生道出了大多数中等生的心声。他们渴望老师的关注,而且只要老师稍微关注一下,就感到动力倍增。20世纪初,美国哈佛大学心理学教授梅奥在芝加哥西部电器公司所属的霍桑工厂做的一个实验揭示了类似的现象。

这是一家专门制造电话交换机的工厂,拥有非常完善的娱乐设施以及医疗制度和养老金制度,但是工人们仍然情绪低落,生产效率很低,达不到工厂的要求。厂方邀请专业人士来改善这一状况。研究者最初认为,工人效率不高是因为照明不足导致的身体疲劳。为了证明这一假设,他们邀请车间的工人参与到实验当中,并设置了实验组和控制组。研究者增加了实验组的照明度,而控制组的照明度则不变。结果发现,两个组的生产效率都提高了。后来,研究者又降低了实验组的照明度,发现两个组的生产效率依然有所提高。进一步分析,照明度的变化本身对生产效率并没有影响,而是因为单纯地参与实验、受到关注使得工人们感到光荣,从而更加卖力地工作。

人们把这种由于受到额外的关注而引起绩效或努力上升的现象叫作霍桑效应。霍桑效应启示我们,作为学生生活中的重要他人,老师的关注对学生的心态和努力是很有影响的。班主任往往需要面对四十多个学生,在管理中就会抓重点和难点,容易忽视一部分学生,尤其是那些成绩中等又比较乖的学生。他们不会像尖子生那样受到表扬,也不会像后进生那样需要老师的特别辅导;他们行为乖巧,不会惹是生非,也不是班主任重点关注的对象。他们是班集体的一员,却没有存在感。如果老师能给予一定的关注和鼓励,他们可能会表现得更好。

班上有一个叫小燕的女生,很安静、乖巧,成绩一般。很长时间以来,我都没有注意过她。直到一天中午,我到教室巡查,看到楼道里洒了一小堆饭菜,同学们都绕道而行。小燕主动拿起了笤帚,动作娴熟地做起了清洁。小小年纪,如此勤劳,着实令我惊讶。后来在家访中才了解到,她生活在单亲家庭,母亲收入微薄,家境贫寒,因此她不够自信,也很沉默。此后,我开始关注她,每次发现她的闪光点就及时表扬她,让全班学习她的勤劳质朴。本来一个安静、不受关注的孩子,逐渐变成了大家关注的焦点,同学们开始主动跟她交往,邀请她参加各项活动。慢慢地,她变得活泼、自信,学习成绩也有了提高。

在给学生施加关注时,最好能够做到一视同仁,不偏不倚,让每个学生都感到老师在关注着我。本节引言中的那位学生报告了班主任的普遍关注所带来的力量与绩效。

后来,我从其他同学处了解到,她跟班里所有同学都单独谈过话。在她的课堂上,她会随机抽点同学起来回答问题。一个月下来,全班同学都被抽了一个遍。我们答得不流利或者答错了,她也不会批评,反而给我们更多鼓励。我开始主动请教她一些问题。后来其他科目有不懂的地方,我也开始咨询老师。我明显感到自己的学习劲头更足了。慢慢地,我的成绩有了提高,原本以为自己只能考上普通大学的,结果顺利地考上了省内的重点大学。

教师与学生接触时,对学生做点什么,哪怕是点名发言,上课时在学生身边多站一会儿,谈一次话等,甚至偶尔无意之中的一句无关的肯定,都可表达出老师对学生的关注,产生意想不到的效果。

倾听与疏导也是关注

为了进一步提高生产效率,霍桑工厂邀请专家对工人进行访谈,了解工厂政策规划、工作条件等问题,以便有针对性地加以改进。

在实施访谈的过程中,研究者发现,工人的回答并不限于事先拟好的访谈提纲,他们更多的是义愤填膺地述说着自己长期以来对工厂各项管理制度和方法的不满。研究者于是更改了研究计划,访谈过程不再严格按照提纲进行,而是让工人畅所欲言。访谈时间也从预先设定的半个小时延长到一个小时甚至一个半小时。访谈者多听少说,详细记录工人的工作的意见和不满。一段时间以后,工人的工作效率有了很大的提高。

正是通过与研究者的对话,工人将自己心中的不满情绪宣泄出来,谈完以后身心舒畅,有了较高的工作热情,工作效率也就随之提高了。在班级管理中,老师也可以建立一个类似的谈话制度,即时疏导同学们的不满或焦虑,改善学习状况。孙国海老师在《教书育人》2001年第6期上讲述了这样一个故事。

孙老师新接手一个班级,这个班有一个典型的"双差生",叫小军,他沉迷于电子游戏,学习不努力,成绩落后,还经常跟老师发生冲突。有一天小军的妈妈找到孙老师,希望孙老师能够拯救她的孩子。孙老师将小军叫到办公室,心平气和地与他谈话。小军开始述说自己对老师的不满,认为自己学习成绩差,遭到老师的歧视,顶撞老师以后,与老师的关系就更差了,于是他破罐子破摔,开始沉迷于网络游戏。谈话过程中,孙老师没有斥责他,而是耐心地倾听,而且将他的意见认真地记录下来。等到他冷静下来,孙老师再给他讲道理。谈话结束后,小军满意地离开了办公室。之后,每当他心里有疙瘩的时候,就会找孙老师谈话。每次谈话,孙老师都会耐心地倾听、记录,然后再帮助他客观地认识问题。慢慢地,他不再顶撞老师,电子游戏也玩得少了,开始将心思放在学习上,学习成绩有所提高,跟老师的关系也有了改善。

这位学生每次有问题都来找老师诉说,这正是每位老师所希望达到的理想状态,看来学生已经将老师当成朋友了。

理解和安慰更是关注

老师对学生的关注应当是无条件的、积极的。当学生表现好时,老师给予关注,这是不言而喻的,老师也乐意去做。关键是当学生表现不好时,老师也关注他们,给他们雪中送炭。很多学生都希望自己能达到老师的期望和要求,但他们并不总是成功,如果一旦失败,就会失去老师的关爱,他们就可能变得害怕失败。这时,老师需要细微地体会学生的心情,寻找适当的时机安慰学生,让他放下包袱,这本身也体现了老师的关注。

作为班上的尖子生和班长,我在各方面都严格要求自己,积极努力,希望自己能像班主任李老师所期望的那样在各方面都均衡发展。有一次,学校选拔播音员,要求各个班选拔出一名普通话流利的候选人,再参加全校的比赛。对于播音员一职,我志在必得。为了赢得班级比赛,我铆足了劲儿,勤加练习。没想到,比赛时杀出了一个程咬金,排在我前面的英子镇定自若,妙语如珠,给了我莫大的压力。轮到我演讲时,我越是想超越英子,脑袋就越混乱,老是忘词儿,结结巴巴地完成了漫长的演说。我知道我肯定失去了全校比赛的机会，让我更担心的是，这么差劲的表现肯定会让李老师大失所望，我在李老师心目中的"优生"形象肯定大打折扣。比赛结束后，李老师把我叫到办公室，她不仅没有批评我，还夸我选题有新意，如果能克服紧张，肯定会表现得更好。之后，李老师还是一如既往地鼓励我，信任我。我那颗悬着的心终于踏实了。

每一个学生都不相同，学生和老师之间也有着非常大的差异。很多时候，老师会发现学生的观点与自己迥异，甚至有时候会荒诞不经。老师可以先不做评价，停下来，听一听他们的见解。

在一次美术课上，王老师让同学们学着画苹果。王老师巡视课堂时，发现一个学生画的居然是方苹果，他很是惊讶，按常理来讲，这个学生犯了一个常识性的错误。他并没有急于批评和纠正学生的错误，而是耐心地询问他："我们吃的苹果都是圆形的，你为什么要画成方形的呢？"学生不假思索地回答说："我看到爸爸放在桌子上的苹果滚到地上就摔坏了。我就想，如果苹果是方形的，就不会滚下去了，那该多好啊！"

这是学生明知故犯的一个创造。老师正是通过沟通才了解到学生的真实想法。沟通导致了解，了解导致理解，理解导致尊重，尊重导致接纳。了解、理解、尊重并接纳学生就是一种积极的关注。

23. 老师，请不要无视我的存在
——赫洛克效应

"没有花香，没有树高，我是一棵无人知道的小草。"

每次哼这首歌我都会难受。我的成绩在班上比上不足比下有余。我没有小天成绩好，老师总将小天挂在嘴边，会笑眯眯地说，小天这次又考得很好，下次要保持；也会严肃地说，小天这次怎么只考了这个，是不是最近骄傲了？我又不像小亮成绩那么差，爱捣乱，老师隔三岔五地喊他去办公室谈话。其实我一直很羡慕小亮天天视死如归地进办公室，这至少说明老师心里有他，总比我默默无闻强。我常常坐在孤独寂寞的角落里，望着老师给差生耐心地讲题，我真嫉妒他们！假如我也可以坐在老师旁边，老师能单独给我讲讲什么，哪怕是责备地问一声："怎么这个都不会？"那时我一定会感到我是世界上最幸福的人……

——中等生小乐的日记

表扬比批评强，批评比忽视强

在每个班上，总有一些像小乐这样的小草，没有得到过老师的关注。他们表面上静如止水，内心中则泛起涟漪。鲁迅先生说，不在沉默中爆发，就在沉默中灭亡。他们如果不能通过成绩的显著提升或者做出什么出格的事引起老师的注意，就可能出现成绩滑坡，充其量永居中游。

心理学家赫洛克（E. B. Hunlock）曾经做过一个实验，看看教师对学生学习结果的不同关注是如何影响学生的后续学习的。他把106名学生随机分成四个组，让他们进行难度相等的加法练习，每天15分钟，共练习5天。这四组学生是在表 2 所示的不同激励条件下完成任务的。

表 2 四种激励条件

组别	激励条件
表扬组	每天完成练习后予以表扬和鼓励
训斥组	每天完成练习后严加训斥
忽视组	不做评价，只让学生静听其他两组受表扬和挨批评
控制组	与前三组隔离，不予以任何评价

结果表明（见图 6），这四组学生 5 天之中的平均练习成绩出现了显著差异。前三组的成绩显著优于控制组，表扬组第一，训斥组第二，忽视组第三。而且前三组学生的成绩表现出不同的变化趋势。

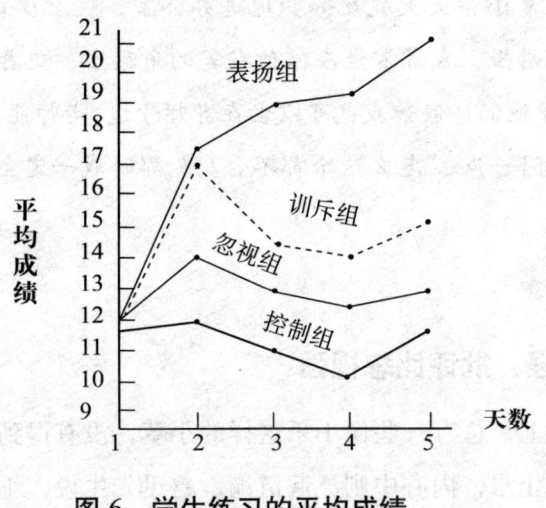

图 6 学生练习的平均成绩

第一天，四组成绩差不多；第二天，前三组成绩上升；第三天以后，表扬组持续上升，训斥组与忽视组开始下降。控制组没有受到任务反馈与评价，学习是盲目的，成绩因此最差。忽视组虽然未受到直接的评价，却与表扬组和训斥组在一起，得到了间接的反馈，只是因为学习动机较低，成绩仍差于训斥组。这个实验所揭示的规律被称为赫洛克效应，它告诉我们，及时对工作结果进行评价，能够强化工作动机，对工作起到促进作用。适当的表扬比批评好，而批评比不给任何评价好。

平时练习的效果尚且如此，考试更是这样。美国哥伦比亚大学的盖兹和匹斯兰德两位教授做了一个类似的实验。他们将学生随机分成3组，先对他们进行一场考试，隔三天后再进行同样的考试。在进行第二次考试之前，表扬第1组学生，称赞他们考得很好；惩罚第2组学生，责备他们没有考好；对第3组学生既不给奖励，也不给惩罚。结果发现，第二次考试成绩最好的是奖励组，其次是惩罚组，最差的是既没奖励也没惩罚的组。这个实验再次证实了赫洛克效应，对考试结果的评价会给学生下一次考试带来不同的影响，受到赞扬比受到批评好，而赞扬和批评都比不闻不问好得多。

这两个实验启发我们，比批评更可怕的是放弃，对孩子不闻不问是最大的伤害！

有我不多、无我不少的中等生

一般来说，一个班级的学生结构是呈橄榄型的，即中间大、两头小，中等生的人数占全班人数的40%~60%，但是班主任将80%左右的精力花在优等生和后进生身上，一方面关注优等生的进步和辅导，另一方面重视后进生的转化工作。而中等生们的优点和缺点均不明显，成绩比上不足比下有余，安于现状，不调皮、不捣乱，极易成为班主任忽略的群体，成了有我不多无我不少的一大撮，甚至姓甚名谁也被老师遗忘了。

一个中学班级毕业后十年聚会，很多学生和老师都参加了。聚会上，学生们各自汇报自己的近况，老师们也回忆着这些学生在中学时候的趣事。例如，小西读书的时候英语就好，现在去了外企；小川那个时候非常调皮捣乱，成绩也不好，现在竟然也自己开了个店。可是到了小寒，老师们都想不起来他是谁。小寒着急地说："我就是那个从来不迟到的啊，从来也不捣乱，从来也不晚交作业。虽然成绩不是很好，可是也不是很差……"他解释了很久，老师们仍然没能想起来他是谁。

每个学生都渴望受到他人尤其是老师特别是班主任老师的关注和接纳。一个中等生为了得到老师的关注，就要加倍努力成为优等生，如果此路不通，就想做出一些特别的举动来，让老师不得不注意他的存在。

小刚成绩中等，性格温和，默默无闻，不大引起老师们的注意。班主任渐渐发现他越来越调皮，下课追着班上同学打闹，上课也会捣乱，故意整前面的女同学。班主任找小刚谈话，发现小刚原本是个很听话很懂事的孩子，捣乱只是希望引起别人的注意，特别希望得到老师们的关注。后来，班主任偶尔会和小刚聊天，会在小刚表现得好的时候适当表扬，在捣乱的时候严厉批评，小刚慢慢地改正了调皮的毛病。

为了不被冷落和忽视，小刚宁愿从一个"默默无闻"的人变成"调皮捣乱"的人。班主任要关注每一个学生的成长，善于了解他们的心理需求，观察他们的表现，并对他们的表现做出适当的反应，多给他们一些笑容，一些展示自己的机会。根据赫洛克效应，班主任尤其不要因为他们看上去安分守己而淡忘他们，不能使他们觉得自己是个"多余的人"，当表扬的则表扬，该批评的就批评，要让他们感到自己是被老师重视的，被老师期待的，在老师心目中是有位置的，从而拥有更强的学习动机，进而提高学习成绩。

给一点阳光就灿烂

中等生生活在优等生光芒的阴影之下。有些中等生身上也有很多闪光点，只是被优等生的光芒给掩盖掉了。他们的优势和潜力没有被发掘出来，也没有机会表现出来，他们甚至都不相信自己具有什么能力和特长，谨小慎微，甘愿做沉默的羔羊。班主任需要给予他们更多的机会、表扬和鼓励，激发他们的各种内在潜能、自信与上进心。例如，班主任还可以改变由优等生一统天下的班级管理模式，给中间层次的学生提供更多展示自己能力的机会，鼓励他们勇敢地站出来，积极参与到班级管理中。

魏老师在新的一学期采用了新的班级管理制度，叫自主承包小组制。他按班级职务将全班分成好几个小组，如班长组、学习组、文艺组、卫生组、体育组、宣传组、监督文明组等。班上所有学生都要自主地选择进入某一组，小组成员共同承担相应的职责任务。组长通过自我推荐、老师推荐和同学推荐，再进行班级竞选。魏老师根据平时的观察，特别推荐了一些有特殊才能的中等生竞选组长。一学期以后，他发现，班上同学参加班级活动的积极性都有所提高，班级成绩也是全年级第一名。

班主任可以采取班干部轮换制，实行中期轮换或者学期轮换，让中等生充分参与到班级管理中，在为同学、班级服务的过程中充分表现自己，发挥自己的才能。班主任还可设立其他一些事务性的班级管理岗位。一般来说，像黑板报这样的日常事务几乎是优等生的天下，班主任可以根据中等生的能力和特长，给他们分配一些这样的任务，使每个同学都有事可做，体验到"主人翁"的权利和职责，从而增强积极性和自信心。

课堂教学是学生学校生活的主阵地。教师要在课堂教学中多给中等生一些机会参与活动并展示自己。对教师而言，这不过是小事一桩，但对学生来说意义非凡。

小王是一名新来的语文老师，有一次她在学生交上来的作业中看到一个学生的留言："老师，今天上课您叫我回答问题，我却没有回答好。对不起，我当时懵了，因为从来没有老师叫过我。我当时的第一反应就是老师居然知道班上还有个我的存在。老师，谢谢您。下次您再叫我的时候，我一定能回答好。"

小王老师也许并没有意识到自己做了一件很大、很有意义的事情，但是对中等生来说，老师的一次点名回答问题，就是对学生的积极关注，对他们产生了积极的影响。教师在课堂上，可以有意识地引导中等生积极地参与到学习活动中，如回答问题、上台展示，并给予评价、反馈与激励，让他们感受到得到赞扬的喜悦，最重要的是，让他们感受到老师对他们的关注，从而激发他们参与学习活动的意愿。

24. 老师想着我行，我就真的行
——皮格马利翁效应

皮格马利翁是古希腊神话中的塞浦路斯国王。相传，他是个性情孤僻、喜欢独居的人，并且非常擅长雕刻。一次，他用象牙精心雕刻了自己理想中的美女像，取名盖拉蒂。很快，皮格马利翁发现自己深深地爱上了盖拉蒂。他天天与它依伴，不断地拥抱亲吻它，期望自己的爱能被盖拉蒂接受。最终，少女雕像被他的爱和真诚所感动。一次，当皮格马利翁再次深情凝视它时，雕像发生了变化：它的脸颊慢慢呈现出血色，眼睛开始释放光芒，嘴唇也缓缓张开，露出了甜蜜的微笑……最后，皮格马利翁娶盖拉蒂为妻，有情人终成眷属。(见图 7)

图 7　皮格马利翁和雕像盖拉蒂

罗森塔尔的名单

神话归神话，心理学家们则用科学的实验证实了积极、良好的期望给他人带来的重要影响。美国哈佛大学的心理学家罗森塔尔教授曾经用老鼠做过这样的实验。他把一群老鼠随机分成两组，并分别交给不同的实验员进行走迷宫的训练。不同的是，在交接其中一组老鼠时，他告诉实验员这些都是"聪明"的老鼠；交接另一组老鼠时则说这些都是"愚笨"的老鼠。经过一段时间的训练之后，罗森塔尔发现，"聪明"组的老鼠真的变聪明了！"聪明"组的老鼠比"愚笨"组的老鼠学得更快，成绩也更好。

这一发现引起了罗森塔尔极大的兴趣，他决定把同样的研究方法推广到学校环境中进行验证。

罗森塔尔和同事选择了美国的一所小学来实施实验，他们从该小学的一至六年级各选了3个班，并对18个班的学生进行了一项"预测未来发展"的测验。测验后，罗森塔尔给学校的老师提供了一份最有发展潜能的学生名单，并强调该名单关注的是学生的"未来发展"，"而不是现在的基础"，并嘱咐教师们一定要对名单保密。

8个月后，罗森塔尔和同事再一次来到学校对18个实验班进行测试，结果发现，名单上的学生果然发展得更好！他们求知欲旺盛，成绩也普遍有所提高；在性格上，他们活泼开朗，教师对他们的品行评语也更良好。并且，在一年后进行的第三次测验的结果依然如此。

你可能已经猜到了，跟前面的老鼠实验一样，罗森塔尔对"最有发展潜能"的学生的选择也是随机的！他当时只是随手从名单中圈出了几个学生，跟"预测未来发展"测验的结果一点关系都没有。

跟神话故事中的皮格马利翁一样，罗森塔尔实验中的教师对名单上学生的积极期望也最终变成了现实。罗森塔尔把实验中的这种期望效应称为皮格马利翁效应。

课代表效应

很多老师在教学实践中都发现这样一个共同的现象：担任课代表的学生在该门学科上的表现通常都十分优异。有意思的是，在担任课代表之前，他（她）的该科成绩也许并不突出。

班主任刘老师在工作日记里就记下了这样的例子：

刚刚接到一个新班级，我既是班主任，又担任数学老师。第一节数学课上，有学生提出之前的课代表转学了，请我选一名新的课代表。当时，我对班上的学生还不了解，于是就扫了一眼名单，一个叫"曾非凡"的名字吸引了我的眼球。"曾非凡"，这名字特别，就他吧！宣布我的决定时，我看到一个小男孩怯生生地站了起来，一脸意外。

之后我了解到，曾非凡同学其实是一个性格内向、学习成绩也比较一般的孩子，用同学的话说，属于那种"不太容易被想起来的人"。担任课代表之后，虽然他的表现算不上十分积极主动，但老师交给他的任务也都能保证完成。半学期过去了，期中测验成绩出来时，我发现他的数学成绩进步了很多，于是就在成绩总结班会上提出了特别表扬："你的名字起得好啊，看来真的要非凡了。"学生们大笑，我也没放在心上。很快，期末考试到了，没想到曾非凡的数学成绩竟然冲进了全年级前10名！

刘老师自己也觉得不可思议，仅仅是一个课代表的职务，不过就是帮老师收收作业、发发试卷，竟然能给一个中等生带来这么大的变化。于是，他又分析了班上其他几个课代表的成绩，结果发现他们在自己担任课代表的学科上都有明显的优势。其中以化学课代表黄聪同学最为典型。黄聪家里是开网吧的，他晚上常常上网玩游戏，上课却趴在桌上补觉。所以，他几乎各门功课都很差，但化学成绩却总能遥遥领先。

一次路过教室时，我无意中发现黄聪在化学课上的表现跟换了一个人似的：不但没趴在桌上睡觉，反而很投入地在听讲，还积极回答问题！课下，我找到他，问他为什么化学课上能好好听讲而其他课却做不到。他的回答很简单，"因为我是化学课代表，没办法，只有比别人强才行！"

原来，对学生而言，课代表就意味着同学和老师的期望——你在这门课上应该学得很好。当课代表们意识到这一期望之后，罗森塔尔效应就开始发挥它的作用了。

关于罗森塔尔效应发挥作用的机制，很多研究者都进行了探讨。心理学家布劳菲和古德在大量研究的基础上，概括出了教师期望发生作用的"五步模型"，如图8所示。教师对待不同学生的不同方式持续一段时间以后，如果学生没有试图去改变教师的这种期望，那么学生的行为和成绩就会被教师的期望所"塑造"。

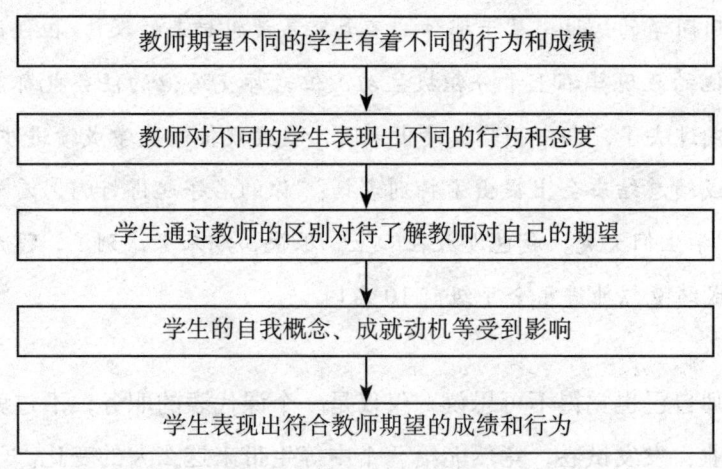

图8　布劳菲和古德的教师期望五步模型

威利斯（1970）的研究从一定程度上支持了这一模型。他发现，教师倾向于积极采纳领悟较快的学生的意见，对"聪明"学生的非语言行为也有所不同：他们总是脸带微笑，和"聪明"学生挨得很近，常常跟他们点头，甚至还喜欢端详他们……一般说来，教师对寄予高期望的学生表扬多，批评少。

我们都是好孩子

有一句话耐人寻味：一个孩子能不能成为天才，关键是家长和老师能不能像对待天才一样地爱他、期望他、教育他。仔细想想，对那些被称为"差生"、"老油条"的孩子而言，教育环境是否有些不公平？

有一位学生在国内读初一时，成绩还不错，但是由于期末考试发挥失常被分到了慢班，孩子觉得非常挫败，成绩也一落千丈。他曾向母亲吐露："学校的老师、同学都看不起我们慢班的学生……"后来，由于父母工作调动，孩子出国了，家长担心儿子在美国也会遭受同等待遇，于是一直在跟老师沟通，请求把儿子分到快班。美国学校的老师听了先是有点丈二和尚摸不着头脑，终于明白后，不由得哈哈大笑道："世界上除了近亲繁殖以外，都是聪明的孩子！"在美国学校学习不到一年之后，孩子的自信心和学习成绩都有了显著的改善。

心理学家古德系统地研究了教师的低期望导致的消极后果。结果表明，在与教学有关和无关的方面，教师对低期望的学生都倾向于消极对待（见表3所示）。

表3　教师对低期望学生的消极对待

事件	低期望学生受到的对待
鼓励	老师通过各种身体语言、动作进行的鼓励较少
座位安排	被安排在不受重视的地方（后排、角落等），或是让同类学生集中在一起
课堂提问	回答问题的机会很少，教师的耐心启发和引导较少
回答问题的反馈	答错时得到更多的批评，答对时表扬很少；得到的反馈不够精确和详细

罗森塔尔效应可能是好的期望导致的积极结果，也可能是差的期望导致的消极结果，有人把后者称为罗森塔尔负效应。正如一位老师写到的，"每逢新学期伊始，各学校照例要重新分班、编班。为了尽快熟悉情况，新任教师往往会捧着名单去咨询原先任教的教师。于是，常常能听到这样的话语：'这个学生，一点用都没有，总是不及格。''他呀，神仙也没辙，懒得很，作业死都不肯做！'"也许，罗森塔尔负效应也就从这里开始了。如何打破存在于"差生"、"老油条"身上的罗森塔尔负效应，甚至转负为正呢？看看老师们都有什么高招。

小学四年级班主任秦老师的班上有几个有名的"捣蛋鬼"，这几个孩子最大的特点就是上课坐不住，不仅东张西望忙个不停，还会一直缠着其他同学聊天，老师说完之后过不了 3 分钟他们就又坐不住了……科任老师们都很是头疼。

秦老师想了一个办法，决定从自己的语文课上开始试验。一天，由于前一节课是体育课，学生们都比较疲惫，所以那节课上"捣蛋鬼"们有些消停了。"这是个好机会！"秦老师想。于是在快下课时，秦老师说："大家上完体育课都比较累了，剩下一分钟大家趴在桌上休息一会儿吧。"还说，有一位同学这节课在纪律上表现得特别好，老师会摸一下他的脑瓜儿，鼓励他以后做得更好。结果，秦老师走下讲台，摸了班上所有"捣蛋鬼"的脑瓜儿。在之后的课上，秦老师又进行了几次"摸脑瓜儿"环节。神奇的是，几个"捣蛋鬼"在课堂上的表现真的越来越好，甚至开始主动举手回答问题了！

在"捣蛋鬼"们看来，自己是被老师表扬的唯一表现最好的学生，只有自己独享了老师的赞许和期望，自然会受到莫大的鼓舞。秦老师就是通过这样的方式，同时向多个学生传达了自己的期望，不仅扭转了"捣蛋鬼"们不守纪律的情况，同时还在班上营造起争获最佳表现奖的竞争氛围。

"明星班主任"孙老师的任务似乎比秦老师更加艰巨——他带的班级是一个差班，面对一整班的"差生"，孙老师会怎么做？

某校初一新生一入学就会按毕业考试成绩分班,自然,班主任们都不愿意带差班,学校只好派给"明星班主任"孙老师。孙老师暑假可没闲着,与学生们的小学老师聊天、电话家访……他想通过各种渠道了解学生,并且了解的重点都是学生们的优势和长处。

开学第一天,孙老师就开了一次欢迎班会。自我介绍后,孙老师第一句话就告诉学生:"我觉得你们会是我带过的最优秀的班级!看完这个你们就会知道为什么了。"接着,孙老师给学生们放映了一段视频,其中,有学生的小学老师和家长表扬学生优点的录音或视频,还有孙老师拍摄的学生们获得的近百个奖状、奖杯(尽管学习方面的奖项很少)……之后,孙老师总结道,"在我快20年的班主任生涯中,你们是最多才多艺、全面发展的学生,老师在跟你们的小学老师和家长沟通的过程中充分地看到了你们的潜力,也感受到了他们对你们的美好期望。我相信我们一定能充分发掘自己的潜力,让他们的期望变成现实!"

孙老师的做法传达了小学老师们对学生们的期望,也明确表达了自己对他们同样的高期望,大大地鼓舞了全班学生的士气,为打造又一个"明星班"开了个好头。

25. 给我一个好角儿，我会做好人
——角色效应

有一对同卵双生的姐妹花，长得几乎一模一样。她们生长在同一个家庭中，从小学到大学也念相同的学校。乍眼一看，几乎分辨不出她们的差别。但是仔细观察就会发现，姐妹俩的性格差异很大，姐姐热情主动，果断独立，妹妹则性格内向，没什么主见，比较依赖他人。同样的基因，相似的环境，为什么二人的性格会有如此明显的差异呢？

让天使扮恶魔，天使也会堕落的

一对孪生姐妹，只因所扮演的角色不同，差异竟然如此大！她们的父母对待"姐姐"和"妹妹"的态度及期望大不一样。遇到事情的时候，"姐姐"应该冲在前面，为"妹妹"遮风挡雨，帮"妹妹"拿主意；而"妹妹"则需要听"姐姐"的话，学会与"姐姐"商量。久而久之，"姐姐"就变成一个保护者，"妹妹"则成为被保护者。"姐姐"和"妹妹"两种不同的角色造成了二人不同的性格。这种由社会角色所引起的个人心理和行为的变化就被称为角色效应。

角色效应源于一项饱受争议的真人实验，由美国著名心理学家菲利普·津巴多设计。津巴多一直很好奇，人的行为是由自己的性格主宰的还是由环境条件决定的？假如给相似的人赋予不同的角色，他们的行为会发生变化吗？为了找到这个问题的答案，1971年，津巴多设计了一项监狱生活实验。

津巴多在报纸刊登广告："寻找大学生参加监狱生活实验。酬劳是每天15美元，期限为两周。"结果有70名大学生报名，经过一系列医学和心理学

测试，津巴多选拔出了24名遵纪守法、身心健康、情绪稳定的大学生，并将这24名大学生随机划分成3个组：9名犯人，9名看守，6名候补人员。然后津巴多在斯坦福大学的一个地下室布置了一个监狱，让所有的"看守"换上专业的制服，所有"犯人"也换上囚服。为了让实验更逼真，实验者给"囚犯"编了号，他自己还担任"监狱长"一职。

刚过一天，"看守"们便进入了角色，开始体罚那些不守规矩的"囚犯"。如果有谁忘记指示或床铺整理得不合格，就要做10个、20个或是30个俯卧撑。"囚犯"们起初不愿接受体罚，"看守"便毫不留情地用灭火器喷射。第三天，有3名"囚犯"出现情绪紊乱。三天后，相继有5名"囚犯"退出了实验。随着实验的推进，"看守"对"囚犯"的处罚和侮辱越演越烈。直到第六天，津巴多被"虐囚"的场面震惊得无以复加，才不得不提前结束了实验。

短短六天时间，9名彬彬有礼的大学生就变成了冷酷无情的"看守"，就连津巴多本人也感慨，如果不是"虐囚"的那一幕太恐怖，如果没有女友的及时提醒，他也会沉迷于自己"监狱长"的角色，继续进行实验。他将这种好人在特定环境下犯下暴行的现象称为路西法效应——上帝最宠爱的天使路西法后来堕落成了魔鬼撒旦。可见，一个人所扮演的社会角色对人的心理和行为的变化产生了怎样的影响！

这个实验还警示我们，如果给好学生一个坏角色，他们可能真的变坏，作为一名教育者，慎之！戒之！

班委轮流做，这次到我家

我们每个人在社会上都在扮演着不同的角色。知识分子的角色使我们变得文质彬彬，教师的角色使我们要求自己学为人师、行为世范。班级是一个小型社会，学生在这个社会中也在扮演着各种不同的角色。

一般来说，班主任常常让能力强的学生担任班上各种角色，他们因此自信心强，在班上的地位也高，更愿意积极参与集体活动，为班集体做出更多的贡献，地位又能随之提高……这样就形成了良性循环。班主任要意识到，班委角色是一种重要的社会资源，对学生的自我认识与能力培养都具有一定的促进作用，需要加以均衡使用，让更多的人从中受益。尤其对那些易受忽视的中等生或者地位比较低的后进生，更显得珍贵。在班集体中，这些学生表现不突出，在班级中的地位不高，对集体活动的参与度也不高，进入了恶性循环。但是，一旦给这些学生设置一些好角色，他们是不是就一定能够变好呢？日本心理学家长岛真夫在小学五年级一个班上的实验为我们做出了回答。

这个班一共有 47 名学生。他们挑选了在班级中地位较低的 8 名学生，任命他们为班干部，并在"任期"内给予适当的工作指导。一个学期结束后，这 8 名学生在班级中的地位有了显著的变化，其中 6 名同学在第二学期的班干部竞选中获胜。观察发现，这 6 名同学的性格也发生了变化，变得更加有责任心，更加开朗，也更加自信。在这几名新班委的带动下，原来不积极参加班级活动的同学也变得活跃起来，整个班级氛围都变好了。

班主任可以定期地对班干部进行轮换，让更多的学生参与到班级事务的管理中，通过赋予他们合法的角色，让他们积极参与各项活动，锻炼自身能力，提高综合素质。北京光明小学推行"我能行"教育，将学校和班级的各种角色、各种事务都充分利用起来，定期更换人选，让每名学生都有机会体验到学校不同的角色，得到不同方面的锻炼，创造出了名校品牌。

常言道，罗马不是一天建成的。以往在班级中地位比较低的同学，不能很快地做好班干部一职，老师需要根据学生的能力特点设置合适的职务，并提供相应的指导。下面这位班主任的逐步引导就很到位。

在我刚接手这个初中班的时候，班上有一个非常内向的男生，叫邓小林，个子高高的，不爱说话，上课不爱发言，班级活动参加得很少，学习成绩也一般。初一下学期，学校举行运动会，我们班得了全年级的倒数第一名（一共五个班）。体育委员向我反映，班上报名参赛的人太少，尤其是邓小林，他平时在体育课上表现很好，但是不愿意报名参加比赛。如果他能参加的话，我们班至少能前进两个名次。经过我的观察和了解，他的各项体育技能都不错，尤其是男子400米和跳高，在全年级的男生中排名靠前。

初二第一个学期，班委换届时，我说服他担任体育委员一职，并向他说明了体育委员的主要职责。刚开始，他能监督班里的同学按时做课间操，慢慢地开始纠正个别同学不规范的动作。学期末，班里有两个男生体育测试不达标，面临补考。我建议他在课余时间带领"体育后进生"到操场上进行训练。慢慢地，他与班里的部分同学建立了良好的关系，也逐渐树立起了自己的威信。到第二学期全校运动会时，由于自身的职责，他在4项比赛中报上了自己的名字，还说服他所指导的两名同学参加比赛。我在班会上表扬邓小林和另外两名同学的体育精神，号召其他同学也积极参加。在他们的带领和我的鼓励下，我们班所有的比赛项目都至少有两名同学参加。最后，我们班获得了年级第二名的好成绩。根据我的观察，邓小林同学也变得更加积极自信。

邓小林同学在班主任的指导下，逐渐形成自己的角色意识，认同自己所承担的职责，由最初被动地"扮演"角色，到后来主动地"进入"角色，逐渐自主、自信起来。

给我一个好角儿，我就会做好人

社会角色承载着人们对角色扮演者的行为期待。古代，在边陲地带或者地势险要的山林之中，总会有土匪占地为王，烧杀抢掠，严重影响当地治安。很多时候，由于匪寇占据天时地利，朝廷派兵征剿不利就会招安，给匪寇一官半职，让他们入朝为官，按朝廷的规矩办事，逐渐改掉黑道上的恶习。

班主任可以利用班级角色的行为规范来约束违纪学生。在班级管理中经常会有违纪的同学挑战班级规则，班主任不妨设置一些合适的职位，让他们参与到班级管理中，逐渐学会用班规来约束自己的行为。

我的班里有一个叫王磊的男生，特别调皮，总喜欢在课堂上捣乱。好几位科任老师都跟我反映，说他经常在课堂上跟老师唱对台戏，老师说东，他就扯西，或者跟他的"好兄弟"唱双簧，老师越是批评干预，他就闹得越欢，严重扰乱课堂秩序。他们拿他没办法，来向我求救。尽管他在我的课堂上还比较收敛，但我还是注意到他爱出风头，在男生中很有影响力。我分析，他的种种违纪行为其实就是青春期的男孩子"哗众取宠"，想要赢得大家的关注，老师的批评反而正中他下怀，但是不管又不行。我心想，他是班级纪律的头号破坏分子，不如就让他来担任纪律委员，让他先管好自己，班级的纪律就会改善许多。正好有一次自习课上，我撞见他"批评"另一个讲话的男生，对方很快就收敛下来。我抓住机会，把他叫出教室，表扬了他帮助维持课堂纪律的积极态度，对他在班级中的影响力进行了肯定，然后邀请他担任纪律委员一职，帮助老师维护班级秩序。他显得有点不知所措，但还是略带兴奋地同意了我的提议。刚开始，他觉得自己"大权在握"，能够名正言顺地督促其他人，在"兄弟"面前很有面子。但是他没有很好地管住自己，慢慢就受到了同学的质疑。我适时地提醒他一个优秀的纪律委员应该以身作则，这样才能服众，同时要善意地提醒同学，而不是粗暴地批评，这样在做好工作的同时，又能保持良好的人缘。一段时间以后，他慢慢改掉了自己"哗众取宠"的毛病，并监督其他同学。我们班上的课堂纪律有了很大的改善。

当然，角色效应并不是一剂包治百病的良药，并不是给任何一个后进生或者"捣蛋鬼"贴上"班干部"的标签就能改善或约束他们的行为。使用不当甚至会适得其反——给班级中的"害群之马"赋予权力，让他们更加有恃无恐地捣乱，反而带坏了整个班级；或者让后进生承担一些对他们来说有难度的工作，体验更多的挫败感，反而变得更加不自信。那么，在具体使用时如何避免这种事与愿违的情况呢？

班主任要分析学生的能力、性格等特点，把合适的人放到合适的岗位上。每个学生都有自己的优势，老师最好能结合学生的优势来分派职务。就像前文案例中的邓小林具有体育特长，所以让他担任体育委员，首先能带动体育后进生，其次能在比赛中为班级争光。而王磊具有较高的人际影响力，所以在监督他人时能够服众。

班主任要注意刚柔并济，恩威并施。这是中国官场文化中的八字箴言，也是管理中的重要原则。在班级管理中，"恩"是指老师要接纳和关注学生，在适当的时候提供支持和帮助。让默默无闻的或者调皮捣蛋的学生参与到班级管理中，就体现了老师对他们的关注。但是仅仅关注是不够的，学生很多时候并不清楚应该如何当好一个班干部，这个时候老师就要提供适当的指导和帮助。就像案例中的邓小林，他是一个只会管好自己的体育特长生，老师分配一些他力所能及的任务，让他训练后进生，一方面是让他树立班委的威信，另一反面也是让他学会与人交往，体会助人的乐趣和成就感。

"威"则是班主任和班级对每一个学生都有一定的约束和管制。《西游记》中的孙悟空个人能力很强，但是一个自由散漫、不受约束的人，对于这样的下属，上级领导则需要一个"紧箍咒"，每当他不听话的时候就念一念。班级中调皮捣蛋的学生就像孙悟空，老师在任用之前就要准备好"紧箍咒"。案例中的王磊调皮捣蛋，无非就是为了赢取大家的关注，刚开始，他只管别人，不管自己，这种"只许州官放火，不许百姓点灯"的行为势必触犯众怒，老师适时地加以提醒就会很有效。值得注意的是，也有可能个别调皮的学生当上纪律委员后，就变成了"卧底"，向老师隐瞒"同伙"的违规乱纪之事。此时，老师不能完全放手、听之任之，而要设置一些监督机制，及时向科任老师、其他班委和同学了解情况，该出手时就出手，严肃处理，有力地维护班纪班规。

26. 绝望的心态不是一天养成的
——习得性无助

一家马戏团正在演出,人们看到一头大象被一根细细的绳索拴在一棵小树上,正在乖乖地用大鼻子吃草,不远处就是大象梦寐以求的森林。有人问,这根细绳拴不住大象,大象为什么不跑呢?马戏团回答说,当这头大象还是年幼的小象时,就被这根细绳系着。刚开始,它无数次地想挣脱绳子,都失败了。久而久之,小象知道自己的努力是徒劳的,以为自己永远也无法挣脱这根绳子,所以再也不做这种无用功了。

绝望的心态是怎么习得的?

大象还是小象时不断挣脱绳索却屡次失败,以至于长大以后有能力挣脱绳索时却失去了信心。大象的表现反映了一种心态问题。1967年美国心理学家马丁·塞利格曼(Martin Seligman)用严格的实验揭示了这一心态问题的形成机制。

研究者将一个实验箱(如图9)用隔板分成两部分,隔板一边的地板上通电,对狗进行电击,电击的强度对狗没有伤害;隔板的另一边没有电击。蜂鸣器一响,电击就开始。隔板的高度是狗可以轻易跳过去的。

研究者将狗分为两组。第一组狗被直接放入这个实验箱,结果发现,当这些狗受到一侧的电击时,全都很快学会跳到隔板的另一侧逃脱电击之苦。第二组狗先被放入另一个装有电击的实验箱里,这个实验箱没有隔板可以逃脱,并且锁住了笼门。这些狗在实验箱里受到电击,一开始它们拼命地挣扎,想逃出这个箱子,但经过再三的努力,当它发现无法逃脱后,挣扎的强度就逐渐降低了。然后,这些狗被放到有隔板可以逃脱的实验箱里。蜂鸣器一响,它们不但不跳过隔板,反倒在地板上,开始呻吟和颤抖。本来可以主动逃避,却绝望地等待着痛苦的来临,忍受着痛苦的电击。

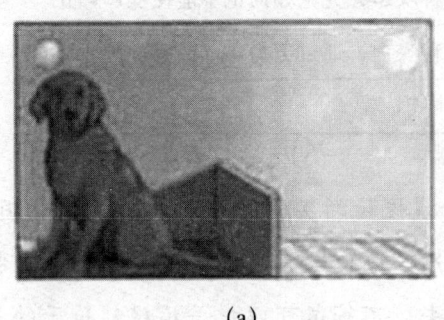
(a)
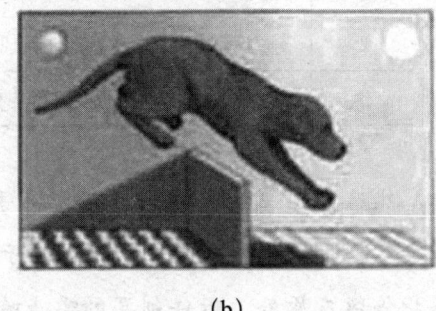
(b)

图 9　习得性无助实验

这些狗向命运屈服了,由于之前无论怎样通过努力也摆脱不了电击,它们认为自己对此无能为力,当它们有能力摆脱电击的时候也认为自己做不到。这意味着,在经历了太多挫折以后,这些狗学会了无助与绝望。塞利格曼把这种现象称作"习得性无助",指机体由于接连不断地受到挫折,感到自己对一切都无能为力,丧失信心,陷入一种无助的心理状态。

动物会习得性无助,那么拥有高级思维的人类是否也是如此呢?塞利格曼1975年对大学生做了一个类似的实验。

实验装置是一只"手指穿梭箱",当大学生把手指放在穿梭箱的一侧时,就会听到一种强烈的噪声;放在另一侧时,就听不到这种噪声。这和上面介绍的有隔板的实验箱类似。大学生被分为三组,在使用手指穿梭箱之前,接受不同的实验处理(见表4)。

表4 手指穿梭箱的实验条件

组号	组别	实验情况
1	努力无效组	在实验室里听一种噪声,无论如何也不能使噪声停止
2	努力有效组	在实验室里听一种噪声,通过努力可以使噪声停止
3	对照组	在实验室里不听噪声

然后,让三组大学生进入配有手指穿梭箱的实验情境之中,结果表明,第2、3组很快学会把手指移到箱子的另一边使噪声停止;而第1组一直将手指停留在原处,听任刺耳的噪声响下去,不知道可以把手指移到箱子的另一边从而避免噪声。

看来,人类也不例外,经过多次失败的挫折体验之后,也会习得性无助。为了证明习得性无助对以后的学习有消极影响,塞里格曼接着又做了一项实验。

塞利格曼要求学生把所列每组字母改变顺序形成单词,如ISOEN、DERRO,改变字母顺序后会排成NOISE和ORDER。学生要想完成这一任务,必须发现53124这种排列的规律。与前面两个实验的程序一样,在进行这项任务之前,先让学生分组完成不同的字母排序任务训练。实验结果表明,在先前的训练中,因所提供的字母组本身不能构成一个单词而屡遭失败的学生,很难完成这一任务。

这些实验告诉我们:人在最初面对挫折和失败的时候会加倍努力地试图改变现状,但是加倍努力之后仍然无法成功的话,就会产生放弃的心态,而这种心态会对接下来的学习造成负面影响。这种绝望的心态不是一次两次的失败所导致的,而是因为人长期遭受失败,并且自认为这些失败是无法通过努力而避免的。一次又一次的体验,让人逐渐丧失自信,自甘失败。

任凭怎么努力，总也无法成功

对照这些实验，联想班上的学生，特别是那些学习成绩比较差的学生，我们不难发现，他们也在不经意间经历着同样的"失败—努力—再失败"的恶性循环，最终产生了习得性无助感，沉浸在自暴自弃与悲观绝望之中。

五年级的萧萧在老师和家长的眼里是一个很聪明的孩子，但是学习成绩一直不理想。为了提高成绩，萧萧妈妈采取了体罚的方式，同样的错误犯一次则抄写20或30遍，超过三次则罚站，考试低于90分也罚站。老师也希望通过严厉的要求激起萧萧的上进心，每次考试后都会找萧萧谈话，会说："怎么又没有考好？你是不是没有努力？你应该不只是这个水平，为什么总是考不好？"过了一段时间，萧萧的成绩并没有提高，考砸的次数反而越来越多，到后来经常一进家门就主动站到墙角去，弄得妈妈哭笑不得。

当一个学生像萧萧这样一次又一次考不及格，一次又一次得到老师的负面反馈——"你不行，你怎么总是考不好"，久而久之，他就会对学习失去信心，自暴自弃，破罐子破摔，甚至还可能产生厌学情绪。

班上有一个叫小武的学生，最近几次数学考试都只能考几分。班主任很着急，看了小武之前的数学成绩，发现他成绩一直不好，每次考试虽没及格，但也不至于只考几分。班主任找来小武谈话，问他最近的学习状况，小武很沮丧地说，他觉得数学真的很难，自己不是学数学的料，考试的时候根本不想做题，反正怎样做也及不了格。

小武就是因为多次努力都及不了格而对数学产生了放弃的心态，形成了习得性无助。这个时候，他学习时缺乏动力，失去了进取心，遇到挫折时倾向于放弃，乃至于对力所能及的任务也往往不能胜任。他从以往多次的挫折经历中，总结出无论自己怎样努力都不能取得成功，并对此坚信不疑。可见，习得性无助的信念及其形成模式对学生的学习乃至整个生活的危害都是很大的。

托起"腹部",跨过"隔板"

针对一开始介绍的那个有关狗的"习得性无助"的实验,塞利格曼后来接着做了一个研究。

塞利格曼还是把这些狗再放进有隔板的实验箱里进行电击。由于已经获得习得性无助,狗受到电击后一直卧倒在地。此时,工作人员托起它的腹部,帮助它跳过隔板,逃脱电击。反复操练几遍后,这些已经习得无助的狗也能轻易地从有电击的一边跳到无电击的另一边。

这个后续实验告诉我们,只要创设成功的条件,即使形成了习得性无助的狗,在获得一定数量的成功后,也可以走出习得性无助的困境。同理,学生在形成了习得性无助以后,都会失去努力的勇气,陷入一种绝望的心态。如果教师能像实验者一样,在适当的时候托起学生的"腹部",帮助他们跨过"隔板",体验到成功的快乐,重拾信心,他们也会走出困境,逐渐远离绝望的心态。

由于患上习得性无助的学生已经形成了"我不是读书的那块料"的消极观念,不愿意继续努力,害怕努力以后还得面对失败,这时,作为具有一定权威的教师、班主任,多为学生"打打气"是非常重要的。

小飞同学的作文一直不好,而且写得越来越差。班上每次布置习作后,王老师都会表扬并朗诵写得好的作文。有一次,王老师照例朗诵着写得好的作文,大家也习以为常了,但是王老师突然念到小飞的名字,说小飞这次写得不错。同学们都很惊讶,小飞更是有点受宠若惊。王老师抑扬顿挫地朗读着小飞的文章,事实上,王老师一边读一边悄悄地进行修改。同学们听得都很认真,只有小飞自己知道王老师偷偷修改了自己的文章。读完以后,同学们不由自主地鼓掌。下课后,王老师将作文递给小飞,说:"这次作文写得不错,你看,只要稍微改一下就是非常好的作文了,你可以参考老师刚才改的意见做一些修改。"后来，王老师惊喜地发现小飞不但采纳了自己提供的修改意见，还加进去了一些优美的词汇。而且接下来写作的积极性也提高了。

班主任不仅需要给学生"打气"，还需要始终给予学生积极的期望，帮助学生将"我不行"的观念转变成"我能行"。老师要让学生相信，自己有能力取得成功，现在失败不是因为能力不足，而可能是方法不当或者时机不够成熟，这样才能越挫越勇，不言放弃。

班主任甚至还可以帮助学生发现自己的闪光点，让学生先在某一方面拥有自信，从而带动其他方面的发展。

小池是班上的学差生，成绩一直不好，上课经常睡觉，有时候连考试都会睡觉。班主任和他谈过几次后也没见效果。后来班主任无意中得知小池篮球打得特别好，于是再和他谈话的时候鼓励他把打篮球的拼劲和动力用到学习上，并说自己觉得他很聪明，相信他是可以办到的，只是学习方法上不对，基础不好，并说自己和科任老师也说过了，老师们也觉得他其实很聪明，愿意在课下多给他一些指导。后来小池果真比以前努力了，虽然成绩进步得不明显，但是他的态度却真的在转变。

架设阶梯，"够着"成功的果子

有研究者对三年级的优生和差生进行了这样一项对比研究。

这些学生都完成一定的阅读任务，阅读使用的材料都高于所有学生的阅读能力。两组学生都没有成功完成阅读任务。但是，差生比优生更难从失败的压力中恢复过来。这是因为差生体验到失败以后，更容易放弃和停止努力，即产生了"习得性无助"。他们更容易认为，无论怎样努力都是失败，都没办法取得好的成绩，所以还不如放弃。

这个实验告诉我们，那些成绩差的学生更容易被失败所影响，因为他们经历了多次努力与失败，稍遇挫折就缩头、就放弃。对于这种学生，教师为他们创造成功的机会是非常重要的。为了做到这一点，教师就得为学生设置他们踮起脚来就能"够得着的果子"，一旦他们够着了，再设置更高一点的果子，这样学生才能持续地想去摘果子。如果一直不管怎么跳也够不着果子，那么学生就只能放弃。

张老师接手的新班级被人戏称为"垃圾班"，班上学生的成绩几乎都在年级垫底。接手后的第一个月，张老师对新讲的知识进行了一次单元测试，结果发现很多学生居然"开天窗"，基本上都没有作答，即使是一些很简单的题目，也空在那里。如果按常规的阅卷方法，他估算了一下成绩，可能全班平均成绩都不能及格。但是，张老师并没有死板地"公事公办"，而是做了"内部处理"：将简单题的分值"提升"，将较难题的分值"降低"。第二天分发试卷以后，学生们看到自己的成绩都很惊讶，也很激动，很多学生都拿到了学习以来的最高分。张老师趁机表达了自己对学生的期望，说这一次同学们在简单的题上答得不错，下一次争取更难一点的题也能答出来。在这样的方式下，班上学生都体验到了成功的快乐。在以后的教学中，张老师针对学生的接受能力，调低了教学难度，强化了学生获得成功的信心。慢慢地，在难的题目上学生也开始答题了。

其实"果子"够不够得着，学生能不能体验到成功，很大程度上取决于教师。如果像张老师这样降低成功的标准，减少成功的难度，那么学生就可能体验到成功的快乐。

一位班主任根据班上学生多次考试成绩、作业与课堂回答问题等方面的表现，同时结合任课老师的意见，并在征求了学生家人及本人的同意以后，将班上学生分成程度不一、人数不等的四个学习小组，分别为A、B、C、D组，其中：A组是班上成绩最好的学生，B组中等，C组较差，D组最差。以后，班主任在课堂提问、课后作业和测试等多个方面为各组学生制订了不同的目标。例如，在课堂上将提问按难易程度分成几类，分配给各组学生适合的问题。时间长了以后，每个学生都发现自己也有可以回答的问题，上课的积极性就高了。另外,作业和考试的内容也体现了一定的差别。A组学生需要做一些附加题,而 D 组学生只需要掌握最基础、最重要的知识。为进一步调动学生的学习积极性,营造出"你追我赶"的学习气氛,鼓励学生努力向上一组"靠近"。学年结束时,班上学生的成绩都有显著提高,更重要的是,学生的学习积极性都非常高。

这位班主任的做法启发我们,教师可以把长期和困难的目标分解成短期和简单的目标,适当降低学习标准、难度和要求,设置比他们能力稍高一点的目标,使他们稍加努力就能成功,并不断看到自己的进步。久之,学生就可能找回自信,持续地努力学习,进一步提高学习成绩,最终摆脱习得性无助感。

27. 天使头上有光环
——光环效应

在日常生活中,我们在推论一个人的其他品质时,主要使用的信息有哪些呢?首先是容貌。戴恩曾做过一项实验。他让参与者看一组照片,并根据容貌将照片上的人分成很有魅力的、中等的和无魅力三个等级。然后让参与者评价这些人的其他方面,如婚姻美满程度、在人际交往中的受欢迎程度、职业地位等。结果发现,参与者对高魅力者各方面的评价都明显地高于中等魅力者和无魅力者。

美貌与智商的"杀伤力"

这个实验提示我们,人的美貌的影响力会辐射到他(她)的其他方面。所谓"一俊遮百丑",长得好看的人,其他方面也优于普通人。这是我们根据自己的好恶判断而对他人形成的一种夸大的社会印象,正如日月的光辉,在云雾的作用下扩大到四周,形成一种光环作用。美国心理学家凯利(H. Kelly)把这种心理现象称为光环效应(也称为"晕轮效应"),即人在与他人交往中对他人形成以点概面或以偏概全的主观印象。如果我们采用的局部信息是积极的,我们就会给这个人戴上积极的光环,认为他所有的品质都是好的。让我们还是以容貌为例,来看一看它的光芒对我们的判断产生了多大的影响。

美国电视台曾经播出过这样一场真人秀。在这场真人秀实验中,心理学研究者邀请4位演员扮演应聘者去参加真实的面试。男女演员各两位,在两位同性演员中各有一位长相出众或相貌平平。在面试之前,研究者对4位演员进行了训练,除了容貌之外,他们的学历背景和工作经验相似,在面试中的表现也一致。一开始,两位女演员先后去应聘打字员的工作。面对长相普通的女性,男性主考官对她做出评价之后,告诉她下周一给她答复。紧接着,漂亮的女性应聘者出场了,当主考官了解到她还有别的面试机会时,立刻请她取消掉,并到该公司工作。同时,他给出的年薪比之前高出了2000美元,工作时间也更加灵活、有弹性。

考虑到可能是因为男性主考官更看重女职员的容貌,研究者让两位女演员去应聘由女性主管招聘的接待员。结果,当女性主管看到漂亮的女演员时,毫不犹豫地录用了她,并称"让她做接待员实在是大材小用了",允诺将她提拔为自己的私人秘书——这个职位比接待员高了好几个等级。跟男性主管比起来,女性主管对美貌更加执着!

那两位男士的面试情况又如何呢?他们去应聘股票经纪人工作,长相一般的男士得到的评价是"还不错,等下周的结果通知"。而当英俊的男士出场时,面试官则惊呼"你长得好像一个股票经纪人",并邀请他下周一过来办理入职手续。

看来,不管是男性还是女性,都抵御不了美貌的"杀伤力"!普通人在评价他人时注重的是容貌,老师在评价学生时最看重的是哪个因素呢?

伯纳德等人在一项研究中测查了96名学生的智商和性格,然后再邀请这些学生的老师来评价他们的性格特点。结果发现,老师评定的性格特点与实验者的评价之间并不相关,但是与学生的智商确有很大的相关。具体而言,老师认为智商高的学生更加独立、成熟、善良,有责任感,人际交往的能力也更强。但实际上学生的性格与智商并没有关联。汉弗莱斯等人的研究也发现了类似的结果。教师认为智商高的、学习成绩好的学生具有较高的自我控制能力,而智商低的、学习成绩差的学生具有较低的自我控制能力。但是,儿童自我评价的自我控制能力与学习成绩之间则没有明显的关系。

可见，老师在评价学生时很看重其智商。而在学校中，学生成绩的好坏往往与智商的高低密切相关。老师可能不知道学生的智商是多少，但一定知道他的成绩有多高。在老师眼中，学生的成绩是太阳，其光芒会辐射到学生的其他领域和品质。老师会赋予学优生更多美好的品质，如勤奋、谦虚、诚实等。

别让成绩的光环蒙蔽了双眼

光环效应会导致我们以貌取人、以智论人、以偏概全地评价学生。学习成绩是老师衡量学生的一个重要方面，但不能作为唯一的标尺。有时候，学优生不一定就是品优生。你或许有过跟这位李老师相类似的经历。

期末就要到了，班级中要评选三好学生，文文一直是李老师心目中最理想的人选。她不仅学习优秀，还在多个校级、市级比赛中获奖。到了评选当天，文文居然一票都没有，令李老师十分意外。她找班里的同学了解情况，有的同学说她自私自利，从来不帮助别人，有的同学请教她学习上的问题，被她拒之门外；还有的同学说她值日的时候偷懒，把活儿都推给别的同学。李老师不敢相信，自己的得意门生居然有这么多的缺点！

"成绩至上"的光环效应还可能导致师生之间的误会。

有一次，吴老师监考时发现地上有一张纸条，纸条上用特别小号的字体打印了历史课的知识重点。他勃然大怒，自己的班上居然有人作弊！他立刻将纸条旁边有嫌疑的两个同学叫了出来。这两个男生，一个是桀骜不驯，一个是不求上进，面对李老师的质问，他们一概否认到底，后来居然都懒得辩驳了。李老师十分生气，没想到自己的学生犯了错还如此地冥顽不灵。他威胁到，再不认错，就要让校领导通报批评了。两个男生还是不肯认错，李老师只好让他们回到考场，继续答题，但是他一直盯着这两个学生，以发现他们作弊的蛛丝马迹。但他却意外地发现，坐在两个男生旁边的小雷正在往抽屉里塞东西，李老师走过去一看，跟他刚刚发现的材料非常相似。他简直不敢相信自己的眼睛,一向成绩优异的小雷会作弊。他也立刻意识到,自己冤枉了另外两名男生。

可见,成绩这一"太阳"所带来的"光环"会影响我们的观察与判断,在不知不觉中产生了负面的影响。在与学生的交往中要全面看待学生,班主任需要有意识地避免光环效应。

警惕学而优则"仕"

"学而优则仕"是中国千百年来的传统观念。班主任在选拔班干部时也会倾向于选择学习优异的同学。在老师看来,能处理好学习任务的同学才有余力参与班级管理工作,并且学习成绩好的同学能起好带头作用。但是,要胜任班委工作,学习成绩是一个方面,实际的工作态度和能力如责任心、组织协调能力等也是需要考虑的因素。成绩最好的同学不一定能胜任班长的工作,成绩一般的同学也不一定做不好班干部。

刚进高中的摸底考试,小宁就取得全班第一名的好成绩,于是他毫不意外地成为班级的临时班长。但是,过了一段时间以后,班级的运行就出现了很多问题,很多事情没有得到妥善的安排和处理。比如第一个月的班级形象大赛,就因为班长没有及时组织同学绘制海报,全班就错过了比赛的机会。班主任找到小宁谈话,了解到他习惯于自我约束,不喜欢与人交流,也不擅长处理班级的事务。一个月以后,班主任将班长的职务交给另一个成绩平平但做事积极主动,在同学中很有影响力的同学。

俗话说,"路遥知马力,日久见人心",认识学生需要一个漫长的过程。随着时间的推移,我们对学生的了解会越来越多。我们不能停留在最初的印象,而应保持一个开放的心态,主动收集信息,并根据这些信息来调整自己对学生的认识。下面这位王老师的做法就非常值得借鉴。

王老师刚接手四年级二班时,前任班主任就对她说,把班里的事情交给小林就等于放心，他综合素质高，不仅学习成绩好，还多才多艺，能协助老师管理好班级。其他科任老师也说，如果四（2）班以后出人才的话，非小林莫属。王老师听了各位老师的评价后，对小林的印象非常好，也决定继续让小林担任班长。他确实表现得非常好，不仅成绩优异，还能组织管理好班级的各项工作，比如清洁卫生、课间操等。班里的同学也很服他管。

为了了解同学们的真实想法，王老师在班里设置了匿名信箱，让同学们将自己的想法写下来放到信箱中，每天打开信箱查看。也正是设置了这个信箱之后，王老师改变了对班长小林的看法。设置信箱的一周以后，王老师共收到10封匿名信，其中有8封是对班长小林的告状信。

有人说他欺压同学，借书不还；有人说他值日偷懒；还有人说他只会在老师面前积极表现，对同学呼来喝去。于是，王老师联系到小林的家长，进行家访。小林的家庭条件非常好，父母忙于工作，就把他交给保姆照看，他平时在家里对保姆颐指气使惯了，在学校就仗着老师的信任和偏爱欺负同学。

后来，王老师跟小林的父母反映他在学校的情况，让家长帮助矫正他的不良行为。王老师也多次跟小林沟通，耐心教导他要尊重同学，学会与同学友好相处。一段时间以后，小林的表现有了很大的改进，班里的氛围也改善了很多。可见，保持开放的心态，并从多种渠道收集客观信息，对班主任克服光环效应的负面影响是多么重要。

28. 请摘下你的有色眼镜
——刻板印象

当我们与陌生人初次聊天时，通常会问对方"您是哪儿人"，然后根据对其所属地域的一般印象展开话题。例如：

"我是四川人。""四川人特别能吃辣椒！"

"我是浙江人。""浙江人会做生意，有钱！"

"俺家东北的。""东北人纯爷们儿，个个都是活雷锋啊！"

……

"高人"个头高

我们在头脑中对不同地域的人或多或少有着一种固定的、概括性的印象，并根据这种印象对他人做出初步评价。这种印象被称作刻板印象。刻板印象往往是针对某一类人的，包括不同地方、年龄、职业的人。例如，北方人豪爽粗犷，南方人细致精明。老年人墨守成规，缺乏进取心；年轻人举止轻浮，办事不可靠。教授文质彬彬，白发苍苍；工人身强力壮，性情豪爽；会计精打细算，斤斤计较。

人往往倾向于将某个具体的人看作某类人的典型代表，把对这类人的评价推及对这个人的评价，从而影响正确的判断。心理学家凯利曾对美国麻省理工学院某班级的学生做过这样一个实验。

上课前，实验者向学生宣布，经济学教授因故不能上课，现请一位研究生代课。然后发给每位学生一份书面材料，介绍该研究生的情况，以造成先入为主的印象。给两组学生分发的材料不同。一份材料写道："×××是本校经济学研究所研究员,今年 26 岁,曾有一年半的教学经验,服过兵役,已婚,熟悉他的人都说他是一个热情、勤奋、讲求实际而又果断的人。"另一份材料将"热情"一词换成"冷漠",其他文字完全相同。研究生上课以后,实验者要求学生填写问卷,说说对代课教师的印象。结果表明,看到"热情"一词的学生比看到"冷漠"一词的学生对代课教师有更好的印象,往往形容他是一个"能体谅他人、不拘小节、幽默、脾气好的人"。

心理学研究还发现了一个有趣的现象,人们无意识中认为地位与身高的关系是相辅相成的,个头儿高的人更有能耐,反过来能力强的人个头儿也会更高一些。难怪中国人经常说能力高的是"高人"。一个人外在的地位改变了,人们对其身高的感知也会随之发生变化。心理学家保罗·威尔逊第一个通过科学实验探讨这一奇特现象。他分别向几个班级的学生介绍了一名学者,他在每次介绍中都会改变其职位级别,并请大家评估他的身高。结果发现,学生们对这位学者的身高估计会随着他的职位级别的提高而上升(见表 5)。

表 5 对具有不同职称者的身高估计

班级	学者的职位	身高估计
1	学生	1.70 米
2	讲师	1.73 米
3	副教授	1.75 米
4	教授	1.80 米

可见,我们对于不甚了解的人的评价、判断和态度容易受到潜在的刻板印象的影响。外界对某人的介绍与评价的细小改变可以导致我们对他的态度与看法的较大变化。

刻板印象常常是一种偏见,影响对他人的客观评价与正确判断。班主任要警惕刻板印象的潜在影响。例如,当一个班主任接受新班级时,前任班主任或其他老师对某位学生的评价或看法,不管客观准确与否,都在很大程度上影响他对该学生的认识、态度与应对方式。班主任在没有充分了解学生的情况下,应当慎重接受他人对该学生的评价,要善于用"眼见之实"去核对"偏听之辞",重视和寻求学生具有的与刻板印象不一致的信息,以求对学生进行更全面的了解。

"捣蛋生"的困惑

一个人如果被周围的人预期表现差,他会担心自己的确表现不好因而产生焦虑感,导致他真的表现不佳,最终验证了人们的预期,这种现象被称为刻板印象威胁。一位成绩不好的学生可能担心周围的老师和同学认为自己学习能力低,因而感到很焦虑,并削弱了他的自信心,最终影响了他的成绩。心理学家斯宾塞等人就做过这样一个实验。

这些研究者让一批具有相同数学背景的男女大学生完成一个难度非常高的数学测验,当他们告诉这些学生,这个测验对于男生女生一样难时,女生的成绩始终和男生持平;但当他们告诉这些学生这个测验更适合男生发挥,女生的总体成绩就会出现戏剧性的下滑,而且,当遇到难度很大的题目时,她们明显感到格外焦虑,并很容易放弃这些题目。

班主任要格外注意自己对学生的消极刻板印象给学生带来的不良影响。在很多情况下,学生的不良表现首先给老师留下了负面印象,而老师对学生的负面态度与消极刻板印象反过来又导致学生向老师所认为和预期的方向发展,进而形成恶性循环。面对学生的不良表现,老师可能会说:"我就知道你会上课捣乱"或"我早就预料到这几节课你没认真学,才考得那么差"。以此宣泄失望情绪,或表现自己的判断能力高,殊不知学生的不良表现可能就是老师的消极刻板印象所导致的。

在教师心中,小明是典型的"捣蛋生"。一次上语文课,班上的其他同学在小声说话。班主任老师从黑板前转过身来，不分青红皂白地对他说："是不是你又在捣蛋，不想上课，就给我滚出去！"结果，让他站在外面。他大感不解：怎么在老师眼里，什么坏事都和自己有关，不管自己做什么或者什么也没做都是错的。后来，凡是这个老师的课，他就故意迟到或坐在后面聊天，目的是惹老师生气。

很多"捣蛋生"有过类似小明的遭遇，他们觉得自己无论怎么做，老师都不会改变对自己的偏见和看法，从而放弃了改进的努力，甚至故意同老师作对，反过来又加深了教师对他们的刻板印象。为了打破这种恶性循环，教师应当主动与学生进行有效的沟通，消解彼此之间的冲突，减轻消极刻板印象给学生造成的心理负担与焦虑情绪，使学生有更加积极的表现。

摘下有色眼镜

在学校里，每个老师要同时管理很多学生，没有足够的时间对每个学生都进行充分的了解，容易根据以往的有限经验对学生形成不同的刻板印象。这些刻板印象就像一副副有色眼镜，使得教师对不同学生的同样行为产生不同的评价和态度。

上课时，一位老师在黑板上写字，突然感觉背部被一小块硬物砸了一下，转身发现是一个粉笔头，顿时恼羞成怒，严厉地质问全班是谁扔的，班上无人回应。她心想这事肯定是小亮干的，因为小亮是班里最捣乱的学生，平时任何破坏纪律的行为总与他沾边。当她质问小亮时，小亮怎么也不承认，而且表现得特别无辜。这让老师更加怒火中烧。她警告大家说，如果没人承认，这课就不上了。大家无动于衷的样子令她非常失望。正当她准备扭头走向办公室时，班长红着脸站了起来，承认是他干的，并请求老师回来上课。老师顿时被班长的言行所感动，表扬班长有责任感，懂得顾全大局，为了全班同学能够继续上课，不惜主动代人承担过错，这种大公无私的品质值得大家学习，同时反过来又严厉地批评了小亮一通。老师事后了解到的结果却大大出乎她的意料：粉笔头就是班长扔的！

可见，刻板印象并不专属于"问题"学生，老师同样容易对好学生产生刻板印象。班主任需要意识到自己头脑中对各种学生形成的刻板印象，与学生广泛接触，加强与那些典型的、有代表性的"优生"或"差生"的沟通，不断校正刻板印象中的不实信息，获得对学生的准确认识。

同时，一位老师对一个学生的刻板印象即使获得了证实，也不能像上例中的那位老师那样固守这种刻板印象，而是要摘掉这一副有色眼镜，用心观察学生的微小变化。

一位法学家坐车"送法下乡"，看到一个村庄的墙上写有"投案自首是犯罪"一行大字，非常诧异，心想这不是荒谬绝伦的宣传吗？正欲与乡里陪同人员理论，车子转过弯去，发现墙那边还有"分子的唯一出路"半句话，遂释然。

误会因为拐角而产生，教育中也存在着这样的"拐角"。班主任常常被刻板印象这副有色眼镜所蒙蔽，只看到"拐角"前面的内容。当差生表现出点点进步的星光，我们容易对点点星光视而不见、听而不闻；而当优生出现错误时，我们任由缺点、错误滋生成长。在教育中，老师只有走过"拐角"，看清"拐角"后面的内容，才能全面而准确地评价学生，为学生的发展提供相应的支持、批评与教育。

小乔同学学习成绩平平，但经常在自习课上说话，上课接下茬。他经常挨老师的批评，却屡教不改。班主任观察发现，他知识丰富，思维敏捷，口才好，于是利用班长反映班会不好开展的机会，推荐他做班会主持人，以调动同学们在班会上的积极主动性。在班干部和他的共同努力下，这次班会开得非常成功。会后班主任在全班同学面前表扬他大公无私、积极准备，将班会设计得新颖别致，主持得幽默精彩。此后，小乔多次积极参与并主持班会、团会，均收到良好的效果，他的自信心越来越强，越来越注意自己在同学们中间的形象，一些不良行为也随之有所改正。

日本心理学家多湖辉曾说:"每个孩子身上都蕴藏着巨大的、不可估量的潜力"。在转化"差生"时,老师要摆脱刻板印象所造成的偏见,改用积极的眼光去发现他们的闪光点,无论何时、何处、何事,都在心灵深处坚信他们能行,宽容地承认差异,允许失败。只要他们在成长中觉醒了,巨大的潜能就会像火山爆发一样排山倒海,势不可挡。

29. 贴什么，就是什么
——标签效应

有一位叫亨利的美国青年，三十多岁依然一事无成，整天唉声叹气。一天，他的一位好友告诉他："我看到一份杂志里面讲拿破仑有一个私生子流落到美国，这个私生子又生了一个儿子，他的全部特点跟你一样，个子很矮，讲的也是一口带法国口音的英语……我看你就是拿破仑的孙子！"亨利听了十分震惊，半信半疑地拿起那本杂志琢磨半天后，终于相信自己就是拿破仑的孙子。此后，亨利完全改变了对自己的看法。凭着他是拿破仑孙子的信念，三年后，他成了一家大公司的董事长。很久以后，他偶然得知真相，原来自己并不是拿破仑的孙子，但他说："现在我是不是拿破仑的孙子已经无关紧要了，重要的是我懂得了一个成功的秘诀——当我相信时，它就会发生。"

贴什么标签，就发展出什么人

亨利的故事并非特殊个例。一般来说，当一个人从外界得到对自己的某种评价时，会更倾向于使自己的行为符合这种评价。

心理学家克劳特曾做过这样一个实验。他要求一些实验参与者对慈善事业做出捐献，然后根据他们是否有捐献，将他们分别说成是"慈善的人"和"不慈善的人"。相对应地，另有一些实验参与者则没有被下这样的结论。一段时间后，当再次要求这些人做捐献时发现，那些第一次捐了钱并被说成是"慈善的人"的参与者，比那些没有被下过结论的参与者捐钱要多，而那些第一次被说成是"不慈善的人"的参与者，比那些没有被下过结论的人捐献得要少。

这个实验启发我们，一个人如果被大家评价为心地善良的好人，他就有可能变得更积极主动地去帮助别人。一个人一旦被贴上带有某种评价的标签，他就会做出自我印象管理，使自己的行为与所贴的标签内容相一致。这种现象是由于贴上标签后引起的，故称为"标签效应"。美国心理学家贝科尔指出："一个人一旦被贴上某种标签，就会成为标签所标定的人。"

在学校教育中，一个学生如果被贴上了"学困生"、"差生"、"问题学生"等负面标签，并且老师、同学以及家长都以标签所标定的内容看待他，他就可能会从内心接受这枚标签，使自己的态度和行为朝着标签所喻示的方向发生偏转。例如，一个学生喜欢在课堂上调皮捣蛋，仅仅是希望引起老师和同学的注意，结果却被贴上了"问题学生"的标签，凡是课堂上有违反纪律的情况发生，老师都认为与他有关，并进行严厉的批评，久而久之，他就失去了改正自己的动力，逐渐接受了这一"标签"。有时候，带有偏见与歧视的标签甚至会使一个好学生"沦落"。

11岁的小倩一直是班里品学兼优的孩子，是大家学习的榜样。然而，三年级时小倩因父亲车祸去世，不得不去投靠在外地做生意的母亲，转入了外地的一所小学。小倩来到新校园不到一周的日子里，发现同学们总以一种奇怪的眼光看待她，在背后对她指指点点，她热情的微笑换来的却是冷漠与鄙视。为什么呢？原来小倩的母亲在当地名声很不好，经常在附近集市上与人吵架，又喜欢占小便宜，而"有其母必有其女"的惯性思维使大家认为小倩也是这样的人，给她贴上了类似母亲的坏标签，所以她刚到新学校就不受欢迎。"不要和那个女孩玩，她妈妈是坏蛋。""她会对你好？肯定是想图点什么……"诸如此类的话深深刺伤了小倩幼小的心灵，而她的母亲却因女儿遭受歧视整天到学校里来找人吵架，甚至跑到教室里打同学。这一切马上引起了老师的反感，认为小倩是害群之马，破坏了班级团结。于是老师也开始用异样的眼光看待她。小倩往日的天真烂漫的笑容没有了，下课也只能独自缩在角落里，逐渐变得沉默寡言，而憎恨却开始在她的心里蔓延。她恨她的母亲，恨对她不友好的同学和老师，甚至开始恨学校。于是，不到一年时间，她的成绩急剧下滑，经常旷课逃学，后来没读完初中就辍学了。

鉴于标签效应的潜在危害，教师应避免对一时有缺点和不良行为的孩子进行经常性的贬低和训斥，从而不自觉地给学生贴上一枚"黑标签"，使其向不良方向发展。

被贴什么标签，就被看成什么人

斯坦福大学心理学教授罗森汉恩1972年做了一项著名的"精神病"实验。

罗森汉恩招募了8个人（3女5男）扮演假病人。他们分别是一位二十多岁的研究生、三位心理学家、一位儿科医生、一位精神病学家、一位画家和一位家庭主妇。所有假病人都告诉精神病医院的医生，他们幻听严重。除此以外，他们的所有言行完全正常，并且给医生的信息都是真实的（除了自己的姓名和职业外）。结果，他们8人中有7人被诊断为狂躁抑郁症。这8个假病人被关入精神病医院后，所有行为都表现正常，不幻听，也没有任何其他精神病理学上的症状，但没有一人被任何一个医护人员识破。当假病人要求出院时，由于他们已经被贴上"精神病"的标签，医护人员都认为这些病人的"妄想症"加剧。精神病院的医务人员甚至发明了一些精神病学上的新术语来描述这些假病人的严重"病情"：假病人与人聊天被视为"交谈行为"，假病人做笔记甚至被认为是一种精神病病情的新发展，以至于"做笔记"被护士当作病人的病状，以"书写行为"记录在他们的病历中。

罗森汉恩的研究有力地揭示了标签效应的危险性。一旦医护人员认定一个人患有精神病，就会把他的一切行为和举止视为反常。其实，"病人"可能并没有问题，有问题的倒是"医生"的眼力和判断力。

在教育上也会发生类似情况。当一个学生被贴上了"坏孩子"、"差生"或"笨蛋"等符合某个心理条件的标签时，那个标签将掩盖他的其他所有优点。老师会倾向于按照相应的标签内涵去解释学生的行为。例如，对于某个经常在上课时捣乱的"问题学生",如果某次上课时没有捣乱行为,老师可能会觉得是因为他身体不适或者精力耗尽;如果他上课时眼镜一直盯着黑板,聚精会神,老师则会怀疑他是不是正在走神;如果他考试破天荒地取得了好成绩,老师首先想到的可能是他在考试中作弊了。老师要是这样用"问题学生"的标签解释这名学生的行为,就会忽视他的积极努力,打击了他进行自我改善的积极性。如果老师不及时转变对学生的"标签"态度,他对学生的负面看法就可能被学生所认同,从而使一个当初并不坏也不差的学生真的成为一个"差生"或"坏孩子",使"标签"兑现。

给学生贴一枚阳光标签

负面标签使人朝不好的方向转变,反过来,正面标签能使人转向阳光的一面,朝着更积极的方向发展。二战期间,美国心理学家对招募的一批行为不良、纪律散漫、不听指挥的新士兵做了如下试验:让他们每人每月向家人写一封信,并在信中说自己在前线如何遵守纪律、听从指挥、奋勇杀敌、立功受奖等内容。结果,半年后这些士兵发生了很大的变化,他们真的像信上所说的那样去努力。

教师给予学生的一句鼓励、一声表扬、一个微笑都是一枚阳光标签,能够照亮学生的内心世界,使他们用更积极的眼光看待自己,激发起向上的动力。

尹老师认为,赏识和激励是激发孩子学习兴趣的诀窍。他自己在担任初中政治老师时,眼见学生每天只顾背英语、语文,而置政治于不顾,曾暗暗叫苦。为了使学生多背政治,他想了一个招:自制了上千张表扬条,如"你学政治很用功啊","你的思想很有见地呀",等等,每天早上堵在楼梯口发给来往的学生。后来,大家都利用早自习学政治,中考时学生的平均分高出全市平均分20多分。

美国心理学家威廉·詹姆斯曾指出:"人性中最深刻的禀赋是被赏识的渴

望。"老师对学生的赏识与肯定在学生心中会播种下对成功的信念，使他为了实现信念而不懈努力。班主任要认识和了解每名学生独一无二的人格和个性，尽可能地寻找其"闪光点"，给予表扬与肯定，对那些让人头痛的"问题学生"更应该如此。

10岁的小松头脑聪明，却十分顽皮、淘气。他上语文课折纸飞机，上数学课看漫画，上英语课玩玩具，没有一堂课用心听讲，成绩也总在及格线附近徘徊。面对老师、同学的批评，他不当回事，甚至出言顶撞。父母常被班主任请去学校，也始终无济于事。直到他上四年级，班上新来了一位班主任。孩子们都很喜欢这位年轻漂亮的女老师，因为她脸上总是挂着笑容，经常肯定和表扬学生，对小松也不例外。一天，老师在语文课上要求孩子们造句，一位孩子说："鲸鱼是世界上最大的鱼，它是海霸王。"就在老师表扬这个学生时，小松突然站起来大声说："鲸鱼不是鱼，是哺乳动物。"老师纠正了自己的错误并好奇地问他："你是怎么知道的？""我是从电视里看到的。"老师马上惊喜而又赞赏地对全班孩子说："小松是个善于学习的好孩子，他能从电视里获得老师没有在课堂上讲到的许多科学知识，真算得上是我们班上的小科学家！"从来没有受过表扬的小松被新班主任破天荒地当众表扬，感动得满脸通红。从此，他像换了个人似的，开始认真学习，特别是爱上了科学课，每次上课都积极回答问题。小松的各门功课逐渐有了很大的进步，越来越多地得到老师们的表扬。在不到一年的时间里，小松的学习成绩得了几个A，还被同学们推荐为"三好学生"。

为了发挥标签效应的积极作用，班主任应有意识地给学生们贴上一枚枚"正面签"、"发展签"、"阳光签"，使学生按"好标签"去要求自己、塑造自己，朝着积极的目标努力前进。

让学生给自己贴一枚闪光签

不只是老师给学生贴标签，学生也经常给自己贴标签。有一位学生有一次与班里的乒乓球高手过招,输得很惨,于是认为自己打乒乓球没天分,甚至给自己贴上"不适合做体育运动"的标签;还有一位学生因为某次考试严重失利而怀疑自己的学习能力,认为自己"不是块学习的料",从而自暴自弃。班主任要积极引导学生,让他们不要给自己贴上负面标签,而是贴上一枚闪光签,并以此改善自我认识,提高自信心。一个有效的方法就是鼓励学生进行积极的自我暗示。

美国有一位拳王每当回答记者的提问时,总是不忘说一句:"我是最棒的!"他不断通过积极的语言、思想来暗示自己可以做得很好。有时候,自我暗示甚至能够创造奇迹。二战前,苏联的一位天才演员 N.H. 毕甫佐夫平时老是口吃。当他演出时,他积极地暗示自己在舞台上讲话和做动作的不是他,而完全是另一个不口吃的剧中角色,竟然最终克服了口吃的缺陷。

著名特级教师魏书生老师要求他所教的每一位学生在书桌里必放一本伟人传记,有时上课还让学生集体进行"精神充电",即全体起立,在意念上想自己最崇敬的人,想这位伟人是如何面对学习、面对工作的。接着想自己进入最崇敬的人的角色,自己就是这个人,就像王铁成扮演周恩来总理一样,自己来扮演伟人的角色。自己的音容笑貌、举手投足、为人处事,都和自己最崇敬的人一样。想得越逼真、越形象、越生动、越细致,精神充电就越成功。

魏老师懂得积极自我暗示的重要性,要求学生将自我暗示贯穿在自己的学习和成长过程中,取得了良好的效果。班主任可以像魏老师这样通过积极的自我暗示训练,让学生给自己贴一枚闪光的标签,不断在心里默念积极的话语,例如"我一定会越来越有自信的"、"我是有能力的"、"我各方面的成绩都会提高"、"我可以变得更加积极主动",等等,并督促学生付出相应的努力,使行为与暗示内容相一致,期待着学生们在标签效应作用下可能发生的可喜变化。

30. 听你的，说"我"的

——静心倾听与"我"向表达

在办公室里，老师坐在办公桌前，面前站着低着头、一句话也不说的学生，老师对着学生说："你都这么大了，怎么我跟你说的话你总是听不进去呢？不要每次都要别人提醒你，你能不能懂点事啊？自己回去好好想想！"学生撇撇嘴，应付着说："知道了。"

静静倾听学生内心的声音

显然，这样的沟通是无效的，因为老师并没有从内心出发去尊重和体谅学生，也没有掌握沟通时该有的讲话艺术。当学生犯错误时，很多老师都习惯于像这样一味地说教与批评，却常常不能使问题从根本上得到解决。教师需要与学生进行深度沟通，尤其先要倾听学生内心的声音。只有当学生感觉到教师不是在对他们说的话、做的事进行评价，而是真正倾听他们的内心感受时，他们才会信任教师，才会敞开心扉与教师沟通。

有一位同学来办公室找班主任老师，说昨天的作业不应该得零分。老师正在备课，看到她就停下手头的任务，让她坐到自己身边，专心与她探讨作业得零分的原因，并倾听她认为作业不该得零分的理由和她的内心感受。面对老师真诚的态度和鼓励的眼光，这位学生开始娓娓道来……

这位学生正是感受到了教师对她的关注与尊重，才愿意把自己的内心感受和想法说出来。如果老师对学生说："你得了零分还有道理了，居然来找我谈判！"这种态度无疑会让学生感到委屈和愤怒，沟通效果可想而知。

在与学生沟通时，教师不仅要发自内心地倾听学生的感受，也需要掌握一些有效的倾听技巧。一方面是言语上的倾听技巧，包括要注意对对方的关键言语进行复述，避免打断说话者，不要多说话，自觉转换听者与说者的角色等。

一位学生来找老师谈心。

生：老师，我讨厌上学，因为大家都欺负我，我很不开心。

师：大家都欺负你？（重复对方的关键言语）

生：对啊，我跟小红借块橡皮，她都不肯借给我。

师：你觉得很没面子吧，还有吗？

生：还有啊，我跟明明一起值日，我扫地比较快，他就非说我偷懒没有扫。

师：嗯，他说你偷懒，让你很生气吧？（关注对方的内心感受）

生：是啊。还有我的作文贴在展览板上，小强就说我是抄的。其实我哪有抄。

师：那怎么办呢？全班同学都欺负你。

生：嗯……其实也不是全班同学都欺负我，还是有很多同学都对我很好的。

师：嗯，所以这么看来，你是不是不用那么生气和难过了？（转换听者与说者的角色）

上述案例中，教师很好地利用了言语上的倾听技巧，通过重复对方的关键言语可以更清楚地了解事情的始末，通过关注学生的内心感受来共情和理解，通过及时转换听者与说者的角色来促使学生更深入地思考。

另一方面是非言语的倾听技巧，包括保持目光接触（接触的时间不宜太长），展现赞许性的点头和恰当的面部表情，避免分心的举动或手势等。

有个男生平常学习散漫，跟别的同学不和，是个问题学生。有一天他吃午饭时头疼，班主任发现他发烧了，便带他去看校医，喂他吃药。下午他感觉好多了，忙对老师表达感谢，说从来都没有人对他这么好过。班主任趁此机会与他聊天，了解了他的基本情况：原来他父母离异，爸爸工作忙，没时间关心他，每次他犯错就严厉地训斥，不给他任何解释的机会。他觉得爸爸一点都不疼他，于是便把在家里无法宣泄的情绪带到学校来了，不喜欢读书，还经常跟同学打架。班主任用温暖的目光看着他，微笑着劝导他，帮助他学会站在爸爸的角度去想，多体谅爸爸的辛苦，最后老师拍着他的肩膀，带着信任的眼神对他说，希望他可以找机会跟爸爸好好谈一次心，解除他们之间的误会。之后的一段时间，他真的在认真学习，为人处事上都有了很大的进步，并且跟爸爸的关系也有了好转。

老师的倾听让学生内心温暖，有了倾诉的欲望，排解了压抑的情绪，由此促进了师生关系的发展。老师在聆听时用温暖的目光和信任的眼神鼓励学生，用友善的微笑让学生觉得自己被理解和接纳，拍拍学生的肩膀让他感受到鼓励，这些细微的技巧会对良好的沟通起到很大作用。

用"我"向语言表达感受

有效的沟通绝不是想说什么就说什么，而存在着一定的原则和方法。我们先来看看下面这个例子。

一位学生今天上学迟到了，班主任决定找她谈话。

师：你今天早上迟到了半个小时。（责备的语气）

生：老师，我昨天……

师：我在说今天的迟到问题，不要扯不相干的事。回去写检查，明天交给我！

这一交流过程存在什么问题呢？教师在没有了解到学生的真实想法和事件的原因与经过的情况下，就以自己的主观想法做出了判断。如果换成以下的沟通方式，效果会有什么不同呢？

师：你今天早上迟到了半个小时，这是怎么回事？（关切的目光）

生：老师，我昨天晚上看书看得太晚了，今天早晨睡得特别死，连闹钟响了都没听见，所以迟到了。

师：哦，原来是这样。不过上课迟到不但耽误了自己听课，也在一定程度上影响同学们专心学习，这些你知道吗？

生：我知道了，我下次一定改正。

师：那好，你回去认真想一想，写一份检查交给我，这样你就能对今天的事情有一个深刻的印象，以后注意不要再迟到了。

通过上面的对话，老师不但知道了学生迟到的原因，而且也向她说明了迟到的后果以及为什么要写检查，从而帮助学生注意不再迟到，这才是良好而有效的沟通。

有时，教师可以根据情况表达出自己的内心感受，让学生通过了解教师的感受而反思自己的行为，这也不失为一种良好的方法。

上课时间，某同学悄悄地说话，还传纸条，老师发现了这个问题，该生抗议说："我做什么了？"老师没有直接指明他的错误，而是把他带到制定好的班级规则表前面，这时该生还在嘴硬，说自己什么都没做，老师温和地看着他，回应说："当我上课被打断的时候，我感到非常沮丧和疲惫。"

根据心理学家托马斯·戈登的研究，这位老师的做法体现了一种重要的沟通技能——"我"向语言（I-Message）。在处理学生的问题行为时，"我"向语言包括三个部分的内容：①言语针对的是学生的行为而非他们的人格；②言语描述的是行为的结果；③言语表达的是行为引起的感受。教师不是责备"你"，而是从"我"的角度强调问题：客观、真实而具体地描述什么样的行为引起了问题，为什么该行为引起了这个问题，该行为对教师的伤害及教师自己心中的感受。教师这样做时要注意语气上不带责备和批评。

陈老师接了一个全校最乱的班级，刚到班级时，迎接他的果然是一阵混乱：课本满天飞，桌椅乱七八糟，学生聊天的聊天，玩牌的玩牌，看到老师进来并没有太大的反应，继续我行我素。这时候陈老师调节了一下自己的情绪，微笑着对同学说道："我们班的同学很活泼，讨论气氛也很活跃啊，这点很不错，要继续保持呀。"学生听到这句话后，先是一愣，然后安静下来，回到自己的座位上，他们没有想到这位老师竟然没有对他们的行为发火和痛骂。等大家都安静下来，老师又说道："书都被扔到地上了，我看了很失望，也很难过，课本是不应该被扔在地上的，我们要学会爱惜书本。"然后他沉默了。过了一会儿，学生们自觉地把书捡起来，并向老师承认了错误。

该老师委婉地说出自己对学生犯下的错误表示出失望和难过，避免用怒骂的话语对学生产生直接性的伤害，从自我的角度跟学生交流此时此刻的内心真实感受，让学生感到自己是被尊重的。接下来的沉默起到了一种提醒的作用，让学生有时间去思考和改正自己的缺点。

"我"向语言强调的就是这样的方式，这种方式对处理师生关系有很大帮助。例如，有学生在课堂上说话，教师可以这样说："如果大家都在课上说话，我会感到很不安和担心，因为完成今天的学习任务会很困难，大家也学不到知识。"这样学生就可以理解教师所表达的言语信息的前因后果，明白教师针对的是学生当前的行为及结果，而不会顺带其他事情。

沟通是心与心的交流，当教师掌握了沟通技巧，有效运用倾听和表达构建起与学生交流的桥梁时，互动就是良性的、有效的。

31. 吃力不讨好，好心办坏事
——飞镖效应

下节课是体育课，学生们兴致勃勃地准备去操场。这时，班主任来到教室，对全班学生说："还有两周就要期末考试了，所以从这周开始，你们所有的音乐课、美术课、体育课都不上了。因为咱们班数学成绩不好，我会请数学老师来给大家补课。一会儿的体育课就改成数学课。"话音刚落，班上炸开了锅，学生们纷纷表示不满。班主任大喝一声："安静！"然后生气地对学生说："你们还不满意是吗？我可是好不容易才请到数学老师来单独为你们补课！你们有这样的机会还不珍惜！都坐回位置，准备上课！"同学们都磨磨蹭蹭地回到座位上，故意将桌子弄得很大声，不少同学还时不时地看向操场。

飞镖飞错了方向

这位班主任本意是好的，希望学生可以抓紧更多的机会学习，结果却事与愿违，学生们产生了逆反情绪。这就是苏联心理学家纳季拉什维利提出的飞镖效应，它是指行为举措产生的结果与预期目标完全相反的现象。就如同古时候捕猎的一种巧妙武器——飞镖，它沿着一条弧线飞出去，而后会再继续沿着弯曲的弧线折回来，重新回到猎人的手里。也就是说用力把飞镖往一个方向掷，结果它却飞向了相反的方向。以前讲过的超限效应就是一种飞镖效应。

飞镖效应的根本原因在于当事人在考虑问题时犯了简单、片面化的错误。有时候，我们只把注意力死死盯在要达到的目标上，完全忽视了手段的择优选取，弄得手段和目标不配套，从而引发一系列反应，反而对实现目标产生了很强的干扰作用。

有些同学为了提高学习成绩而死拼硬打，完全忽视了方法的择优选取，不做体育锻炼，放弃一切平常的兴趣爱好和文娱活动，拼命加班加点开夜车。事实证明，这种做法不但无益于学习，反而会弄得整天头昏脑涨，甚至出现厌食、胸闷、失眠等一系列生理反应，降低了学习效率。

有些领导讲话做报告，总想用自己的水平来征服听众，讲起话来滔滔不绝，一讲几个小时，完全忘记了时间已近中午，大家的肚子都已经咕咕叫了。这时，下面就开始骚动了，交头接耳，东张西望，玩手机发短信，上厕所倒茶水……整个场面变得不可收拾。本来想通过这次讲话来展示一下自己的才能，在群众中树立一下威信的这位领导，反而被自己弄得下不了台……

惩罚不当，事与愿违

研究人员曾在以色列日托中心进行过一场实验。在最初的四周，研究者统计了每天下午来接小孩的家长大约会有8位迟到；在第五周，日托中心宣布每次迟到超过10分钟的家长需要为每个孩子支付3美元的罚款。但是，结果是迟到的人反而越来越多，每天几乎有20位家长会迟到。

为什么会这样呢？因为人的动机有经济的方面，也有道德的方面。迟到本身是不道德的，给人罪恶感，但是现在付出了额外的3美元，家长迟到的罪恶感消失了——因为我为自己的迟到付了钱，所以我不必自责。家长认为已经用钱购买了迟到的权利，所以觉得迟到也是理所当然的了。毕竟，谁愿意为了一场精彩的球赛，或者为了把最后一点工作做完而去计较3美元呢？有趣的是，在几个月之后，研究者取消了日托中心的罚款，但家长迟到的情况并没有回到罚款以前的水平，而是保持在较高的水平上。原因是这些家长认为日托中心取消罚款说明日托中心不在乎迟到行为，所以家长对自己的迟到也就不会在意。

惩罚是来自外部的一种控制行为的手段，但是，人们对自己的一些过失行为还有着内部惩罚机制。当人们做错了事时，会感到惭愧、自责。人们在感受到内部惩罚的痛苦时，往往主动寻求外部惩罚，甚至会说"你骂我吧，你打我吧"，等等，以此来减轻内疚，这就是内部惩罚机制。

在实际的教育教学过程中，有的教师忽视了发挥学生的内部惩罚机制的作用，只迷信外部惩罚的效力，甚至采用一些"以毒攻毒"的做法，比如，罚做值日，罚跑圈，罚站，罚重做或多做作业，甚至罚款。

某学校一位老师制定了新规定：如果学生上学迟到罚款5元，上课捣乱罚款3元，上课乱讲话罚款两元，老师提问不举手罚款两元，学生罚的这些钱当班费和奖励班上考试好的学生。这种看起来十分严厉的惩罚能使学生痛改前非吗？一般来说，不能。有的学生在受到惩罚后，反而感到如释重负，一身轻松，不用再去想自己犯了什么错误，因为他认为，"我已经为自己的违规行为付出了相应的代价"。

这种"抵罪"性质的惩罚有损于学生的内部惩罚机制，使学生对惩罚抱着无所谓的态度，也使他们自身的道德判断力受到抑制，大大地降低了惩罚的效果。因此，当学生对自己的不当行为已经有所觉察，有所判断，并实施内部惩罚时，教育者不必再使用外部惩罚。

更有甚者是教师自认为的惩罚，却被学生解读成奖励或者其他意思。

小鹏很不爱上电脑课，每次都故意捣乱，有一次上课时把键盘和鼠标都拆掉了，老师一怒之下对小鹏吼道："不准上课了！出去！"于是，小鹏得偿所愿地离开了电脑教室。老师可能认为不准上课是对小鹏捣乱的惩罚，可是在小鹏看来，这却正是他想要的结果。

这位电脑老师的惩罚完全偏了方向，正中学生下怀，起到了意想不到的副作用。这是班主任在实施惩罚时需要察觉的。

你觉得好不等于学生觉得好

第二次世界大战时,美国当局给一些将去英国作战的士兵放映了一部电影。影片描写了英国人民在反抗希特勒侵略时所表现出来的勇气和牺牲精神,放映的目的是为了促使美国士兵对英国产生好感。但一些心理学家发现:看过电影的士兵对英国产生了更为不好的印象,因为他们为了看这部电影必须提前一小时起床,这就影响了他们的睡眠,而当时士兵的训练是很艰苦、很紧张的。

这个故事启发我们,主事者觉得好的东西,下属未必觉得好。在课堂上,老师觉得有益的事,学生们不一定认可。尤其是当老师苦口婆心、诲人不倦时,可能因为别的因素在作怪,学生早就厌倦了。

这是上午第四节课了。同学们都期望着老师能早点下课,最起码能按时下课,因为他们实在有点疲劳了。但是,化学老师还没有察觉到学生的心理反应,一个劲儿地往下讲。下课铃声响了,他仍津津有味地讲着课。看得出来,这位老师是认真负责的,干劲十足,毫不马虎。但学生听课的劲头越来越弱:开始还认真听讲,继而心不在焉,东张西望,最后交头接耳,传递纸片,甚至故意咳嗽,搬动桌椅,打哈欠,整个教室骚动起来。弄得这位老师丈二和尚摸不着头脑。是啊,作为教师,他平素深为学生所敬佩,而教学内容也是学生们能接受的。这究竟是怎么了?

教师在讲课、布置作业或处理学生问题时,一定要掌握好"火候"、"分寸"、"尺度",即注意适时、适量、适度,不超过学生可接受的限度。在课堂中,用学生爱听的方式教学,用少而精的语言教学。一旦学生出现逆反情绪,不能火上加油,而应立即阻断这种情绪继续发展。

此外,与惩罚所导致的飞镖效应相似,有时候老师认为的"好"和"奖励",可能在学生看来并不好,也不是奖励。

期末考试在即,班主任王老师对学生说:"同学们,这次如果你们考得好,总成绩能在全年级第一名,老师就自己掏腰包给你们一份惊喜。"学生们都觉得很新鲜也很振奋,于是铆足了劲地复习,最后真的考了全年级第一名。拿通知书的时候,所有学生都很期待,王老师兴冲冲地抱了一台学习机进来说:"同学们这次考得很不错,所以老师自己出钱为班上添置了一台学习机,以帮助大家更好地学习。"结果话音刚落,所有学生都失望地叹气,王老师的奖励反倒使学生变得很丧气。

这位王老师可能也会觉得委屈,自己掏腰包给学生的奖励却没有得到认可,吃力不讨好,如果换成一句真诚的表扬或者买一些学生爱吃的零食分发下去都比这样的效果好。所以,所谓的"好"和"奖励"应该更多地从学生出发,看到学生的需求,有针对性,因人而异,避免"飞镖"飞错了方向。

32. 先得寸，才能进尺
——登门槛效应

沙漠里，月黑风高夜，骆驼看着主人在帐篷里温暖地睡觉，自己却在外面受冻，也想进帐篷里去，于是对主人说："主人，外面好冷，可不可以让我的一只脚伸进帐篷取取暖？"主人心想，一只脚也就算了，"好吧，伸进来吧！"过了一会儿骆驼又开口："主人，一只在外面，一只在里面，温差大，恐怕会感冒，可不可以让另外一只脚也进来？""一只都进来了，不差另一只，好吧！"主人心想。又过了一会儿，骆驼又恳求主人："主人，后半身在里面，头在外面很难过，可不可以让头也进帐篷呢？"就这样一点儿一点儿地，骆驼的整个身子全进了帐篷。

一只脚都进去了，整个身子进去还远吗？

从阿拉伯故事《骆驼进帐篷》，可以想到，如果骆驼一开始要进帐篷，可能会被主人立刻拒绝，而它却通过不断地提出一些小要求，使主人最终心甘情愿地让它进了帐篷。日本社会心理学家原岗通过研究证实了骆驼的做法是有道理的。他调查发现，如果直接到居民区请求家庭主妇给予饮料解渴，要求被接受的比例为45.5%。而如果分两步，先提出一个较小的要求，然后再提出要喝饮料，则78.5%的家庭主妇愿意提供帮助。

这种得寸进尺的做法在心理学上叫"登门槛效应"，"登门槛"本身的意思是指推销员一旦能够将脚踏入客户的门槛，那么他就有非常大的机会推销成功。心理学家沿用此说法，认为在提出某个较大要求前，可以先提出一个小要求，如果某个人先接受了那个小要求，为了保持形象的一致性，他就有可能会接受那项重大的本来并不满意的要求。

美国社会心理学家弗里德曼和弗雷泽（J. L. Freedman & S. C. Fraser）让两位大学生随机访问了郊区的一些家庭主妇（A组）。其中一位首先请求家庭主妇将一个小标签贴在窗户上或在一个关于美化加州或安全驾驶的请愿书上签名，这是一个小小的、无害的要求。两周后，另一位大学生再次访问A组的家庭主妇，要求她们在今后的两周时间里在自家屋前的草坪上竖立一个写有"小心驾驶"的非常大且难看的广告牌，这是一个大要求。相比之下，心理学家又派人随机访问了另一组家庭主妇（B组），直接提出第二个要求：希望将这块又大又不太美观的广告牌放在她们的庭院里。研究结果的数据非常令人吃惊：没有接触第一个请求，直接被要求树立大广告牌的B组家庭主妇中只有17%的人接受了该要求，而接触了第一个请求并答应了小请求的A组家庭主妇中有55%的人接受了第二个更大的要求。只是提前答应了一个小要求，就让第二个要求的成功率提高了两倍！

心理学家认为，登门槛效应之所以灵验，一方面是因为逐步提小要求时，缩小了同大要求的距离，人们在不断地满足小要求的同时已经逐渐地适应了，觉察不到答应对方慢慢提高的要求其实早已背离了自己的初衷；另一个主要原因是人们都有在别人面前保持自己形象一致的愿望，不想被别人视为"喜怒无常"的人，所以在接受了别人的请求，向别人提供了帮助后，再去拒绝别人就相当困难了。假如答应这个要求而造成的损失并没多大时，人们往往会产生一种"反正也已经帮了，再帮一次也不算什么"的心理，所以登门槛效应就产生了作用。在班主任工作中，对学生实行登门槛效应是一种非常行之有效的策略：先向学生提出较低的要求，待他们按照要求做了，再逐步提高要求。下面是一位老师运用登门槛效应的案例。

李老师刚接手三（2）班时，发现班上大部分同学都有乱扔垃圾的坏习惯，如果马上提出严禁乱扔垃圾的要求，可能很多学生都做不到。于是，李老师举办了一个班级征文比赛，征文的主题是"乱扔垃圾的坏处"，要求班上每一个同学都写一篇文章投稿,最后全班进行评比。征文比赛以后,班上乱扔垃圾的情况好了很多。过了一周,李老师在全班郑重宣布:从今日起,严禁在教室乱扔垃圾,违反者要被惩罚打扫教室。这样很快就杜绝了在教室里乱扔垃圾的现象。

李老师没有直接制止乱扔垃圾的现象,而是先提出一个低要求——写一篇"乱扔垃圾的坏处"的文章,然后再提出高要求——禁止乱扔垃圾,这样使学生更容易接受,有效地纠正了不良习惯。事实上,"登门槛效应"和"行为—塑造"有一些类似,都是在提出较难的目标和要求之前,对学生提出一些小目标和小要求,以帮助学生逐步适应,最终达到目标。

假话全不讲,真话慢慢说

社会心理学家恰尔蒂尼(Robert Cialdini)和他的同事们进行了一项有重大影响的研究。

他们发现:要使俄亥俄州立大学的学生在一个早晨7点钟就开始的心理学实验中担当志愿者是非常困难的事情,只有31%的学生愿意参加实验。而如果一开始不告诉他们具体时间,待他们同意参加实验后,再告诉他们实验的开始时间是早晨7点钟,结果有56%的学生愿意参加实验,并且这部分同学在第二天几乎都能准时到达。

这个研究正好印证了季羡林先生讲的那句话:"假话全不讲,真话不全讲。"一开始,研究者并不将所有真话全讲出来,等学生答应了一个看似简单的要求以后,再补上具体的较难的要求。这样将要求分解成两次提出,可使学生答应要求的比率上升近一倍!显然,这些学生"被登门槛"了。

下面这位张老师就是通过"真话慢慢讲"的登门槛技巧成功地激发出学生们的潜能。

学校要求每个班级设计出一张迎国庆的宣传海报,张老师讲了一下学校的任务,然后问班上学生:"大家能够在两周以内设计出宣传海报吗?"大家都兴致勃勃,而且信心满满地回答"没问题!"张老师很满意地看着同学们,微笑着说:"既然做了,我们就要争取在全校做到最好。因此,版面一定要设计良好,选取的图片要精美有寓意,最好是自己拍的;配的文字要字斟句酌,简洁又有内涵,要有诗歌的简练,散文的美感。"同学们听了要求都安静了几秒钟,要在两周以内做到这些是比较困难的,但既然都已经答应了,也只能尝试着去做!于是陆陆续续有同学回答"可以"、"没问题",最后,全班都群情激昂地说:"没问题!"

同学们因为一开始已经答应了,即使后来的要求有点难,不易达成,但在这时候很容易产生"既然已经答应了,那就接着做"的心态,因此都会选择硬着头皮做下去。正如前面所讲的,人对于已经答应和承诺了的事情希望保持一致性,因为不想被别人认为"喜怒无常"和"不近人情"。

承诺在先,实施在后

在新近一项对以色列中产阶级街区的居民的研究中,研究者发现,如果在两周前请求他们为一个慈善团体签署一份请愿书,并且他们确实签了的话,那么两周后他们会更倾向于为这一慈善团体捐款,在这部分居民中,捐款的人数高达95%。而在那些最初并没有被请求签署请愿书的居民中,只有61%的人愿意捐款。

"被登门槛"的居民在被要求捐款以前签署了一份请愿书,这相对于捐款来说是一个微不足道的要求,人们很难拒绝,然而答应了这样一个小要求对最后的捐款行为却有促进作用,这是因为签署了请愿书就相当于做出了一项承诺,人们希望保持言行一致的形象。对登门槛效应有重要贡献的弗里德曼和弗雷泽解释说:一个人一旦答应了某个请求,他的态度就可能改变,他就会觉得需要对自己承诺的事情采取行动。下面这位魏老师就很聪明地利用了

"承诺"对家长和学生进行了"登门槛"。

魏老师请所有的家长和学生都参与新学期的第一次班会,然后出示了一个教师、家长和学生的三方"君子协议",问家长和学生们是否愿意签署一份承诺书。

首先,魏老师出示了教师协议:

作为一名教师,我要做到:

(1) 尊重每一个学生及其家人。

(2) 为学生布置有意义成协议的、适量的作业。

(3) 帮助每一个孩子成长,实现其最大潜能。

(4) 为学生和家长提供明确的学生进步评估与学习成绩评估。

……

魏老师当着全班家长和学生的面,大声朗读了自己的协议,并承诺自己在以后的工作中一定严格遵守协议上的所有条目,然后郑重签下了自己的名字。

接着,魏老师为每一位家长发放了家长协议:

作为一名家长/监护人,我要做到:

(1) 尊重、支持我的孩子和学校教师。

(2) 为孩子提供一个良好的学习环境,监督孩子完成家庭作业。

(3) 参加每一次的家长—教师会议,每个月至少一次与老师沟通孩子在校的情况。

(4) 每周回家都要跟孩子交谈他在学校里参加的活动和学习情况。

……

魏老师要求家长们仔细阅读,确定自己能够达到所有要求,才能签署自己的名字。如果有的条目是自己无法做到的,就在该条目旁边标注上自己可以做到的情况,然后再签上名字。例如有家长比较忙,没法保证自己"每周"

与学生交谈,那么就在旁边写上自己可以做到的日期,例如"每两周"。

最后,魏老师为每一位学生发放了学生协议:

作为一名学生,我要做到:

(1) 热爱学习,努力学习,尽力完成作业。

(2) 尊重我自己,尊重我的学校,尊重其他人。

(3) 上课注意听讲,不迟到、不早退,遵守班级、学校的规则。

(4) 每周跟家长交谈自己在学校里的情况。

……

与家长的要求一样,学生必须仔细阅读,确定自己能够达到所有要求,才能签署自己的名字。如果有的条目是自己无法做到的,就在该条目旁边标注上自己可以做到的情况,然后再签上名字。

所有人都签完以后,魏老师对所有家长和学生说:"既然大家都签了协议,那么我希望我自己,还有所有家长和同学都能够兑现自己签署的这些承诺。"一学期下来,魏老师班上学生的成绩在全年级名列前茅,而且班风特别好,家长与学生、学校的关系也很密切。

魏老师没有直接向家长和学生提出大要求——家长要每周与孩子交谈,学生要尽力完成作业,等等,而是先提出了一个小要求——签署协议书,这个要求一方面会让家长和学生觉得很新鲜,另一方面因为自己做了榜样,而且签协议书更容易让家长和学生接受,所以家长和学生很爽快地都答应了。接着魏老师才提出真正的大要求。由于家长和学生在签署协议书时已经思考了自己能否真正做到,因此这时候觉得大要求也没那么难了。更重要的是,前一个要求等于承诺,家长和学生都不愿意成为"言而无信"的人,希望"说到做到"。因此,班主任可以在班级工作中有意识地利用"承诺"这一点帮助自己进行管理。

以退为进

著名影星李连杰创立"壹基金",这个基金对捐款人的要求很低。实际上,一个人捐款不会只捐一元钱。其实,早在20世纪70年代,就有人摸索到这一窍门。

1975年,恰尔迪尼在给慈善机构募捐时,先对一部分人直接提出要求:向慈善机构捐钱。结果捐钱的人很少,捐的钱也不多。而后对另一部分人则在提出要求时加上了一句话:"哪怕一分钱也行。"结果,捐钱的人数是先前的两倍,数量也大大增加了。

恰尔迪尼分析认为,这样以退为进地从低要求开始,最后更容易实现高要求。对人们提出一个很简单的要求时,如"一分钱的请求",人们通常很难拒绝,但是只要人一旦接受了简单的要求,把手伸进自己的钱包,只拿出一分钱就会跟"人要善良与适当地慷慨"的自我印象产生认知上的不协调。因此,为了减少这种不协调,他就会多拿出一些,从而实现较高的要求。"哪怕……"这样的说法对老师来讲,是一个很有效的以退为进的办法。

晓晓在班上一直处于末尾的位置,班主任张老师发现他其实对学习已经失去了信心,一次语文考试晓晓只得了65分,张老师将晓晓喊到办公室,耐心地问:"你知道你前一名同学考了多少分吗?"晓晓摇头,张老师说:"70分,就比你高5分。我相信你通过努力是可以进步的,哪怕下次我们就多这5分,也考个70分,你觉得你可以吗?"晓晓想,区区5分,应该是没问题的,因此重重地点了一下头说:"行!"接下来的日子,晓晓果真下了功夫,上课听讲比以前认真了,作业完成得也比以前好。经过一个月的努力,在语文考试中晓晓竟然考了78分,远远超过了当初老师给他定的标准。

教师对晓晓提出了一个低要求,促使学生努力获得比要求更高的成绩。老师在学生发展的很多方面不妨像这样,从基本的低要求开始,向学生"登门槛"。

33. 适可而止，过犹不及

——超限效应

杰米扬是位十分好客的人。一天，一位朋友远道来访，杰米扬非常高兴，他亲自下厨烧制了最拿手的菜：一大盆鲜美的鱼汤。朋友喝了第一碗，感到很满意。在杰米扬热情地劝说下，朋友勉为其难地又喝了第二碗。第二碗下肚，朋友已有点嫌多了，可杰米扬没有觉察到，仍然一个劲儿地劝朋友再喝汤。朋友终于忍无可忍，丢下汤碗拂袖而去。

凡事皆有度

如果你是杰米扬，你能理解朋友的感受吗？

生活中我们经常会有这样的体会。由于工作上的某种原因被领导或同事批评时，最初常常是怀着诚恳谦虚的心情认真倾听对方的每一句话。随着挨批的时间越来越长，我们的心情也渐渐变得烦躁不安，渴望立即结束谈话。如果这时对方没有发觉我们的情绪变化，仍然喋喋不休地说个不停，那么我们的烦躁情绪很快就会转化为愤怒，最后甚至会在忍无可忍的情况下和对方发生激烈冲突。心理学上把这种因为刺激过多、过强或作用时间过久而引起的极不耐烦或逆反的心理现象称为超限效应。

还记得鲁迅先生笔下的祥林嫂吗？她再婚之后生了儿子毛毛，结果丈夫又死了，本来巴望着能将儿子拉扯大，可是在一个春天，山里的狼跑进村里吃了她的儿子。她泣不成声地向她的主人诉说阿毛的悲惨故事，得到了众人的同情。祥林嫂可能没有想到她的故事居然有这么好的"社会效果"，因此，她反复地讲起那令人心碎的故事。但是，渐渐地，当三番五次、喋喋不休地讲阿毛的故事时,她发现连"最慈悲的念佛的老太太们,眼里也再不见有一点泪的痕迹"了。

本来对她的遭遇很同情的众人,为什么会变得"眼里也再不见有一点泪的痕迹"了呢?因为她没有意识到,话讲了一遍就不是新闻了,讲了两遍,就是重复,重复的东西也就没人喜欢听了。在那样的旧时代,人们的同情心也是有限的,重复次数多了,大家也就变得不耐烦了。

让批评点到为止

想一想,我们平时的教育教学是否也有过超限效应呢?学生犯了错误,班主任就像祥林嫂一样不厌其烦地对某件事做同样的批评,甚至把一些不相关的事情也牵扯进来,使学生从内疚、不安到不耐烦,最后甚至与老师对立,导致师生关系紧张。这种情况你遇到过吗?

课上,有一位老师发现一名学生在做小动作,马上提问他,学生答不上来,有些愧疚地低头。老师很生气地说:"你刚才在干什么?这么简单的题目都不会!"学生表情一变,嘀咕着说:"又来了,又来了!"老师继续道:"我跟你说过多少遍了,上课要认真听讲,你知不知道?""知……道……"学生有点不耐烦,拖着长音回答。"明明知道为什么还这样做?这不是明知故犯吗!"老师对学生的态度更加生气。学生晃着头装作不在乎的样子,这下真的惹怒了老师:"你这是什么态度?给我说清楚!"学生也终于按捺不住,反驳道:"我就这态度,你能拿我怎么样!"老师气急败坏地说:"你爸妈是怎么教育你的,给我把他们叫来!"

这位学生刚开始还为自己的错误而感觉内疚,但教师不依不饶的苛责使他的心理难以承受,渐渐由内疚转为对抗,这时,他可能即使内心里认为教师的话是对的,也不愿意承认自己的错误,反而会与老师公开顶撞。

俗话说:话到舌尖留半句。当发现学生做错事情时,一般的思维大多是要跟学生讲明白因果利弊关系,殊不知很多时候点到为止就够了。下面这位教师在批评教育学生时,就很巧妙地避免了超限效应的发生。

有位比较特殊的学生转学来到新班级,开始时不仅不写作业,还经常扰乱正常的上课秩序。在与他妈妈的交谈过程中,老师了解到其实孩子也有变好的愿望,只是不知道该如何去做。所以当他犯错误时,老师特别注意事情发生的始末,对他的错误点到为止,并给予充分的理解和宽容,在不伤害他的自尊心的前提下,尽量心平气和地告诉他应该怎样做。慢慢地,他不怎么捣乱了,会坐在座位上做自己的事。看到他的进步,尽管很微小,但老师也马上给予表扬。听到赞赏后,他似乎对老师也有了一些好感,就这样,在"批评—进步—表扬"的不断强化中,他开始学会认真听课、举手发言,也会完成作业了。

现代文人林语堂先生在台北参加一个学校的毕业典礼,在他说话之前,已有好多长长的演讲,轮到他说时已是十一点半了,于是他说的第一句话就是:绅士的演讲,应当像女人的裙子,越短越好。这尽管是他一时兴致所至脱口而出的一句话,但对班主任教育学生、开班会或家长会还是具有一定的警示意义。

话极必反

有些教师在教育学生时会苦口婆心地进行劝诫,以为这样可以加深学生的印象,但效果并没有预想的那么好。

一位老师很喜欢教育学生,他的口头禅是"对不对"、"是不是"等。每次教育学生时都会说:"你上课不认真听讲,不听老师的话,父母知道了也会难过的,对不对?你说你这样怎么对得起自己啊,是不是?老师苦口婆心地劝你,无非是希望你能改正缺点,对不对?你怎么就跟听不进去似的,到底是不是啊?"

俗话说物极必反，其实，话极也必反。看似不大相关的口头禅，也同样会造成超限效应，有时学生甚至不听老师批评的内容，而去计算老师总共说了几个"对不对"、"是不是"，这样的教育效果是可想而知的。

超限效应不仅在批评、教育学生时容易产生，表扬学生时也同样会产生。请看下面这个例子。

有一位学生学习成绩很好，作为班干部，她掌管纪律能够以身作则，组织工作也认真负责，深得老师的喜爱。老师想把她作为榜样来激励大家，于是经常在班里表扬她，各种大事小情都要赞赏她优秀能干，做事出色。时间一长，老师发现在自己表扬这位同学时，大家都漫不经心，没有出现她希望的那种榜样带动作用。她百思不得其解。

可见，表扬与批评一样，给予太多也会产生超限效应。老师的本意是好的，表扬这位学生是为了给其他学生树立榜样，想让大家向她学习，不断进步。但是对其他学生来讲，老师对这位学生事无巨细都要表扬，造成了超限，这种榜样作用反而消失了。

此外，拖堂也会导致超限效应。

下课铃响了，正好到了午饭时间，同学们收拾好课本，拿出饭盒，等待下课。可是这节课的内容就差一道题没有讲完，于是老师说："让我们把这道题讲完。"有几位同学开始小声嘀咕："食堂人那么多，一会儿该打不上饭了。"老师装作没听见，开始讲题。讲的过程中引申出了其他知识点，老师又开始滔滔不绝地对该知识点进行延伸。隔壁班级的同学都去打饭了，窗户外吵吵嚷嚷。下面的埋怨声越来越大，同学们也都伸着脖子往外看。老师费劲地扯着嗓子一边维持纪律，一边继续讲题。

课间是学生的休息时间，在这种情况下，老师一而再，再而三的拖堂很容易引发学生的不满，超限的知识讲解也不会取得预期的效果。凡事都有个度，这个度该怎样掌握，还需要老师好好地琢磨。

为了避免超限效应，老师要把握好教育的度，切忌化小为大、化短为长、化轻为重，谨记"适可而止，过犹不及"。

34. 棍棒底下出"逆子"
——逆反心理

　　一期名为《全职爸爸"怪"招战网瘾》的心理访谈节目讲述了洛阳市民畅占亭费尽苦心使儿子戒除网瘾的故事。畅占亭在儿子畅文博小学六年级时发现他迷恋上了网络游戏,原本成绩名列前茅的他有一次数学考试竟然不及格。从此畅占亭想尽一切办法管教儿子,"经济封锁"、跟踪、打骂、辞职做全职爸爸,暴打以至于皮带和扫帚都打断过,而"经济封锁"逼得儿子变卖家里值钱的东西……可是3年过去收效甚微,儿子一直不知悔改,执意要和老爸对着干,父子之间的矛盾也逐渐升级。后来,他发现,其实最应该改变的不是儿子,而是自己。他不再采取强制措施禁止儿子上网,反而主动去网吧给儿子送钱和送饭,弄得儿子都有些不好意思。虽然儿子依旧每天很晚回家,但只要能提早回家都会被他表扬一番。后来儿子打游戏的时间日渐缩短,两个月后,畅文博终于向爸爸"投降",并产生了改变自己的愿望。看到儿子最终迷途知返,老畅不禁泪流满面。16岁那年,畅文博顺利考上重点高中,成了一名能说一口流利英语的阳光少年,后来还以交换生的身份到美国留学。

为了自主而逆反

　　在生活中,某些商品广告做得越"神奇",价格降得越低,人们反而不愿意购买;某些商品虽然价格不菲,而且限量供应,却仍被疯狂抢购,供不应求。商品推销员过分热情甚至咄咄逼人地推销产品时,顾客反倒无动于衷甚至避之不及。一些图书报刊等媒体资料被禁止在市面上发行,但人们更想一睹为快。概括地说,人越是被强迫或被诱导做某事时,心里就越不情愿;而越是被禁止做某事时,却又越想去做。这就是逆反心理。

心理学家费尼·贝克做过一个有趣的实验:在男洗手间里挂上禁止涂鸦的牌子。其中一块警告"严禁胡乱涂写",另一块以相对柔和的语气声明"请不要胡乱涂写"。然后调查挂牌子的洗手间里被涂写的数量。结果挂有"严禁胡乱涂写"牌子的洗手间被涂写的情况更加严重。

人为什么会产生逆反心理呢?当人的自由受到限制或侵犯时,会产生不愉快的感觉,而从事被禁止的行为反而可以消除这种不悦。

美国社会心理学家布莱姆在一个实验中让一名参与者面临A与B两个选择,在低压力条件下,另一个人告诉他"我们选择的是A",而在高压力条件下,另一个人告诉他"我们两人都应该选择A"。结果,低压力条件下参与者实际选择A的比例为70%,而在高压力条件下,只有40%的参与者选择A。

可见,外界压力的大小对逆反心理的产生有重要影响。当人被迫做出选择时,会感到自主权或自尊心受到威胁,于是更倾向于对对方的要求采取相反的态度和言行。因此,当别人命令我们不得做什么事时,我们却会反其道而行之。

学生为何有"反骨"

青春期是个体逆反心理最为突出的时期。青少年在生理和心理上都表现出暴风骤雨般的变化,其独立意识和自我意识迅速增强。他们渴望独立、自由,追求平等,希望有些事能自己做主。如果家长和老师时时刻刻对他们加以管制,减少他们的自由空间,就会激起他们的反感和厌恶。

一位中学生网迷谈到,他总感觉父母很烦,难以忍受父母的种种说教,而上网时却自由自在,快乐无比。后来,他由对父母批评教育的不耐烦而转为愤怒，一听到父母的"唠唠叨叨"就忍不住大发雷霆，摔门就走……

青少年逐渐发展起独立思考的能力，对事物逐渐形成自己的见解，进而挑战老师的权威。如果老师和家长没能认真倾听和尊重学生不同的意见和看法，而是一味地否定和打压，将很容易激起学生的逆反心理。

一位高中生在上历史课时被老师点名背诵历史年表，他觉得这些内容一查书就能知道，要全部背下来根本没有意义，便向老师表达了自己的想法。可老师坚持说他在故意捣乱，让他很不服气，于是就在周围同学的支持下一直和老师争辩，结果导致事后连续几天都被班主任叫去谈话。

青少年渴望被大人理解、认可、尊重和信任，相信自己有能力独立解决问题；他们渴望友谊，尤其是同伴间的关爱，迫切希望被同伴接纳。如果他们的这些心理需要没有得到老师和家长应有的重视，再加上青少年自身情绪状态的不稳定与心理上的敏感焦躁等原因，青少年与老师、家长在沟通过程中不时会产生激烈的矛盾冲突，变得"不受教"、"不听话"，常与家长和老师"顶牛"、"对着干"。

一位初中生的家长在家长会上了解到儿子在学校的种种糟糕表现后，回家狠狠地训斥了儿子一顿，本希望儿子能有所悔改，没想到第二天早上发现儿子夜里已经离家出走，只在桌上留下一封信，信中写道："爸爸，妈妈，我走了。昨天，你们骂我没用，考试成绩不理想，我想来想去，我应该出去闯闯，等我有出息了，一定回来看你们。请勿挂念，不要找我，我会好好照顾自己的。借了你们五百块钱，回来后定加倍偿还，感谢你们的养育之恩……"

很多学生与这位学生一样，感到自己的感受和想法难以得到师长的理解、重视、认可，自己没有得到应有的尊重和信任，于是用各种手段、方法与外界对抗，甚至离家出走，以求确立自我，证明自己。

有时候，青少年好表现自己，否定权威，标新立异，甚至故意采取与其他人不同的态度和行为或者偏执一端，以引起别人的注意，获得自我肯定的满足感。例如，有一位班主任报告说，他的班上有一名学生，自我评价很高，只想统领别人，不想被别人指挥，喜欢做自己愿意做的事，自己做的什么事都对，错了也不许别人说，更听不进别人的批评意见，得理不饶人，无理狡辩三分。这种学生对老师的批评很容易产生逆反和对抗心理。这也是班主任需要注意的。

化解逆反靠什么

班主任要认识到逆反心理在学生成长中是难免的，学生心里也有很多痛苦和烦恼需要有途径进行宣泄。对于学生的逆反表现，班主任尽量以宽容的心态原谅学生的冒犯，更多地站在学生的角度以一个倾听者的姿态去理解学生，为其提供建议和支持。

蔡老师班里的女生小高原本是一位活泼开朗的学生，近段时间却情绪低落，寡言少语，上课老是走神，而且在交上来的作文里错别字竟达到15%。蔡老师特地在批语中指出："错别字太多。"没想到本子收上来了，小高竟在批语后加上了"——是吗？"，而且打了个很大的问号。

对于这位学生的逆反心理，蔡老师经过一番心理准备，找她进行了一次长谈。

蔡老师特意避谈作文批语，而是从较轻松的话题谈起，不时关切地询问她的生活近况。没过多久，小高向老师敞开了心扉，告诉老师她的父母最近离异，给她很大的打击，她因此心情很差，难以集中注意力学习，自己也正为此十分苦恼。蔡老师终于找到了问题的原因，不断地安慰小高，让她不要受父母离异的影响，并鼓励她认真对待自己的学习和生活。小高感动地点点头说："老师我明白。"此后她逐渐走出低谷，学习情况也开始好转。

有时，学生也知道自己的问题所在，如果师长在缺乏沟通的前提下对他们进行批评、斥责，非但不能从根本上解决问题，甚至会将逆反心理引向极端。其实，他们需要师长尊重、关爱他们，让他们自由地将所受的压抑表达出来，把不满情绪发泄出来，并给予更多的宽容、理解和支持，相信他们可以用时间来证明自己。在案例《全职爸爸"怪"招战网瘾》中，爸爸先是紧逼，结果导致儿子逆反对抗，经过痛苦思索之后，爸爸转变招式反而解决了儿子的问题。像下面这位班主任李老师采用感化、关爱、宽容和支持，同样也能化解学生的逆反对抗心理。

我班有一名学生迷上了游戏厅，放学后的时间和双休日大部分时间都泡在游戏厅里，有时甚至逃学去玩。家长、老师的管教都无济于事。针对这种情况我没有灰心，而是用慈母般的真情感化他。终于在一次谈心时，他说出了去游戏厅的理由。他说："学习不好，考试总不及格，我妈说，'啥也不会，活着干啥！'我就干脆不学了，反正也是挨骂，倒不如玩个痛快。"原来他的逆反症结在学习上。我鼓励他："你很聪明，别人能学会的你也能学会，老师相信你。"以后我经常给他补课，上课时有意地把容易回答的问题让他答，还安排同学主动接近他、帮助他。他感受到了班集体的温暖，有了学习兴趣，我把他的进步写在纸条上，让他亲自捎给家长。纸条上写过"您的孩子今天的作业完成得很好，清楚，工整，准确"、"您的孩子今天抽测得了90分"，等等。他学习进步了，渐渐淡化了去游戏厅的念头，也消除了与大人作对的逆反心理。

带有逆反情绪的学生很容易冒犯老师，甚至做出出格的举动，老师首先必须控制住自己的情绪反应，如果施以强制性手段"以暴制暴"，只会让学生的抵触情绪变得更加强烈，无助于让学生真正认识并改正自己的错误。例如，某高中学生曾在博客中描述其英语老师在课堂上因为一件小事情硬逼着学生向其认错，最后哀叹道："心若无宽容，何以谓师表？"这时，班主任如果采用一些巧妙的方法避免直接批评伤害到学生的自尊，间接地使学生反省自身，就有助于学生认识并改正自己的问题。我们来看一看班主任张老师是如何化解学生对自己的冒犯的。

下课后，班主任张老师在楼梯口突然看到班里的女生小李和男生小王在男厕所门口打闹，立马把他们叫到一边进行质问。小王解释了打闹的原因，张老师转问小李为什么行为如此过分，没想到她理直气壮地说："是他先碰我桌子的！"说完把头高高地扬到了另一边。看到小李这副不讲理的样子，张老师控制住情绪，心平气和地说："在老师的眼里，你一向是个文静有教养的孩子，你说话的语气是不是有点过分啊！"本以为小李会因为内疚而改变态度，没想到她用同样的态度生气地说："不是我的错，你为什么还要批评我？"说完又用愤怒的眼神注视着张老师。

张老师受到这样蛮横无理的顶撞，顿时怒火中烧，但终究强忍怒火甩头回了办公室。后来联系了小李家长并得知小李在家性格也很倔强，家长不敢批评，恐怕惹了她的脾气。张老师认识到直接指出其缺点很难起到教育作用，于是决定在班级召开一次班会，主题是"帮助她（他）就是帮助我自己"。

首先张老师以故事的方式进入主题，故事的内容就是小李和小张（名字被代替）打闹的前前后后。张老师让全班同学就这个故事里人物的做法对不对进行讨论、评价。学生们的讨论相当热烈，基本都指责女同学不对。这时张老师也在注意观察小李的表现，从开始的若无其事，到后来的一脸愧疚。张老师没有让小李站起来主动承认错误，而是给同学们布置了一项作业，把对这节班会的想法用心理日记的形式写出来。第二天小李的心理日记里清楚地写了几个字："张老师，对不起，我错了。"

有心理学家指出，很多家庭背景好、父母文化程度高的孩子，往往逆反心理更严重；而在父母文化水平不高的家庭，孩子的逆反心理相对较弱。可能是因为在前一种家庭里，孩子往往没有话语权，父母地位高、见多识广，觉得自己说什么都是对的，很难做到民主。而在后一种家庭里，父母因为没什么文化，读过书上过学的孩子有时就成了父母请教问题的"老师"，有很多话语权。这一现象也启示班主任在班级的教学管理过程中应适当减弱权威型、专制型的作风,努力营造民主型的班级氛围,给予学生更多的话语权与自主权,并保持师生之间交流的顺畅,这对减轻学生的逆反心理将会有所帮助。

反用逆反等于促进

逆反心理有其消极的一面,倘若加以反向利用,同样也有积极的意义。有一只倔驴,主人叫它往东,它却往西,叫它往西,它偏往东。主人发现这个规律以后,每次想让它往某个方向走的时候,就命令它往相反的方向走,结果驴子就中计了。在马克·吐温的《汤姆·索亚历险记》中,聪明的汤姆也用了类似的一招。

贪玩调皮的汤姆被姨妈处罚粉刷墙壁。汤姆觉得这活儿很无聊,却又找不到人来帮忙,只好看着其他小伙伴们在远处玩耍,心里异常苦闷。当他的一位小伙伴手里拿着苹果走过来嘲笑他时,汤姆灵机一动,顿时装出一副十分享受的样子,认真地粉刷着墙壁,还不时用艺术家的眼光审视自己的"作品",看得那位原本想来笑话他的小伙伴也跃跃欲试。可汤姆一开始却拒绝了伙伴的请求,声称刷墙是项技术要求很高的活儿,除了他以外别人都做不好。结果那位小伙伴一再恳求汤姆,还拿自己的苹果做交换,汤姆这才"勉强"让出刷子,走到一边乘凉,还大口大口地吃着苹果,心里别提有多开心了。

逆反心理反映了青少年自我意识强、好胜心强等积极的心理品质。有时候,老师与其和学生"硬碰硬",不如利用学生的逆反心理,反其道而行之,或许能收到意想不到的效果。

小勇是班里的"逃课王",经常无故旷课,纪律散漫,于老师无论怎么批评,他都当作耳边风,始终我行我素。有一个星期四,他又无故旷课一天,星期五一早却心安理得地坐在自己的座位上,一副无所谓的态度。下午第二节班会,于老师把小勇叫到面前,当着全班同学的面说:"同学们,大家也看到了,这一段时间以来,小勇每周都有不到校的行为。今天全班同学作证,我和他打赌,他下星期肯定还会这样,因为他已经习惯了。只要他下星期有一天没来,就是于老师赢了,让小勇请于老师吃东西!"全班同学顿时兴奋起来,又嚷又叫。小勇涨红了脸,大声说:"如果我每天都来了,怎么办?"于老师毫不示弱地说:"那我请全班同学吃冰激凌!"小勇挺着脖子说:"赌就赌!"当着全班同学的面,于老师和小勇击掌为约。

星期一一大早,于老师一来到教室就看到小勇坐在他的位置上,心里一阵窃喜,表面上却又装作不在意的样子对他说:"来得挺早呀!"小勇得意地笑起来。星期二、星期三,于老师又偷偷地分别找他的周围同学、好朋友谈话,让他们鼓励他,给他加油。星期四、星期五,小勇真的做到了按时上学,而且没有一天迟到!于老师非常高兴,及时兑现了诺言,请全班同学吃冰激凌。同学们边吃着冰激凌边感谢小勇,小勇也是一脸的高兴。放学后,于老师把小勇留下来,递给他一张生日贺卡,卡片上写道:"孩子,每当我看到你的座位上空荡荡的,我也会觉得自己的心里空荡荡的。你那么聪明,一定会知道这是为什么,是吗?不管遇到什么,于老师愿做你最真诚的听众!"小小的一张卡片,让小勇的眼睛红红的。于老师不仅表扬了他这个星期的进步,并且与他约定,只要他能继续坚持,会每个星期给他发奖。之后小勇没让于老师失望过,他的变化也令班里的同学对他刮目相看。

青春期的孩子渴望自主、自立,难免与教师、家长产生矛盾和对立。如果教师能够强忍怒气,宽大为怀,尊重他们的独立人格,理解他们的想法,合理利用他们的逆反心理进行"反向"激励,很多让人头痛的问题或许就能够迎刃而解。

35. 老师，请给我一个微笑
——微笑原则

假如现在给你看一段卡通动画片，在看的时候，你可以选择用牙齿咬住笔或是用嘴唇包住笔，哪种方式会让你觉得动画片更有意思呢？

笑由脸生而在我心在你心

德国一位心理学家（Fritz Strack）在 1988 年做了这项有意思的研究。结果发现，用牙齿咬住笔（这意味着参与者要用到笑肌，如图 10 左边所示）的参与者，与用嘴唇包住笔（参与者不会用到笑肌，如图 10 右边所示）的参与者相比，倾向于认为卡通片更好玩。这说明微笑可以引导出积极的心理状态。这一实验提示我们，如果我们在面对各种人、事时都能面带微笑，这不仅能给他人带来愉悦感，也会让自己的心情变得舒畅。

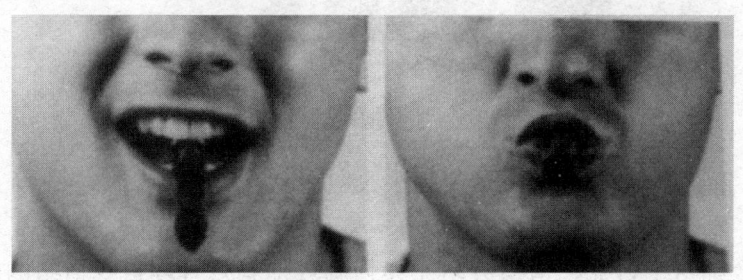

图 10　微笑动作影响心情的实验

在生活中微笑是人际沟通的润滑剂。各行各业的服务人员需要用微笑来招待顾客，例如银行负责办理储蓄业务的员工必须表现出礼貌和耐心，酒店的服务员即使被惹怒了,也要表现出微笑来迎合顾客。美国一名社会学家(Arlie Hochschild)早在1979年对此提出了一个概念——情绪劳动(emotional labor),主要指工作者努力调整自己的情绪,以符合组织规则的要求。而微笑在许多行业的情绪劳动中占有非常重要的位置。例如,高铁乘务人员的情绪劳动之一就是要用标准的微笑来对待每一位顾客。

近期,京沪高铁乘务员的集体亮相非常引人注目:头戴镶着金丝的紫色贝雷帽,白色衬衣外配紫色马甲,领口系着淡紫色围巾。她们的微笑要展现亲切与甜美,如果用一张纸挡住大半个脸,哪怕只露出眼睛,也要让旅客感觉到微笑。铁路部门对于京沪高铁乘务员的要求颇高,比如,微笑时只能露出6~8颗牙齿,而且"眼睛也要会笑"。这些优雅的姿态则要通过口咬筷子、头顶书本等来练习。

图11　"高姐"们的微笑训练

在教师这个行业,情绪劳动尤其强调教师有效管理自我情绪的能力。当工作情境和职业要求教师表达出的情绪与他们真实的情绪感受不相吻合时,教师要能有效地管理自己的情绪。尤其当教师产生负面情绪时,如果任由自己将负面情绪表达出来,怒发冲冠,就会对工作产生不利影响,不仅影响师生关系、同事关系、与家长的关系,也对自己的身体健康不利。人在不加约束地表达负面情绪时往往会做出一些事后追悔莫及的不理智行为。成吉思汗盛怒杀爱鹰的故事或许能给我们一些启示。

相传成吉思汗带着心爱的老鹰上山打猎，干渴难耐时发现一处有少量水渗出的山谷，便耐着性子用杯子接滴下来的泉水，在他接满水准备喝的那一刻却被老鹰把杯子扑翻在地。如此反复两次令成吉思汗勃然大怒，一气之下杀了爱鹰。之后他又继续寻找水源时才发现，原来爱鹰不让他喝水并不是出于逗弄，而是由于水源里有一条死去的毒蛇尸体。成吉思汗在盛怒的那一刻已经被情绪"绑架"，他的情绪阻断了理性思考过程，最终导致错误的举动。

教师在日常教学和班级管理中，是不是也会出现这种情况呢？当情绪不好的时候，情绪阻碍了我们对周围人该有的正常反应，这个时候不妨提醒自己做点情绪劳动——微微一笑。根据前面那个实验，哪怕只是强迫性地微笑一下，也会改变自己的心情。

教师就是面带微笑的知识

一则西方谚语说得好：教师就是面带微笑的知识。我们也许会注意到，有的老师在公开课上始终强装微笑，却带给学生、观摩者乃至老师自己一节课的好心情。教师微笑着面对学生，能给学生一种宽松的师生交往人际环境，使学生感受到教师的理解、关怀、宽容和激励。

有个学生来向语文老师请教如何写《游葫芦岛》这篇文章。老师发现他每段话都有些赘述，结果葫芦岛里的好景色反而没写多少。随手翻看这个学生之前写的作文，发现原来的作文也都写得不好。语文老师的心情顿时变得比较低落，对于应该怎样指导这样的学生有些迷茫。这时，她看着学生小心翼翼又略有期盼的眼神，心里忽然闪现了一个想法。她深吸一口气，对学生露出一个微笑，用红笔把作文中的错别字和废话统统划去，并鼓励他："你写得不错嘛！自己再修改一下，一定能拿高分的。"学生惊讶地看着老师，带着欣喜的眼神开始一字一句地琢磨起来。第二天，他兴高采烈地把作文交给老师，老师在批改以后发现他这次史无前例地可以获得"A"。学生看着自己的成绩非常开心，老师心里也为他高兴。

教师的微笑有着无穷的教育魅力。这位语文老师在学生期盼的眼神下，用微笑的目光和耐心的态度鼓励学生，温暖了学生的心，促进了学生的自我进步和成长。

作为一位老师，我们每天都要面对很多性格、行为各异的学生，有的孩子三番五次捣乱，让我们情绪很低落，他却依然如故；有的学生接受知识的速度慢，让我们渐渐没有了耐心……既然批评已不再奏效，我们为什么不换一种方法，而用开朗、乐观的态度处理这些问题呢？

课间操时，一位班主任找班里一个男生谈话。这位男生是班上有名的淘气包，这时却装作要挨训的架势，胆怯地望着班主任。班主任见到他这个样子时本来很生气，正想发作，忽然灵机一动，从上到下打量他后，微笑地对他说："你怎么不多穿件衣服啊，不冷吗？"这一招挺灵，他一下子松懈下来，连声笑着说："不冷不冷。"接着这位班主任又和他聊了聊家常事，师生间的距离一下子就拉近了，老师便顺势转入正题与他谈学习。一提到学习，他便低垂着头说："老师，我不行了，英语、数学老不及格，都是二三十分。"班主任用含笑的目光注视着他，给他讲了以前教过的一个学生的故事：那个学生刚上初一时英语才得了3分。后来他开始发奋努力，冬天七点十分早读，他肯定七点前就赶到教室读英语，背单词。晚自修六点半开始前，他已经在教室学习了好久。所以后来以500多分的成绩考上高中。班主任又微笑着补了一句："如果你像那位同学一样刻苦，也一定能考上高中的！"他故意把"刻苦"二字的音量放大。就这样，这位男生自愿伸出手指跟老师拉钩，约定以后都会遵守纪律，认真学习。此后他确实很早就赶到教室学习，上课专心听课，不再淘气了，前后简直判若两人。

面对学生的问题，当我们改用温暖的笑容和鼓励的言语时，或许能够像这样收到意想不到的效果。

您的微笑将改变我的一生

俗话说，伸手不打笑脸人。岂止不打，甚至不杀。不信？请听这个故事。

玛丽小姐打开门时，发现一个持刀的男人正恶狠狠地盯着自己。她灵机一动，微笑地说：“朋友，你真会开玩笑！是推销菜刀吧？我喜欢，我要一把……"边说边让男人进屋，接着说：“你很像我过去的一位好心的邻居，看到你真的很高兴，你要咖啡还是茶……"本来脸带杀气的歹徒慢慢地变得腼腆起来，他有点结巴地说：“谢谢，哦，谢谢！"最后，玛丽真的买下了那把明晃晃的菜刀，陌生的男人看着钱迟疑了一下走了，在转身离去的时候，他说：“小姐，你将改变我的一生！”

我们不仅赞叹玛丽小姐头脑灵活，能够随机应变，化险为夷，但更要看到她化险为夷背后的原因，那就是她的微笑成为一种镇定人心的力量，致使那位手提屠刀的男子对她说：“你将改变我的一生。"老师的微笑对学生来说也具有同样的力量。

日本教育家铃木认识一个五音不全却对音乐十分痴迷的孩子。糟糕的音乐演奏让这个孩子受到无数人的奚落，他变得心灰意冷。在了解情况后，铃木让这个孩子为他拉一曲小提琴曲。开头的几个音符难听得让人想捂耳朵，但铃木耐心地听完了这首曲子，脸上浮现出一个真诚的微笑。孩子仿佛从这个微笑里明白了什么似的，回家以后更加勤奋地练习，最后终于成了当地首屈一指的“小莫扎特”。

铃木大师为我们树立了情绪劳动的好榜样。他给孩子的仅仅是一个微笑吗？不，他给了孩子重拾梦想的信心。来自老师的一个善意而真诚的微笑足以让学生燃起追求理想、完成目标的希望之火，从而改变学生的一生。

36. 老师，请给我一个拥抱
——触摸效应

"罗老师，毛岩又打人了。"

我刚刚回到办公室，班里的同学就来报告。说起毛岩，真是让我头疼：打架、骂人、扔纸屑、欠作业、值日时逃跑……他的"罪行"简直不胜枚举！我把他叫到办公室，正准备像往常一样批评教育时，发现他把双手插在口袋里，头扭向一边，一脸的不屑。我顿时火冒三丈，但我极力压制住自己的情绪，并意识到以往的批评教育并没有起到作用。于是我冷静下来，把毛岩拉到自己身边，耐心地询问他打人的原因。我的反常令他一时间不知所措，小脸涨得通红。

我伸出双手，把他搂在怀里，轻轻地对他说："你是我的好孩子，我相信你以后再也不会打人了。"

也许是我的一次拥抱，毛岩从此再也没有和同学打过架，而且常常帮助同学做值日生工作，学习成绩也明显提高。

无声胜有声

这是在《辽宁教育》2006年第3期上罗有平老师自述的一个真实的故事。每位班主任老师都可能遇到过像毛岩这样的学生，调皮捣蛋，无"恶"不作。当他们犯错之后，老师耐心地进行批评教育，但是他们还是屡教不改，甚至愈演愈烈。老师的耐心都快磨光了，这些"小捣蛋"俨然"刀枪不入"、"油盐不进"，特别让人头疼。而罗老师的一个拥抱胜过以往的责骂，收到了意想不到的效果，正所谓"无声胜有声"。通过身体的接触，带来他人的积极情绪和支持,这种现象叫作触摸效应。

触摸效应最早是由弗尔德发现的。当时,人们认为早产儿应该生活在一个犹如子宫般的隔离环境中,一方面可以让他们远离病菌,另一方面也可以避免抚摸,因为成人的抚摸只会给他们压力感,从而阻碍他们的生长。但是,从我们的生活经验中可以发现,婴儿在母亲的怀抱中会睡得格外香甜,他们似乎有一种强烈的"皮肤饥渴",特别需要养育者的抚慰、拥抱。为了证明抚摸对早产儿的作用,弗尔德对20名早产儿开展了一项长期的实验。实验中,每天给这些早产儿进行3次舒缓而有力的抚摸,每次15分钟,每天共45分钟。10天后,接受抚摸的婴儿比没有得到抚摸的婴儿平均重47%,而且睡眠和灵敏性也都有很大改善。到第8个月末,他们的体质和智力有明显提高。而且,接受抚摸的婴儿离开保育箱的时间比其他婴儿平均提前了6天。弗尔德解释道:"抚摸能有规律地刺激生长激素的分泌,进而促进消化吸收功能。"

一种爱的语言

美国著名的婚姻辅导专家查普曼在其畅销书《爱的五种语言》中指出,身体接触是我们表达爱、体会爱的重要语言之一(另外四种语言分别是肯定的言辞、相处时间、接受礼物和服务的行动)。按照这种说法,触摸效应产生的原因是通过身体接触我们表达了爱,而对方也感受到了爱,正是这种强大的爱的力量化腐朽为神奇。也许你会质疑,身体接触有这么大的魔力?面包毕竟要来得实际些!

这个问题也曾经困扰了心理学家好长一段时间。例如,婴幼儿对母亲的爱是怎么形成的?是因为母亲喂养了他们,还是因为母亲温柔的抚慰?有一批心理学家说,当然是面包,孩子饿的时候,母亲就喂奶;孩子冷的时候,母亲就给孩子添衣服。总之,孩子有生理需要的时候,就能得到母亲的满足,然后就感觉到愉悦。长久下来孩子就将母亲与需要满足后的愉悦感联结起来,于是就对母亲产生了"爱"这种积极的情感。而另一批心理学家反对这种"唯利是图"的观点,认为婴幼儿对母亲的爱是在母亲的抚慰中产生的。

著名心理学家哈洛等人做了一项实验来揭示触摸在母爱中的作用。这项实验是用恒河猴作为实验对象。他们将8只刚出生的恒河猴随机分成两组。一组由布妈妈抚养,布妈妈是用光滑的木头裹上松软的海绵,胸前安装了奶瓶,身体内还安装了可以供暖的灯泡;另一组由铁丝妈妈抚养,铁丝妈妈是由铁丝网制成,也安装了奶瓶和灯泡(见图12)。

图12　布妈妈和铁丝妈妈

两个妈妈的房间相通,所有幼猴可以自由出入。实验者观察和记录幼猴在闲暇时与两个妈妈待在一起的时间。结果发现,不论是由哪个妈妈抚养,幼猴在"喝奶"以外的时间都更愿意跟布妈妈在一起。哈洛等人又进一步扩展了研究,在幼猴的房间放上引发恐惧的物品,甚至将幼猴放到陌生的房间中,观察它们的反应。发现幼猴在恐惧和焦虑之下,也更愿意向布妈妈寻求慰藉。哈洛等人用系列研究证明了幼儿在母亲温柔的抚慰中感受到爱,同时也用拥抱来表达对母亲的眷恋。

这一实验结果在一定条件下也适用于班主任的工作。有时候一个拥抱就能代替千言万语，足以让学生感受到老师的关爱。《班主任》2003年第2期上朱冬梅老师的经验或许能给我们一些启示。

三年级女子400米比赛即将开始，我拉着我们班的选手陈陈去赛区报到。我对她说，如果她获奖就可以获得我的奖励。敏感的她提出，让我给她一个拥抱，就像刚刚抱琳琳那样。她的话让我百味杂陈——这是一个多么渴望爱的孩子！她来自离异家庭，缺乏父母的关爱。我立刻答应了她，并承诺不论她得多少名都会给她一个拥抱。我站在终点迎接她，大声为她加油。比赛的枪声响起，她不顾一切地奔跑，当她跑到终点的那一刻，我紧紧地拥住了她。最后，她获得了第三名的好成绩。

可见，对于那些单亲家庭的孩子来说，教师无邪的拥抱或许能够弥补学生所缺失的父爱或母爱。让我们看看另外一位老师的故事吧。

期中考试结束以后，我兑现了自己的承诺，让进步最大的三名男生和三名女生在班会课上说出自己需要的奖励，只要合情合理，我都一一满足。三名男生和两名女生都异口同声地说要借阅我苦心收藏的图书。还有一名女生一直低头不语。她学习一般，性格内向，但是这次取得了很好的成绩，我决定一定要满足她的愿望。于是悄声询问，出乎意料的是，她大声说出自己的愿望是要老师给她一个拥抱。我当时一惊，作为一名男老师，拥抱一个花季少女，实在难为情。我问她能否更换一个愿望，但她仍然坚持。我把求教的目光投向了全班同学，他们小声商议之后，一致表示同意。于是，我轻轻地拥抱了这个只有十四五岁的女孩。后来这位女生给我写了一封信，告诉我她从小失去了父亲，十分怀念父亲温暖的怀抱。在我公布奖励以后，她就发奋地学习，希望能得到老师的拥抱，终于如愿以偿。

当然，这位老师的担忧也是有道理的。师生之间的触摸并不是万能的膏药，并不是在任何需要的时刻都能使用。随着学生心理和生理的发展，他们逐渐会意识到男女有别，会排斥异性之间的肢体接触。所以老师在使用触摸效应时，需要考虑到学生的年龄特点和性别差异，避免引起师生以及学生之间的误会和隔阂。

一剂抗压良方

触摸不仅能够传递爱，还有助于抵抗心理压力。有研究发现，老鼠在紧张时体内会产生一种化学物质。这种物质会导致肌肉收缩、血压升高、胆固醇增多、发育受阻、大脑细胞受损等一系列的不良后果。但是，在出生的前3周内，经常被母亲舔舐和抚摸的幼鼠会长出对抗这种有毒化学物质的受体，抑制其分泌。而且，这种受体可以让幼鼠受益终生，一旦它们遇到麻烦或危险导致神经紧张时，体内的受体就会自动将有毒的化学物质控制在正常范围内。而那些没有接收到母亲"恩赐"的幼鼠就会比较惨，它们在种种精神压力的折磨下，缺少"抗体"的保护，其大脑细胞会严重受损，记忆力也会逐渐减退。

学生面临着来自学习、生活的多重压力，面对压力，他们可能焦虑，也可能无助。如果老师能适时地给学生一个拥抱，能够有效地减轻他们的焦虑。

有位男生家庭条件差，他父母因病都不能干重体力活，每天在学校门口卖饭。也许是穷人家的孩子早当家，这个男生学习非常勤奋，成绩一直很好，每次放学后总是第一个冲出去帮母亲张罗生意。有一次期中考试，他考得非常差。我甚至从他的眼神中看出了绝望和无助。下课后，我把他叫到操场，还没开口就听到他说："老师，我知道你要说什么。"忽然间，我觉得所有的语言都变得苍白无力，我能体会到他内心的痛苦，却不知道该说些什么。我下意识地一把抱住这个高我一头的男孩。起初，他难为情地挣扎，于是，我更加用力地抱住了他。后来，他的学习状态慢慢地被调整过来，顺利地考入重点高中和大学。多年以后的一次学生聚会上，他对我说："老师，这么多年来，我一直忘不了您当年的那个拥抱，给了我莫大的宽慰和温暖。"

当然，拥抱并不是老师专有的能力或权力，在《班主任理论与实践》的某篇文章中，余利老师就给学生一个拥抱的机会，让他们相互加油打气。

高考前夕，教室里沉闷紧张的空气压得人不能顺畅地呼吸。在例行的课前演讲中，一个女孩分享了自己的经历，她讲述了自己早上出门时，母亲的拥抱给自己带来的幸福和踏实感。她提议全班同学站起来，给自己的同桌一个拥抱。我毫不犹豫地同意了她的提议。刚开始，只有几名大胆的男生站起来，后来全班同学都陆陆续续地站起来，拥抱自己的同桌，并递上自己的祝福"好好加油"、"祝你考上大学"。简单的拥抱，让同学们知道自己并不孤独，他们彼此结伴而行，共同面对即将到来的高考。

37. 响鼓不用重槌敲
——无声效应

一位老和尚发现有人违背了寺规，在晚上偷偷爬墙出去。于是，他蹲在摆放椅子的地方等待那个偷偷出去的小和尚。过了一会儿，小和尚翻墙进来时正好踩在了老和尚的背上。小和尚意识到后，顿时非常紧张。然而，老和尚只是沉默地盯了他一会儿，平静地说："回去睡吧。天冷了，多穿点衣服。"

能言是银，沉默是金

对于小和尚犯的错，老和尚并没有多加批评，而是通过无声的指责和关心的话语让小和尚自己检讨自己的错误，从而改正。在学校教育中，也是如此，并不是所有的一切都必须有声进行。有时无声的静场反而会产生意想之外的奇效，这就是无声效应。

在班主任工作中，人们常常觉得"说"是最好的。诚然，做学生的工作不说不行。但是，有的班主任往往说得太多，忽视了要给学生留下一些思考的空间，反而削弱了教育效果。恰当利用非言语教育形式是十分重要的，沉默便是一种重要的非言语交流形式。班主任可以在无声之中，借助眼神、表情、动作向学生传递出丰富的难以言表的信息，形成互为默契的教育境界。

陈老师在一次语文测试前讲复习范围的时候，发现学生们都不太认真，表现得都很自信，结果成绩出来以后，班上的整体情况很糟糕。发完试卷，学生们都忐忑地看着陈老师，等着挨批评，陈老师平静地看着大家，目光慢慢地移过每一个学生的脸庞，最后轻轻说了句："好了，过去了，关键是以后。"

自那以后，学生对复习变得认真了许多。

上课铃响了，教师也进了教室，但学生们仍然喧嚷不止，老师应该怎么办？是把课本往讲台上一扔，在桌子上一拍，或是大吼三声"安静"，还是使用"沉默"的技巧，即教师默不作声数秒，肃立讲台，伴之以严肃的表情，用严厉的目光环视学生？根据无声效应，最佳的选择应该是后者。用不了多久，课堂便会安静下来，师生的情绪均不受影响，教学得以正常进行。有道是"沉默是金"，沉默是一种无声的语言。老师在教学工作中，适当地运用沉默，能收到事半功倍的效果。

批评事小，面子事大

著名心理学家马斯洛把人的需求从低到高分为生理需求、安全需求、归属与爱的需求、尊重需求和自我实现需求五类。他认为，尊重需要得到满足，能使人对自己充满信心，体验到自己活着的用处和价值。无声效应之所以有用，就是因为满足了学生的尊重需要。

小李老师刚刚从大学毕业，进入中学第一年教书。有一次班上一名平时很乖的女生上课说话，小李老师很生气地当着全班的面批评了她，批评的时候语气也不是特别严厉，但令小李老师没有想到的是，这名女生反应非常剧烈，和她当场顶撞起来，令她非常难堪。课后，小李老师将这名女生叫到办公室，推心置腹地和她聊起课堂的表现，并询问女生，"你在课堂上为什么不给老师点面子呢？""老师，你也没给我面子呀！"这名女生回答。说到后来，学生和老师都因为课堂上的言行委屈得哭了起来。

大部分学生，特别是初中生都开始有了强烈的自尊心，都希望在同学和老师面前保留好的印象。老师当众批评、斥责可能会引来他们的反抗，适得其反。他们可能会想：反正老师也当众人的面批评了，面子丢尽了，爱怎么着就怎么着吧。于是犯了错误的那种自责心理便消失、淡薄了。这时候，如果能像老和尚对小和尚那样，无声的批评可能更有效。

一位学生在写自己的成长经历时这样说道：我记得我的高中班主任是一位中年语文老师，圆圆的脸，圆圆的眼镜，眉头永远是锁着的，眼镜后面的眼睛透着严厉。我很怕她，一次她给我们念《西游记》，我在下面和别人说话，她硬是停下来看了我很长时间，目光犀利，我被这目光刺得好像自己缩小了一半。班里静极了，她一句话也没说继续念书，我却永远记住了这一刻，从那以后我再也不敢违反纪律。

在课堂上，老师用大声的斥责制止哄闹，或点名叫某同学站起来，批评他捣蛋、破坏秩序。这几乎已成为天经地义之事，无可非议，然而未必总能奏效。殊不知，此时沉默或许有奇效。试想这样一种课堂情境，你会采取哪种措施呢？

你正津津有味地讲课，两个学生却在下面叽叽喳喳。为制止他们，你突然沉默不语，走向那两位学生，引起全班同学的注意。或者你大声喝道，"×××，你站起来！"接着就是一顿训斥。

相比之下，前者用暗示的方式说出严肃的真理，比直截了当提出更易被人接受。正所谓该省则省，无声胜有声。沉默应对既不影响师生情绪，也不干扰正常的教学秩序，更不伤害学生的自尊心。虽没有言语，教师的沉默却保护了学生极强的自尊心，为学生提供了一个自省的机会，同时维护了教师在学生心中的良好形象。从另外一个角度讲，此时的沉默实际上具有替代批评的意义。这类学生大多能自觉认识错误，不再重犯。

您的沉默是最好的信任

批评学生时，班主任最易犯的毛病是当面把学生说得一无是处，旧账新账一起算。这种批评往往导致学生的抵触和反感，而借助沉默间接对学生进行批评，也可达到预期的目的。

上课了，一位学生似乎未听见铃声，仍然在操场上打篮球。这时班主任走过来，站在那里一声不吭，只是用严厉的目光望着他。那学生收起球，跟在班主任后面。两人走到了教室门口，班主任示意他回座位去自习，然后离开了教室。连续几天过去了，班主任都未找他谈话。有一天，那位学生实在憋不住了，去找班主任说，"老师，你怎么不批评我？"班主任笑着问他："批评什么？""因为我打球耽误了上自习课。""你现在不是已经改正了并且没再因为打球而耽误上课了吗？"

当学生犯了错误时，班主任不是一而再，再而三地进行批评，而是用无声给学生留点空间和时间去思考与自责。教师给学生留足了面子，同时还传递了对学生的信任，产生了直接批判所起不到的效果。

班上一位同学最近经常缺课，班主任多方了解到真相。原来，他迷上了网络游戏，经常去网吧。有一次，班主任在学校附近的网吧找到了他，默默地站在他背后。当时他正起劲地玩着游戏，由于玩得太专注，大约十多分钟后才发现班主任。他猛地站起来，低着头，背起书包，默默地跟在班主任后面，走出网吧回到了教室。一路上，班主任一言不发，过后也不再提起这事，上课下课从不单独找他。几天后，他主动找到了班主任，交了一份检查，决心不再逃课。班主任拍拍他的肩膀，自始至终没有批评他一句。后来，他的学习自觉性提高了很多，成绩也有所进步。

这位班主任调动老和尚那样的智慧，采用无声的方式表达了对学生的批评。这种无言的批评体现了老师对学生的信任：他相信学生可以通过反思改正自己的错误。试想，如果在网吧找到学生的时候，班主任狠狠地批评了他。这名学生可能反倒产生逆反心理，索性破罐子破摔，更经常地逃课去网吧。其实，学生有时犯了错误以后，心里更多的是害怕、胆怯，生怕老师责怪。班主任如果只用眼神轻轻一扫，给学生留下忖度、回味与反省的空间，让他感受到老师对他充满了信任，也保护了他的自尊心，他以后就不会再犯同样的错误了。

该有声时别无声

虽说"响鼓不用重槌敲",但班主任得知道,有的时候"该出手时就出手",因为有的学生可能并不是"响鼓"。学生犯了错误以后,班主任是沉默还是批评,这得从三个方面来权衡:第一,什么样的学生犯了错;第二,犯的是什么错;第三,教师一贯的风格。

对于不同的学生,所选择的批评方式可能不同。教师在日常工作中都会发现,当教师用同样的话语、同样的语气批评男学生和女学生的时候,男生可能感到不痛不痒,毫不在乎,而女生却感到受不了,心里委屈,甚至哭鼻子。这种现象并不奇怪,男女生的心理承受力本不相同。一般来说,男生性格粗犷,说话直率,心理承受力较强;女生性格温和,说话委婉,对外界事物的刺激较敏感,心理承受力弱。所以对大部分女生来说,无声比较有效果。而对于男生,班主任则要考虑得更多。首先得考虑:无声的批评对该学生是否有用?该学生是否能反省自己的错误,理解教师的良苦用心?对于有的孩子,适当伤一下他的自尊也不见得是坏事,因为他的是非观念还不是很成熟。适当的当众刺激既让他引以为戒,同时又教育了全体。

对于不同年龄的学生来说,沉默与批评所起的作用也不同。青春期的学生自尊心比较强,容易产生逆反心理,更适合无声教育,对其进行批评特别是当着全班进行批评一定要慎重。小学生如果犯了错误或者违反了规则,可以适当地进行口头批评。因为大部分小学生的自我监控和自我反省能力并不强,对其进行无声教育可能导致学生无法意识到自己的错误,从而继续错误的做法。

是否选择无声效应,除了需要考虑学生的差异,还得考虑所犯错误的类型。不同性质的错误,老师批评的方式可能也不一样。对于课堂不遵守纪律、作业没有完成这类小事情,老师都可以给学生机会来自己发现错误并加以改正;但如果是比较严重的错误,如打架、考试作弊,班主任则要严厉指出;如果是学生一再犯的错误，班主任就更不能一再沉默。

英语课上，两位男生不知因为什么事情互相打了起来，动作不是很大，但老师还是注意到了。老师停止讲课看着他们，可他们完全没有停下来的意思，动作反倒越来越大，老师非常生气，大喝一声："都住手！你们这样我怎么上课？！"严厉的语气使两个男生停了下来，羞愧地低下了头。

就像这位英语老师一样，有时候对学生进行无声的批评可能不起作用，就应该果断地对学生提出有声的批评，明确指出学生的错误。

最后，教师一贯的风格也会影响无声效应的效果。一贯严厉的教师比一贯温柔的教师更适合用无声效应。因为学生对严厉的教师本身存有敬畏之情，犯了错误以后会害怕，这时候一个严厉的眼神可能比严厉的批评更有效。学生知道老师发现了自己的错误，不批评只是在给自己反省和改正的机会。而一贯温柔的教师如果使用无声效应，可能会使学生更有恃无恐。

38. 老师，请告诉我做得怎么样
——反馈原则

一个替人割草打工的男孩打电话给一位陈太太说："您需不需要割草？"陈太太回答说："不需要了，我已请了割草工。"男孩又说："我会帮您拔掉花丛中的杂草。"陈太太回答："我的割草工也做了。"男孩又说："我会帮您把草与走道的四周割齐。"陈太太说："我请的那人也已做了，谢谢你，我不需要新的割草工人。"男孩便挂了电话。此时男孩的室友问他说："你不是就在陈太太那儿割草打工吗？为什么还要打这个电话？"男孩说："我只是想知道我做得有多好！"

反馈作用

我们每个人都像这个男孩这样，希望从他人那里获得对自己工作和学习的反馈，特别是权威人士给予的反馈。反馈可以强化学习者更加努力学习，从而提高学习效率。

心理学家罗西（C. C. Rossi）与亨利（L. K. Henry）曾经对一个班的学生做过一个有关不同反馈效果的实验（见表6）。所有学生每天学习后都参加测验，但他们被分为A、B、C三组接受对自己测验结果的不同反馈。整个实验分为两个阶段，每个阶段持续8周。在第一阶段的8周：A组每天反馈，B组每周反馈，C组没有反馈。进入第二阶段的8周：把对A组与C组的做法进行了对调，B组则保持不变。

结果显示，两个阶段B组的成绩都稳步前进，保持原有水平，而A组和C组的成绩发生了很大的转变：A组的学习成绩在第二阶段逐步下降，而C

组的成绩在第二阶段却突然上升。

表6　反馈实验设计

组号	第一阶段	第二阶段	学习成绩
A	每天反馈	没有反馈	第二阶段逐步下降
B	每周反馈	每周反馈	第一、二阶段稳定
C	没有反馈	每天反馈	第二阶段突然上升

这说明，教师对学习结果的反馈对学生的学习有很重要的促进作用。具体地说，有反馈（知道学习后的测验结果）比没有反馈（不知道测验结果）的学习效果要好得多；即时反馈（每天知道测验结果）比远时反馈（一周后知道测验结果）所产生的激励作用更大。

即时反馈

这个实验提示我们，教师对学生的学习最好进行即时反馈。每当学生完成一项任务后，他们都迫切地想知道自己做得怎么样、进展如何。老师提供即时反馈实际上是对学生学习活动本身的一种肯定，可以激发进一步学好的愿望。

教师随堂批改作业，可使学生当堂或当天就知道自己的作业情况。对于简单的作业可当堂完成，采用竞赛抢答、小组比赛的方法，当堂集中统一批改。这样既可提高学生的积极性、完成作业的速度，还可锻炼学生的反应能力。

教师也可以发挥学习小组的作用实现即时反馈。

对于课堂讲过的练习、比较简单的作业、需要默写的定义、需要巩固的知识等，让学生自批、互改、互教。教师对小组批改后的作业要进行抽查，了解作业的完成和批改情况。

教师的即时反馈可使学生尽快认识到自己的缺点和错误，在后继的学习中加以改正。

教师面批作业有助于澄清学生的错误。对教学中的重难点练习，为了做到人人过关，教师可以利用课外时间当着学生的面逐题批改，及时指出其错误，让学生弄清错误的原因，并要求学生马上更正，不让错误拖延太久。

教师还可以通过即时反馈对学生的学习表现给予表扬或批评。特别是对那些学习困难的学生，教师可以进行二次批改，及时捕捉和肯定第二次学习中的闪光点与点滴进步，以激励他们的学习动机，增强他们的学习信心。

每个学生都希望得到教师和同学的激励，特别是差生更加渴望这种激励。教师要以发展的眼光评价学生，肯定学生学习的任何一个方面的进步，鼓励学生不断进步。教师第一次批改后，让学生根据教师的评语提示自己修改，直到满意为止。当学生通过努力改正错误后，教师可以就学生第二次交来的作业给予鼓励性的评语。

此外，即时反馈还需要注意奖惩的频率。一般来说，当奖惩的比例为 5∶1 时，激励效果最好。

一个学生的作业近日进步很大，正确率高，但他的字写得并不美观，教师在他的作业上写道："你的作业态度认真，答案正确，做得非常好，但是如果能够把字写得更整齐就更好了。"

具体评价

在反馈中，评价的具体性与针对性水平也影响了学生的学习效果。美国心理学家佩奇（E. B. Page）曾对 74 个班共 2000 多中学生进行了一项大规模的有关作业评语的实验研究。

实验者把每个班的学生都分成三组，对学生的作文给予不同评价。

第一组为无评语组，只给甲、乙、丙、丁的等级。

第二组为特殊评语组，除给等级外，还特加有情感色彩的鼓励性评语。对甲等评以"优秀，保持下去"；对乙等评以"良好，继续前进"；对丙等评以"试试看，再提高点吧"；对丁等评以"让我们把这个等级改进一步吧"。

第三组为顺应评语组，除给等级外，还针对学生作文中存在的问题给以适当的评语，对于写得较好的地方圈点表扬，对于存在的问题加以矫正，同时还提出一些有针对性、启发性的意见和建议，让他在下一次作文中采纳或改正。

结果发现，三种不同的评语对学生后来的成绩有不同的影响。在开学时，学生的平均作文水平差不多。但到了期末，各组的作文水平提高程度不一致：第三组（顺应评语组）学生的成绩明显优于其他两组，第二组（特殊评语组）明显优于第一组（无评语组）。这说明，顺应评语是根据学生的实际而给出的一些有针对性的评语，激励效果最好；特殊评语的针对性不够，虽有激励作用，但不如顺应评语；无评语没有提供具体反馈，缺乏学习的激励。

这个实验告诉我们，教师对学生作业、测验等进行评价时，不仅要打分数、评等级，还要加上有针对性的评语，这样效果会更好。然而，在大多数情况下，由于工作量比较大，教师往往只是对学生的作业和试卷给个分数，而对于学生在学习上优劣长短的评价则比较少。

教师对作业之外的其他学习行为也需要给以丰富而具体的评价。一位语文教师为学生制作了一张评价卡（见图12），列出语文学科多个方面的学习状况，采用教师评价和学生自评两种形式在卡上打分，有利于学生对自己表现得优秀或不足的地方一目了然，从而做出有针对性的发扬或改正。

姓名：	语文科学生评价卡		班级： 年 月 日	
	铃响静候		写作能手	
	专心上课	盖	词语丰富	盖
	大胆发言		听写不错	
	勤学好问	章	勤阅读	章
	完成准快		朗读出色	
	全对		作业评比	
	自主学习	处		处
	有进步			

图 12　语文科学生评价卡

评价要做到有效，还要注意表扬不能夸大其词，批评不能言过其实，要让学生明确地知道自己因为什么而受到了表扬和批评。

常常听到老师在课堂上对学生做这样的表扬："你真棒！""你真聪明！"……这种宽泛的表扬虽然能在一定程度上提高学生的自信心，但学生久而久之就会对这样的表扬变得麻木，而且不知道自己到底棒在哪里。如果教师说："你回答得很完整！""你虽然答得不完整，但是思考的角度很有新意。"……这样的表扬就变得明确而具体，学生知道自己哪里好，哪里不足还需要努力。

有的教师不是针对学生当前的错误进行有针对性的批评，而是习惯翻旧账，在学生犯错误以后说："你怎么老是这样？""怎么老毛病又犯了？"

小王有段时间经常迟到，班主任和他彻底谈过一次以后，他决定改掉这个恶习，一连好几周他真的完全做到了不迟到。但有一天，小王的妈妈生病了，一早小王将妈妈先送到医院，再匆匆赶到学校，班主任看到他又迟到了，很不开心地说:"我就知道你改不掉,一定还会迟到。"小王本来准备解释,但听了班主任的话以后很伤心,觉得这么多天的坚持都白费了。

这种翻旧账似的批评容易让学生产生很强的抵触情绪与逆反心理,只是教师自己发泄了一通而已,无法让学生心服口服,也无助于从中吸取经验和教训。这是老师需要注意的。

39. 先做你不愿做的，才能做你想做的
——普雷马克原理

一位 5 岁男孩迷上了吃零食，整天巧克力、薯条、饼干不离手，到了吃饭时间却没有胃口吃东西。妈妈试过不给他零食吃，他却大哭大闹。家人见他哭闹，都反过来劝妈妈，甚至还偷偷给他零食吃。这位妈妈该怎么办呢？

要想吃零食，先吃饭

这位妈妈的问题可能很多家长都会遇到。零食的味道可口，比饭菜更吸引孩子，但为了孩子的身体健康，父母怎样让孩子养成好好吃饭的习惯呢？心理学家普雷马克（Premack）早在 1959 年做过的一项实验或许能提供一些启示。

普雷马克让孩子们从两种活动中选一种：玩弹球游戏机或吃糖。有的孩子选择了前者，一些孩子选择了后者。有趣的是，对于喜欢吃糖的孩子，如果把糖作为强化物，便可增加他们玩弹球游戏机的频率；相对更喜欢玩弹球游戏机的孩子，如果把玩弹球游戏机作为强化物，则可提高他们吃糖的数量。

根据这个实验，普雷马克提出了一条原理，即一个经常出现的行为可以强化一个较少出现的行为，或者可以用人所喜欢的活动强化他参加不喜欢的活动。这条原理被称为普雷马克原理。普雷马克原理在许多方面广泛应用。例如，祖母在教育孙子的时候会要求他只有先吃蔬菜，才能吃肉；或者先写完作业，才能看电视。所以，这条原理也被称为"祖母原理"。

当遇到孩子不喜欢做但必须做的事情时，家长就可以使用这一原理：孩

子首先要完成不太喜欢做的事情，然后才可以做喜欢做的事情。前面案例中的这位妈妈可以给儿子定下规则：必须先吃好饭（不太喜欢的活动），才能吃到零食（喜欢的活动），如果不吃饭，就没有零食吃。并且严格遵守这个规则，不能屈服于孩子的眼泪和吵闹，并要求家人尽量配合自己。孩子为了吃到喜欢的零食，必须先好好吃饭。随着行为不断得到强化，孩子就会逐渐养成好好吃饭的习惯。

与学生的"君子协定"

普雷马克原理在班主任工作中也有很多应用。下面这位班主任就用得中规中矩，颇有成效。

小刚很拖沓，从不按时完成课堂作业。班主任吴老师发现他很喜欢看动画书，特别是奥特曼，于是与他定了如下"君子协定"：

（1）如果当堂完成课堂作业，课后可以到老师这边挑自己喜欢的奥特曼书看。

（2）如果课堂作业上课没完成，课下主动完成，可以到老师这边看指定的奥特曼书10分钟。

（3）如果课堂作业上课没完成，课后要老师督促才完成，可以看老师指定的动画书10分钟。

定下"君子协定"后，小刚的表现是：第一周情况比原来稍好，作业没完成的次数少了；第二周情况比第一周要好一些，课堂作业当堂完成了一次，主动要求完成作业的次数也多了一些，但还有四次作业没完成……十六周过去了，小刚虽然偶尔还有作业不做，但比起以前真的进步多了。

吴老师用小刚喜欢的活动（看奥特曼书）强化他不喜欢的活动（完成课堂作业），帮助小刚逐渐养成了按时完成课堂作业的好习惯。在使用普雷马克原理时，要注意三个问题。

首先，必须先有行为，后有强化，这种前后关系不容颠倒。倘若吴老师对小刚说:"如果你能保证明天好好完成课堂作业,现在就可以看奥特曼书。"那么小刚可能缺乏自制力,看了奥特曼书后还是不会好好完成课堂作业。只有学生达到一定要求后再给予他们奖励,这种奖励才能成为他们完成学业的动力。一旦颠倒了普雷马克原理的顺序,班主任就无法要求学生去完成他们不喜欢的任务了。

其次,班主任要让学生在主观上认识到强化与他们的学习行为之间的依随关系。如果学生心目中并没有把强化与良好的学习行为联系起来,强化也是没有效果的。例如,小刚为了看奥特曼书,草草地完成课堂作业,如果吴老师还是允许他看奥特曼书,就是对他不认真完成作业这一不良行为的强化。班主任必须使小刚认识到,允许他看奥特曼书是对他按时并认真完成课堂作业的一种奖励,如果他草草完成作业是不会得到奖励的。

最后,班主任必须选择学生喜欢的活动作为强化物。吴老师把看奥特曼书作为对小刚按时完成课堂作业的奖励,如果小刚最喜欢的活动并不是看奥特曼书,他按时完成课堂作业的动力就没有那么强了。班主任要仔细观察学生,对他们的喜好有足够的了解,还可以直接和学生沟通商量,了解他们最喜欢的是什么。此外,学生处于成长变化中,他们的观点和信念是不断变化的,所喜欢的活动也是会发生变化的,所以班主任也要根据学生的变化及时调整强化物,确保所使用的强化物是最有效的。

40. 老师，喜欢您说我们越来越好
——阿伦森效应

　　一位音乐老师擅长演奏二胡，一名学生慕名而来，希望这位音乐老师能教他二胡。第一次见面，老师让学生拉一首曲子，老师听完后说："拉得好极了，你再拉一遍吧！"学生把刚才的曲子又拉了一遍，老师听完后指出有几处没拉好，并要求学生再拉一遍。学生拉完第三遍，老师眉头紧锁，说："怎么回事？一遍不如一遍！"学生听完老师的评价后，心情很沮丧，再也不想跟这位老师学拉二胡了。

是先褒后贬好，还是先贬后褒好？

　　这位音乐老师实话实说，却没体会到学生的心理变化，挫伤了学生的学习积极性。这位音乐老师先褒后贬，逐渐降低表扬的程度，学生对老师的态度也随之越来越消极，这种现象就是"阿伦森效应"的一个方面。这种效应也叫"增减效应"，是指奖励逐渐减少会导致人的态度逐渐消极，而奖励逐渐增加会导致人的态度逐渐积极。美国著名社会心理学家艾略特·阿伦森(Elliot Aronson)曾设计过一个巧妙的实验来证明这个效应。

　　研究者让参加实验的人每次都听到研究助手对自己的评价。他们被分为四组，每组听到不同类型的评价。

　　组1：始终都得到肯定的评价；

　　组2：始终都得到否定的评价；

　　组3：前几次得到否定的评价，后几次由否定逐渐转变为肯定，最终达到组1的肯定水平；

组4：前几次得到肯定的评价，而后几次由肯定转变为否定，最终降到组2的否定水平。

然后，研究者询问参与者对研究助手的喜欢程度。结果发现，组3（由否定变肯定）的喜欢程度最高，甚至明显高于组1（一直肯定）；组4（由肯定变否定）的喜欢程度最低，远远低于组2（一直否定）。

这个实验说明，人对他人的喜欢程度，不仅取决于他人是否肯定自己，还取决于他人对自己肯定水平的变化。人最喜欢那些对自己的喜欢、赞扬或奖励不断增加的人，最不喜欢那些对自己的喜欢、赞扬或奖励不断减少的人。

阿伦森效应的深层心理根源在于个体对自我价值的保护。他人对个体一直持肯定或否定态度，这种有关个体自我价值的信息是既有的、静态的，不会引起个体的特别注意。从原来的肯定转向否定，意味着他人正在丧失既有的对个体自我价值的支持，为了保护自我价值，个体的优先反应是拒绝这个人；而从原来的否定转向肯定，意味着他人正在增加既有的对个体自我价值的支持，会让个体更加高兴和珍惜。懂得这个道理，班主任就可以充分利用奖励的增减来改变学生的行为。

欲擒故纵，奖励递减

小张和朋友们去钓鱼，一群孩子过来凑热闹，一边大声吵闹一边向水中扔石头。大家想让他们安静下来，可是没有一个孩子肯听他们的。小张却表扬这些孩子："你们扔石头扔得真远！"孩子们扔得更起劲了。过了一会儿小张又对他们说："扔得不如刚才远了。"再过一会儿小张又说："你们扔得真近！"其实孩子们每次扔得都差不多远，小张却逐步降低自己的赞扬，孩子们渐渐泄了气，都散去了。

小张欲擒故纵，朋友们好言相劝不能做到的事，他却轻巧地达到了。这种智慧可以迁移到学生管理中来。一般来说，学生出现了不良行为，班主任可能采用让学生写检查、请学生家长等方法进行强制处理，但这容易使学生产生逆反心理。这时，班主任不妨换一个角度，采用奖励递减的办法，或许会取得意想不到的效果。在1999年第7—8期的《天津教育》上有一位班主任讲述了这样一个案例。

有一段时间，班上很多同学看卡通书成风，上课不认真听讲。任课老师们即使喊破了嗓子，磨破了嘴，也仍然有人藏在书桌里偷看。一天，我突然当众宣布：今天放学后，我们开展一个以"说卡通故事，讲卡通趣闻"为主题的比赛，奖品是一本《成语词典》。同学们一听，顿时欢呼雀跃。比赛开始，多数同学竞相登台，气氛十分活跃。比赛结束后，由大家表决某位同学得奖。第二天，我又宣布：比赛照旧，奖品为价值两元钱的自动铅笔。同学们见奖品的档次下降，都流露出不高兴的神情。于是，讲故事的人数骤然下降，即使上台表演的同学，热情也没有前一天高涨了。第三天，我还郑重宣布：比赛的奖品为一毛钱的橡皮一块。没想到话音刚落，全班同学都面面相觑，卡通书顿时在桌面上全部消失了。

这个案例启发我们，对于学生的问题行为，班主任如果正面"难攻"，可以改从侧面"进攻"。特别对那些具有逆反心理的学生，采用奖励递减的方法既可以保护学生的自尊，避免抗拒心理的产生，又可以不知不觉地解决问题，表现出教育的艺术。

欲扬先抑，奖励递增

班主任要善于利用不同的褒奖组合模式，并认识到各种模式的优势与不足以及适用条件。一般来说，表扬让学生产生愉悦感，但持续的表扬可能让学生产生自满的情绪；批评给学生警示，但过多的批评则会引发学生的消极情绪或者逆反心理；对学生先表扬后批评，会降低学生的成就感；对学生先批评后表扬，可使学生客观地认识到自己的缺点，继而更多地关注自己的优点，激发学习的勇气和兴趣。

班主任如果要想让学生逐步改正某种问题行为或者不良习惯，可以采用欲扬先抑、前贬后褒的模式，逐步递增奖励的程度。下面这位班主任的做法就是一例。他班上的小辉曾经是班里最调皮的学生之一，学习不努力，上课时还会带头捣乱，是个让老师们头疼的"问题学生"。不过，这位班主任平时对小辉仔细观察，发现他是一个自尊心很强的孩子，于是想到一个办法来转变小辉这个"小捣蛋"。

有一天，班里大扫除，我看到小辉正在很认真地擦玻璃。在当天班会上我表扬了最近表现比较好的几位同学，也特别提到了小辉，"今天大扫除时小辉同学擦玻璃很认真，大家看，数他擦的那块玻璃最干净。"同学们都把目光投向了小辉，小辉似乎没有想到我会表扬他，不好意思地搔了搔头，我接着说："希望小辉以后上课听讲也能像今天擦玻璃时那么认真。"隔天我上课时，小辉虽然还会偶尔东张西望，却能够保持安静，我在下课前又表扬了小辉："今天课上你的表现比以前有一些进步了。"就这样，我关注着小辉的每一点进步，并且逐步加大对他的表扬和肯定。现在，小辉的学习成绩有了很大进步，他再也不是以前那个"问题学生"了。

这位班主任成功转化了小辉这个"问题学生"，这个案例给我们的启发是：如果班上有一些学生出现违纪的情况，班主任可以先适度地批评他们，当他们意识到自己的错误后，再给他们将功补过的机会。一旦他们主动做了好事，如擦黑板、认真听讲、帮助同学等，就进行适当的激励和表扬。这种做法比一味的批评和惩罚能产生更好的行为矫正效果。

第三部分

面向家长、同事和自我

41. 一回生，二回熟，三回是朋友

——单纯曝光效应

1990年，华盛顿州最高法院德高望重的法官基思·卡洛在竞选中输给了一个无名的对手查理·约翰逊。约翰逊是一个没有名气的律师，负责处理一些情节轻微的刑事案件或离婚案件。两个人都没有开展竞选活动，媒体也没有对这次竞选进行报道。在投票那天，两个候选人的名字相继出现在选民面前，没有做任何区分。结果，约翰逊以53%比37%的优势胜出。这个结果令法律界很吃惊。事后，卡洛解释说："名叫约翰逊的人比叫卡洛的人要多得多。"的确，该州规模最大的报纸统计发现，在当地的电话登记簿中就有27个叫查理·约翰逊的人，还有一个叫查理·约翰逊的地方法官。此外，在邻近的一个城市，有一个电视新闻节目的主持人也叫查理·约翰逊，他主持的节目在全州的有线电视上都可以看到。因此，在两个陌生人之间被迫做出选择的时候，大多数选民偏向于选择让人感觉更熟悉的名字——查理·约翰逊。

熟悉产生喜爱

为什么没有名气的约翰逊能在竞选中胜过德高望重的法官卡洛呢？这是因为约翰逊的名字更为人们所熟悉，而熟悉诱发了喜欢。我们偏好自己熟悉的事物，对某个人或者事物接触的次数越多，就越觉得这个人或者事物招人喜爱、令人愉快，这种心理现象叫作单纯曝光效应。

你是不是很少对自己的照片感到满意？或者你看自己的照片时觉得不太像自己？这种现象就可以用单纯曝光效应来解释。人的面孔并不是完全对称的，我们熟悉的是镜子中的自己，因此也更偏好自己的镜像。在一个实验中，

研究者米塔（Mita）给威斯康星—密尔沃基大学的女生拍了照片，随后给她们呈现一张真实的照片和其左右反转后的镜像照片。研究者询问她们更喜欢哪个形象，结果发现，她们更喜欢那张镜像版的，因为这是她们熟悉的自我形象。但当给这些女生呈现她们最要好的朋友的照片（同样是两种形式）时，她们则报告说更喜欢那张真实的照片，这也是她们熟悉的形象。

图 13　美国总统奥巴马的两种形象

如果美国总统奥巴马也像我们大多数人一样，他会更喜欢他所熟悉的镜子中自己的形象（图 13 中的右图），而不是他实际的形象（图 13 中的左图）。因为镜子中的形象是他每天早晨刷牙时都会见到的形象。

广告商和政治家们都充分利用了单纯曝光效应。如果一个商品的广告经常在电视里出现，那么消费者常常会对该商品做出不假思索的、自动化的偏爱反应；而懂得曝光效应的候选人，也会使用简短的广告来代替理由充分的长篇大论，并在广告中强调候选人的名字和录音片段的信息。那么，在班主任的工作中，应该如何利用单纯曝光效应呢？

没有出镜率，就没有回头率

俗话说，"一回生，二回熟，三回是朋友"。心理学家扎荣茨（Robert

Zajonc）曾经做过一个有趣的实验证明了这一点。他让一群人观看某校的毕业纪念册，并且肯定这些观看者不认识毕业纪念册里出现的任何一个人；看完毕业纪念册之后，再请他们看一些人的照片，有些照片出现了二十几次，有的出现十几次，而有的则只出现了一两次。之后，请观看者评价他们对照片的喜爱程度。结果发现，在毕业纪念册里出现次数愈高的人，被喜欢的程度也就愈高。这些观看者更喜欢那些看过二十几次的熟悉照片，而不是只看过几次的新鲜照片。也就是说，看的次数增加了喜欢的程度。这个实验很好地说明了单纯曝光效应的力量。

班主任特别是新班主任如果想给学生留下不错的印象，增加学生对自己的喜欢程度，常出现在他们面前就是一个简单有效的好方法。班主任要多出现在学生面前，比如自习课多去巡视，课后多与学生交流，学生的活动多多参与，这样更能使学生对老师产生积极的评价。

班主任若想让家长喜欢自己，并配合自己的工作，就要留心提高自己在家长面前的熟悉度，这样可以增加家长对自己的喜欢程度。有一位学生妈妈说：

我女儿丽丽的班主任李老师非常关心学生，她会不定期地召开家长会，跟家长们交流孩子们的近况。每次考试过后，李老师还会给我们打电话交流孩子的成绩，表扬孩子的进步，并提出孩子可以进一步努力的地方。我们都特别喜欢李老师，甚至还和她成了很好的朋友。

班主任也可以像这样通过合理利用单纯曝光效应来增进与学生家长的关系。班主任刚接手一个班级时可以召开一次家长会，让家长们认识自己，此后，再通过一些不定期的家访等方法增加自己在家长们面前出现的次数。再如，在放学以后，班主任可以简单地和来接孩子的家长们礼貌地打个招呼或是寒暄两句，而不是低头走过。最后，班主任不仅可以多在家长面前出现，还可以通过电话或者是班级论坛等方式多与家长交流，其效果也是一样的。

曝光不"单纯"

"曝光"也要防止过犹不及。几年前,"恒源祥,羊羊羊"的广告几乎家喻户晓,简单重复出现的广告,让全国人民熟悉并喜欢上了这个品牌。尝到了单纯曝光效应的甜头后,恒源祥公司在2008年除夕又推出了一则在全国多家电视台黄金时段播出的广告:电视上由北京奥运会会徽和恒源祥商标组成的画面一直静止不动,广告背景音变成了由童声念出的"恒源祥,北京奥运会赞助商,鼠鼠鼠"(然后依次将十二生肖叫了一遍,直至"猪猪猪")。该广告单调的创意和高密度的播出后,顿时掀起轩然大波,引来恶评如潮。据中国青年报社调中心联合新浪网所做的调查显示,在1563名受访者中,有61.7%的人对这类广告持"排斥"态度。网易关于这则十二生肖广告的调查有上万人参与,对广告表示"反感"的超过九成;另有七成三的受访者表示,看到这个广告后不会购买恒源祥产品。

恒源祥广告的成败启示我们,班主任在学生和家长面前的曝光也要掌握一个"度",否则会适得其反。班主任可以经常在学生面前出现,但也要注意给学生留一些空间,如果时时刻刻出现在他们面前,可能不仅不会让学生更喜欢自己,还会让学生产生抵触的心理。班主任也不能动辄开家长会或者请家长到学校来,这样会影响家长的日常生活,也会让家长对班主任产生厌烦的感觉,更不会配合班主任的工作。

42. 抛金引玉,我心换你心
——表露互惠原则

火车上,你身边坐着一位颇有修养而又和蔼可亲的人。冗长而枯燥的旅程让你们攀谈起来,话题围绕着你们此次旅游的目的开始,逐渐谈到彼此的城市和工作,然后过渡到工作压力和同事间紧张的人际关系问题。火车到达终点站的时候,你对他的过去有了很多了解——他是一位医生,有一个上小学的孩子,收入来源多,工作压力大,时间卡得紧,医院里面存在一些潜规则等。你忽然发现自己也向他吐露了不少信息,比如你和家人的关系有点紧张,你不想什么事情都听从父母的安排,你们学校有些什么事做得不公平……当你们告别时,你感觉这个人很好,甚至有点莫名的亲切感。

抛金引玉·心换心

我们都曾有过这样的经历。和一个陌生人开始一段聊天,最初都在说一些浮皮潦草的话题,什么天气啦,见闻啦,随着话题渐渐深入,涉及了家庭、薪水、人际关系等。两人之间进行了很好的互动,彼此轮流分享着自己的信息。结束这次谈话的时候,我们对这个陌生人有着超常的好感,同时也感觉到他对我们的感觉一样的好。这次邂逅使我们进入了一个愉快的心境,这种心境使我们在这一天里都有好精神。

旅途中的谈话也能让两个原本陌生的人在离开时彼此有亲近的感觉,这种交往是否蕴藏着什么奥妙呢?人际交往中的互惠原则也许能够解释这种现象。它是指受人恩惠就要回报,主要表现为生活中人们经常会以相同的方式来回报他人为自己所付出的一切。我们每个人都想保持内心的安静与平衡,所以当他们感觉到自己亏欠对方时，会本能地用同样的方式还予对方。中国人一直崇尚的礼尚往来充分体现了互惠原则，当别人给你某种礼物或好处的时候，你总会想着在下一次的时候回馈他。行为会换来行为，友善会孕育友善，付出会带动付出。生活中你怎样对待别人，别人就会怎样对待你。

在生活中，人与人之间的互惠原则体现在很多方面。心理学研究发现，在人际交往中，表露也具有互惠性，即你对他人的自我表露将导致他人对你的自我表露，且从对方获取表露的信息将会强化你自我表露的倾向，所以表露能让双方更积极地互动。

王老师开家长会的方式很特别，她先将学生按不同特点（学习成绩或个性特点）分成几个小组，每周都会邀请一个组的学生以及他们的家长来她家里促膝谈心。大家围坐成一圈，以"爱"为主题，王老师先把自己对学生的爱和理解真诚地向学生及家长倾诉，然后表达"她很想听听大家的感受"这种愿望，大家受此感染也会变得畅所欲言。

心理学家柯林斯和米勒（1994）认为，人不仅喜欢那些敞开胸怀的人，也会向自己喜欢的人敞开心扉，而且在自我表露之后，会更加喜欢这些人。王老师正是利用了这一点，首先进行自我表露，抛金引玉，引出了学生和家长的心声，从而获得了学生和家长表露的信息。可见自我表露对于了解学生，建立良好的师生、家校关系具有良好的效果。

老师也曾这样过

作为一名老师，我们也是从学生阶段走过来的，在学生遇到困难和挫折时，我们不妨主动将自己过去相关的情绪体验和成长经验告诉学生，这种积极的、适当的内心流露可以感染学生，使师生间的交流更融洽。

在一次心理主题班会上，一位老师就"当遇到挫折时你是如何应对的？"这一问题与学生进行讨论。为了能使学生结合自己的亲身经历进行深层次的心理沟通，老师使用了自我表露的方法，向学生讲述自己如何面对挫折并最终战胜挫折的事例。比如，刚参加工作的时候，她不知道该怎样有效地管理班级，怎样处理调皮的学生，与同事的关系也比较紧张，觉得备受打击。后来，她开始有意识地调节自己的心态，用积极的眼光看待学生，努力发现学生的闪光点；与同事交往时尝试换位思考，将心比心。情况渐渐开始往好的方向转变，她的工作也变得得心应手起来。在这样的氛围中，学生们纷纷敞开心扉，讲述自己在学习、生活、人际交往中如何面对挫折的一些亲身经历，许多克服挫折的方法都在讲述中得以共享。

这位老师的自我表露在学生的心灵深处引起了强烈的共鸣，使他们受到了感染，师生间的交流更加深入。这种自我表露在班主任与个别学生的交流谈心中或在班会课上针对某一主题进行讨论时经常会用到。

不仅是平时的师生交往，即使在课堂教学中，自我表露同样有互惠作用。教学中的自我表露通常与教学内容有关或是教学内容的延伸，也可以是借题发挥，比如针砭时弊、调侃、自我嘲弄等，这往往能激发学生的学习兴趣，调节课堂气氛。

上课时课堂气氛很沉闷，一位老师感觉到大家都听不进去课，忽然讲起自己上小学一年级的经历来。他说，对于在全班同学中只有他一个人留级感到很不服气，回家后思前想后，总觉得自己留级留得很没道理，后来照照镜子，顿时明白了：可能他的老师觉得班上数他相貌最丑才让他留级的。这位老师的自我调侃引起全班哄堂大笑，因为他明明长得不丑。笑声过后，学生开始喜欢上这位老师，感觉他很有幽默感和人情味，也由此开始喜欢上这门课程。

有些课程比较深奥、枯燥无味，学生往往没有太大的兴趣，这时如果能像这位教师这样，不失时机地来段精彩的"自白"，学生们会心一笑，顿时来了精气神，上课效果会更好。

你的心事我能懂

表露互惠不仅在师生相处中应用很广，在班主任与家长的关系处理中也是同样可以利用的。当家长出于各种原因，对家庭状况、日常生活状况等有助于改善教育的信息采取回避态度时，班主任不妨尝试恰当的自我表露，诱发家长的自我表露。

某高中的一位班主任在处理一则学生屡次违纪的事件时，约见了该生的母亲。最初与这位家长交流时，她发现这位母亲对很多家庭情况避而不谈，似有难言之隐。班主任并没有过多追问，而是给这位家长倒上茶，与她轻松自如地聊起了"育儿经"，谈到自己的女儿青春期同样叛逆，不听家教的"事迹"，感叹家长难做，孩子难教。这时，该家长叹息一声："是啊，孩子长大了，可你家闺女至少还有一个完整的家，我和孩子他爸都已经离婚一年多了，有时候觉得一个人又要上班又要管孩子，真是力不从心啊！"家长开启了话匣子，班主任也因此获得了该生的家庭和日常生活状况，并由这次谈话开始，与这位家长进行了长时间的合作，逐步解决了该生的行为问题。

这位老师很聪明，懂得在适当的时机利用自我表露来抛砖引玉。不过值得班主任注意的是，因为每个家庭情况都不一样，所以不管学生发生了什么事，在与家长交流时，记得先听听家长的心声，了解情况以后才能够找到有效的应对方式。

有时，某些家长为了孩子可能会对老师提出不合理的要求，这可能是因为他们对教师的内心世界不了解，双方沟通不够顺畅。

一位家长觉得孩子学业成绩差，怕参加兴趣活动会更影响学习，为此她找到班主任，请老师别让孩子参加兴趣活动。班主任了解情况以后这样对家长解释："是啊，组织兴趣小组前我也担心过，这孩子学习基础不是很好，我怕他参加了兴趣小组而耽误学习。但又一想，其他学生都参加了，如果唯独不让他参加,他心里一定不好受。而且参加兴趣活动可以开发智力,是有好处的。于是我抱着试试看的态度让他参加了。事实表明,参加兴趣活动后,他变活泼了,学习也认真了,你看他近期的作业就有了明显的进步。"家长听班主任这样一说,又看了看孩子的作业,发现真的像老师说的那样,就高兴地回去了。

在这个案例中,班主任通过对这个学生参不参加兴趣小组的精心考虑,突显出他促使孩子把学习搞上去的目标,寻求与家长目标的共同之处,并且使家长知道:其实老师想的和自己想的一样,都是从孩子的成长考虑,甚至比家长想得还周到。

当然,班主任也不能进行无原则的表露。教师要了解自己和学生及家长能接受的层面、程度,只表露那些希望对方也向你表露的信息;同时,教师的自我表露不能太过频繁,并且表露的内容要适合学生或家长的年龄和性别。

43. 我好，你也好

——沟通分析理论

一位老师与学生是这样沟通的：

学生："老师，请问我这次考试考了多少分？"

老师："60分。"

而另外一位老师与学生却是这样沟通的：

学生："老师，请问我这次考试考了多少分？"

老师："不好好用功，还有脸来问我！"

哪种沟通更好呢？

说话像父母、成人还是孩子？

答案是显而易见的，前者要优于后者，但为什么是这样的？怎么与人沟通才是有效的呢？心理学埃里克·伯恩的沟通分析理论给我们提供了重要的指导方法。

根据沟通分析理论，每个人都存在P（Parent，父母）、A（Adult，成人）和C（Child，儿童）三种不同的自我状态。处在父母自我状态时个体表现得像自己的父母那样进行感受、思想与行为，一切行动都以社会的法规和道德为准则；处在成人自我状态时个体则是针对眼前的现实进行自主的感受、思想与行为，能够冷静、客观地判断现实，同时采取与现实相符的行动；处在儿童自我状态时个体表现得像幼时那样进行感受、思想和行为，诸如哭、笑、生气或是进行幻想、创造发明等。

例如，你看见一个人因为横穿马路而被汽车撞倒在地上，处在父母状态时你会想,"这么大人了,怎么不遵守交通规则,在车流这么急的马路上也敢横冲直撞,不要命了。"处在成人状态时你则想,"如果不采取急救措施,他肯定会因流血过多而死的,还是赶快通知急救中心为好。"处在儿童状态的你会想,"呀!他被撞倒在地上了,肯定很难受"。

我们每个人在不同情境之下采取不同的自我状态。例如,在教育学生时就应采取父母状态,以家长的口吻对学生说:"最近怎么搞的,做题老出错,今后可要多注意啊!"在与同事商讨教学方案时就采取成人状态,以成人的口吻向对方说:"我周一把自己的方案发给你,到时候也希望能看一下你的方案。"到了快下班的时候,就表现出儿童状态,会对自己说,"快到点了。走吧,回家啦!"一个人只有平衡这三种状态,才算是健全的、成熟的。

听锣听声,听话听音

每个人在与他人沟通时会采取一种或几种自我状态,这样,一个人的自我状态与另一个自我状态之间可能存在多种交互作用的模式。概括起来,有三类沟通模式。

第一,互补沟通。沟通时双方的自我状态是相同的、平行的。一方以某种状态发出刺激,另一方以相同的状态做出回应,如父母对父母、成人对成人、儿童对儿童。这种模式符合正常人际关系的自然状态,是人们所预期的。

母亲:你今天必须几点到学校?
孩子:八点。
母亲:已经七点半了,再不起来我就要生气了。
孩子:我身体不舒服,今天不想上学。

在两个回合中,母亲和孩子都处在成人自我状态之中。

第二,交叉沟通。沟通时双方的自我状态是不一致的。当一方以某种状态发出刺激后,另一方没有以他所预期的状态做出反应。顺畅的沟通被暂时中止，而开启新的或者不一样的沟通。

王老师：丁丁今天很乖，不过下午好像一直在流鼻涕。

丁丁妈：你们学校怎么照顾学生的？我的孩子来学校不到一天就感冒了！

王老师是成人状态，期待丁丁妈也做出成人的回应，而丁丁妈则像对待儿童一样，做出了父母状态的回应，中断了有关丁丁下午流涕之事的沟通。

第三，隐蔽沟通。沟通时双方没有表达出真正的意图，都在猜测对方隐含的意义。

父亲：你还有几天开学？（意思是你的暑假作业快交不出来了，还在玩。）

孩子：3天。（快开学了，已经很烦了，我好想轻松一下，你却只想让我做作业。）

父亲与孩子之间表面上是成人状态对成人状态，实际是父母状态对儿童状态。

现在，我们明白了，在本篇开场引子里的师生对话中，回答"60分"，是老师以成人状态回应学生的成人状态，属于互补沟通模式；而回答"不好好用功，还有脸来问我"，是老师以父母状态回应学生的成人状态，属于交叉沟通模式。

俗话说，听锣听声，听话听音。教师在与学生、家长或同事沟通时，需要时刻分析彼此之间的沟通模式，体会自己与对方所处的自我状态。

我好，你好

依据沟通分析理论，人与人之间沟通的结果有四种："我不好—你好"、"我不好—你不好"、"我好—你不好"和"我好—你好"。第四种是人际沟通想要达到的最终目的。那么，作为班主任，面对师生关系、家校关系，怎样才能达到"我好—你好"的状态呢？

课堂上，有些同学低声说话，还悄悄传纸条，张老师在讲台上看到这一幕，轻声地"咳"了一声说道："大家都清楚我们的上课纪律是什么，有些同学违反了上课秩序，念你们是初犯，在这里我就不点名了，希望自觉改正。"说完，张老师对一脸害怕表情的同学们点点头，继续讲课。课堂变得安静下来，同学们也开始认真听课。

张老师的做法符合成人自我状态，这种处理方式既在全班同学面前给违反纪律的同学保留了面子，又在不过多耽误时间的情况下强调了课堂秩序，达到了"我好—你好"的良好效果。

需要注意的是，学生的"儿童自我状态"需要在沟通时受到照顾与保护。如果学生为了争取自己的权益而采取父母自我状态或儿童自我状态与老师交谈，老师先要安抚学生的情绪，而不能因为学生这样的不当行为，使自己使用儿童自我状态做出回应。例如：

学生：你的课讲得一点都不好，我不想听。

老师：那我走好了，你自己来上课。

在学生处于儿童状态时，这位老师没能深入了解学生的情绪，反而也选择了儿童状态来应对，这对解决问题无益。如果老师采用成人自我状态来应对，沟通会变成什么样呢？

学生：你的课讲得一点都不好，我不想听。

老师：你觉得我的课讲得不好，很抱歉让你有听不进去的感觉。让我们一起来探讨一下吧，你能跟老师说说，老师哪里讲得不够好吗？

相比之下，这样的沟通可以减少师生间的冲突，在安抚学生消极情绪的同时，能真正解决问题。

与学生沟通如此，与家长沟通亦是同样的原理。让我们一起看看下面的例子吧。

一位家长怒气冲冲地跑进办公室，对着张老师喊道："你是怎么当老师的啊，我们孩子回家后都跟我说了，他下课来找你解答问题，你却不闻不理的，你什么意思啊？！"张老师赶忙从座位上站起来，先把生气的家长安排坐下，端茶倒水，然后自己也坐下，调整了一下心态，以微笑来应对："对于您说的情况可能存在一些误会，我感到非常抱歉，让我们来聊一聊到底发生了什么，然后找到合适的方法来解决吧。"家长的怒色渐渐平静下来。

可见，这位家长的行为发自儿童状态，并以一种恼火的父母状态出现。这时张老师的反应不是勃然大怒、反唇相讥，而是把局面扭转到了成人状态的沟通模式，接下来沟通就变得顺畅多了。

教师在与学生、同事和家长的沟通中，可以运用沟通分析理论，先了解自己在与谁沟通，选择一种适合情境的自我状态说话。然后分析对方是以哪一种自我状态在交谈，并评估自己应该以哪种方式与对方交谈才能有最佳的效果，这样方能进行良好的沟通。

44. 你的工作思路被定格了吗？
——心理定式

美国科普作家阿西莫夫从小就聪明，年轻时多次参加"智商测试"，得分总在160左右，属于"天赋极高者"之列，他一直为此而扬扬自得。有一次，他遇到一位熟悉的汽车修理工。修理工对阿西莫夫说："嗨，博士！我来考考你的智力，出一道思考题，看你能不能回答正确。"

阿西莫夫点头同意。修理工说，"有一位既聋又哑的人，想买几根钉子，来到五金商店，对售货员做了这样一个手势：左手两个指头立在柜台上，右手捏成拳头做出敲击状的样子。售货员见状，先给他拿来一把锤子，聋哑人摇摇头，指了指立着的那两根指头。于是售货员就明白了，聋哑人想买的是钉子。聋哑人买好钉子，刚走出商店，接着进来一位盲人。这位盲人想买一把剪刀，请问：盲人将会怎样做？"

阿西莫夫顺口答道："盲人肯定会这样。"说着，伸出食指和中指，做出剪刀的形状。

汽车修理工一听笑了："哈哈，你答错了吧！盲人想买剪刀，只需要开口说'我买剪刀'就行了，他干吗要做手势呀？"

感悟量水实验

现在，请你完成一系列量水任务（见表7）。在每个任务中，你要用A、B和C三个容器量出D所标出的水量。

第三部分　面向家长、同事和自我

表 7　量水任务

序号	容器的容量			要求量出的容量
	A	B	C	D
1	21	127	3	100
2	14	163	25	99
3	18	43	10	5
4	9	42	6	21
5	20	59	4	31
6	23	49	3	20
7	15	39	3	18
8	28	59	3	25

请问第 1 题你是怎么做的，是用 B - A - 2C 吗（如图 14 所示）？

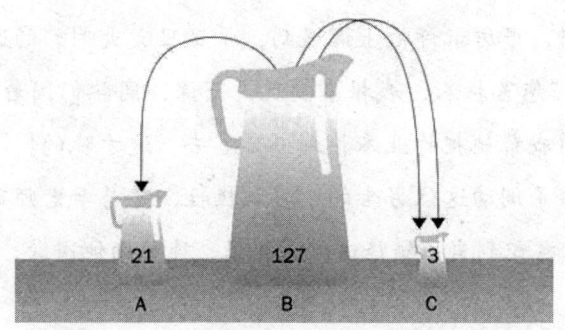

图 14　量水的策略

没错！那再请问第 7、8 题你是怎么做的，还是采用 B - A - 2C 吗？如果是，哈哈，你出现了与前面的阿西莫夫相似的问题。实际上，只有第 1—6 题适用 B - A - 2C 的方法，第 7 题直接采用 A+C 的方法，第 8 题直接采用 A - C 的方法即可。

这就是著名心理学家卢钦斯（Luchins，1942）做的一个非常有名的实验。结果发现，对于最后两道题，实验组只有 19% 的人不受前面间接法的影响而采用了直接法，而对照组 100% 的人采用了直接法。像阿西莫夫的故事及量水实验那样，人因受先前经验的影响而习惯于从固定的角度来观察、思考事物，以稳定的方式处理事情，形成了心理定式。心理定式犹如一柄双刃剑，具有积极和消极两方面的作用。当问题情境不变时，定式可促进问题的解决；当问题情境发生了变化，定式则阻碍问题的解决。

在班级管理工作中，班主任也存在着心理定式。例如，班主任基于对学生过去多次的事实而形成了一些固有印象，比如××做事情一向拖拉；××特别淘气，从来都不认真听课；××上课迟到是再正常不过的事情了……这些固有的消极印象会影响教师对学生行为的认知和态度。

一次上课铃响了，一位班主任看到班上的同学们与上课教师都先后走进了教室。第二遍铃响过后，他看见班上颇为顽皮的一位男同学跑进教室。这位班主任当时就想："这小子肯定是课间跑操场上玩去了，才会上课迟到！以前每次都是这样。这次也准没错！"一下课，这位班主任就走进教室把这位同学叫到讲台前，严厉批评他上课迟到。平日里大大咧咧的这位男生急出了眼泪，分辩道："您冤枉人，我根本没玩，下课，同学们围着李老师问问题，然后李老师又叫我帮她把作业本抱到办公室去，这才晚的！"这位班主任这才想起，自己为了调动这位男生的学习积极性，曾与李老师商量好让他当数学课代表！这才意识到自己错怪这位男生了，连忙向他道歉。

班主任在学生做出某种行为后需要三思：他这样做的背后有什么原因？是和原来的原因一样吗？我要怎样看待他现在的这种行为呢？并就这些疑问与学生进行真诚的沟通，了解事情的真相，关注学生的发展和变化，建立融洽的师生关系。

因班制宜

《伊索寓言》中有一个小故事《驴子过河》。一头驴子背盐渡河，在河里不小心摔了一跤，盐在水里溶化了。当它站起来时，突然感到身体轻松了许多。驴子非常高兴，获得了"宝贵的经验"。后来又一次，它背着棉花过河。想起上次的经历，它走到河边的时候故意跌倒在水中。可是，棉花吸收了水越来越重，可怜的驴子非但没有再站起来，而且一直向下沉，直到淹死。驴子的悲剧在于它形成了思维定式，简单套用过去的成功经验来解决当前的问题。

想必有不少班主任都会有这样的经历吧：以前在班级管理中所用的方法特别管用，但是等再接手一个新的班级时，发现原来的管理方式忽然变得毫无用处了。班主任用同一种管理方式对待教过的所有班级是行不通的。

有一位班主任发现自己的管理方法在某些班级效果好，在某些班级效果差。他意识到需要根据不同个体、群体的情况而改变管理策略和方法。在他自己做班主任的班级中，学生自主性比较差，需要老师的管制和约束，于是他制定了以班主任、班干部管理为主，配合各个科任教师管理的方法。在这个过程中学生养成了良好的行为习惯，也知道约束自己的行为。而在他教的另一个班级中，由于学生成绩较好，自主性比较强，所以他采用了以班干部管理为主，必要时教师给予一定辅助和指导的方法。这样充分调动了学生的积极性，让学生们管理自己的日常事务，做自己的小主人。两个班级的学生对老师的做法都感到比较满意。

具体情况具体分析，灵活应对，这位班主任的做法是值得我们借鉴的。学生在变，班级在变，班主任的处理方法自然也要跟着改变。班主任如果一味地固守原有经验和传统，把这些经验当成金科玉律，以为百试不爽，期待一劳永逸，那就有可能像那头驴子一样吃尽苦头了。

一招不成换一招

班主任为了改变学生的不良行为，经常采用批评的办法，但是批评未必都能起到明显的效果。

有一名学生个子高大，仗着力气大欺负低年级同学，常常威胁一些同学拿钱给他买零食吃。班主任老师多次批评教育他，他都不以为然，认为自己只是讨要几角钱几元钱，没有什么大不了。老师大为头疼，思考为什么批评和教育都不管用。换了多种角度思考以后，他忽然想到，这位学生根本就没有意识到他的行为会带来怎样严重的后果，所以不管怎么批评他，他都不会发自内心地接受。为了让他认清其行为的危害性，班主任老师专门在互联网、报纸杂志上搜集了一些案例，和他一起阅读。案例里面的人也是这种类似的行为，结果受到了法律的严厉惩处。大量的事实让这位学生非常震惊，他终于认识到自己行为的严重后果，继而在后来的生活中改正了这种错误行为。

这位班主任的行为告诉我们，当传统的言语批评不管用时，教师不能固守原有的惯性和定式，一味重复无效的办法，而要换一种角度，换一种思路，寻求真正触动学生心灵的新方法。

班主任在管理工作中一旦获得一种成功的经验，在日后的工作中难免依赖并滥用这种经验，不再认真思考情境的差异与变化，使思维产生一定的惰性。有句诗说得好，"年年岁岁花相似，岁岁年年人不同"。班班有差异，人人在变化，工作对象的性质决定了班主任的工作是一项艺术，时刻需要创造性。而心理定式是创造性的大敌，班主任千万不要躺在以往的成功经验上睡大觉。

45. 境由心造

——情绪的 ABC 理论

我国民间流传这样一个故事。一位老太太有两个女儿，大女儿家开伞店，小女儿家开洗衣店。老太太天天为女儿们忧愁。在雨天，担心小女儿洗的衣服晒不干；在晴天，担心大女儿的雨伞卖不出去。后来，有人跟她说："老人家，您好福气啊！下雨天，您大女儿家生意兴隆；大晴天，您小女儿家生意好做。对您来说，哪一天都是好日子。"老太太转念一想，不禁眉开眼笑了。

谁是情绪的主人

对同一件事，如果你从不同角度去理解，心情就会大不一样。常言道，天下本无事，庸人自扰之。美国心理学家艾尔伯特·艾里斯有感于此，在20世纪50年代提出情绪ABC理论，科学地分析这一心理现象的发生过程。A（Activating events）代表"事件"，B（Believes）代表对该事件的"信念"，涉及对该事件的想法、解释、评价等，C（Consequences）代表事件发生后，人的情绪和行为"结果"。ABC理论认为，事件A只是引起情绪的间接原因，人们对事件的看法和评价——信念B——才是引起情绪的原因。

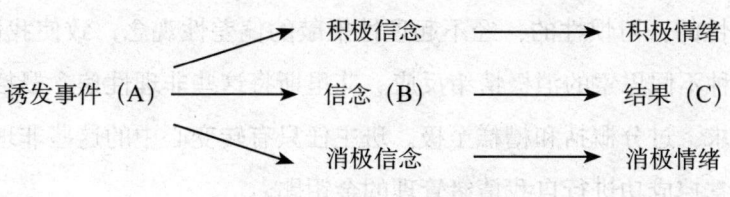

图 15　情绪 ABC 理论

同样是桌上半杯酒，有的人说，啊，我还有半杯酒！有的人则说，哎呀，我只剩半杯酒了。不是这半杯酒（A）直接导致你感到庆幸（C_1）或是惋惜（C_2），而是你心中的乐观信念（B_1）或悲观信念（B_2）。你心中的信念往往会影响自己对一件事情的解释，从而导致高兴或低沉。

古时候，有两个秀才结伴进京赶考，在路上遇到一支出殡的队伍。看到黑乎乎的棺材，两个秀才心中都"咯噔"了一下。一个秀才心凉了半截，觉得赶考的日子居然碰到棺材，是不吉利的兆头。他的心情一落千丈，硬着头皮走进考场，"黑乎乎的棺材"、"不吉利的兆头"如影随形，挥之不去。结果他文思枯竭，名落孙山。另一个秀才转念一想，棺材不就是有"官"又有"财"吗？好兆头，看来今年我红运当头，一定高中。他心里十分高兴，情绪高涨地走进考场。结果文思泉涌，一举高中。回到家里，那两个秀才都对家人说："那口棺材真的好灵啊！"

在这个故事中，第一个秀才之所以落得个名落孙山的结果（C_1），是因为他考场上文思枯竭，而文思枯竭是因为情绪不好，情绪不好又是因为他看到了让他感到"触霉头"（B_1）的棺材（A）。第二个秀才之所以金榜题名（C_2），是因为他考场上文思泉涌，而文思泉涌是因为情绪高涨，情绪高涨又是因为看到了让他觉得是"好兆头"（B_2）的棺材（A）。

有时候，我们可能无法控制事件本身发生与否，也无法左右环境的好与坏，但我们至少还能掌控自己的信念，而正是这种掌控力使得我们能够成为自己情绪的主人，不至于落得随波逐流。然而，我们的心灵常常被一些非理性信念蒙蔽着。这些非理性信念不是我们有意思索并加以选择的想法，而是一种直觉性的、习惯性的、经不起理性推敲的偏差性观念，致使我们对事件A产生一种不假思索的消极情绪反应。艾里斯将这些非理性信念概括为三种：绝对化要求、过分概括和糟糕至极。班主任只有转变心中的这些非理性信念，才能真正掌控成功进行自我情绪管理的金钥匙。

世事无绝对

绝对化要求指人常将自己的意愿强加在客观事物或客观对象之上，认为事情或者某人"必须"、"应该"或"一定要"怎样。当事情的发展或者某人的表现与自己的绝对化要求相悖时，就感到难以接受和适应，从而陷入情绪困扰之中。在日常的教育和管理工作中，班主任们容易产生绝对化要求。

一位班主任对一个学生大发雷霆道："我昨天放学时说过没有？今天有校领导来听课，每个人都必须穿校服，戴红领巾！说过没有？你为什么不听？嗯？还穿凉鞋？什么形象？上个月班会上不是强调了不许穿凉鞋上学吗？你的耳朵长哪儿去了？怎么当学生的？嗯？"

学生嗫嚅着："老师，这个……我错了，可是，昨天放学时班里那么吵，我压根就没听见您说那些……还有，您忘了，上个月我爷爷生病，我请了一个星期的假回老家看望他，所以，应该没参加过您说的那次班会……"

这位班主任想当然地断定所有学生应该听话，忽略了时不时有些原因使得学生即便想"听话"也做不到"听话"，所以当个别学生的行为与他的预期不符时，不禁怒发冲冠。如果他能够冷静而理性地询问、倾听和调查真相，对这个学生行为的解释就会发生变化，也就不会发怒了。

班主任们常常自以为："学生们应该明确了我的要求"，"家长们应该配合我的工作"，"班级评定一定要得一等"，"在我的劝说下，他以后肯定不会再调皮捣蛋了"。一旦发现实际情况与此相反，立刻产生负面情绪，引发对学生们的责难，对家长们的抱怨，甚至导致与学生或家长的冲突。谁说学生必须做什么，自己应该如何，事情肯定会怎样，这完全是班主任自己强加上去的。

班主任切忌形形色色的"想当然"，避免产生绝对化要求并将自己的意志强加到学生或者自己身上。班主任不妨制作一些情绪管理小卡片（见表8），系统地分析和管理自己的情绪。

表8 情绪管理小卡片

事件	这次考试,一些学生成绩很差。
看法	1. 学生应该努力考个好成绩,必须把自己的名次提前,这样班级总成绩才能拿出去评比。 2. 学生因为不听我的话,从来都不好好努力,才会成绩差。
后果	生气、郁闷、心烦,看到成绩差的学生就很不顺眼。
自我辩论	1. 难道学生就必须考出好成绩吗?他们是不是跟我一样认同这个观点呢? 2. 所有学生都一定要时刻听我的话吗?他们在学习以外的事情上也挺听话的。有时他们也会努力学习,不是所有时候都在玩。
效果和感受	心情变得平静了,想到学生成绩差还有很多种可能性,可能不是因为他们不听我的话,而是本身知识有所欠缺,还需要指导。应该考虑具体情况并开始着手帮助他们。

一叶难知秋

有些人常常以自己做的一件事或几件事的结果来评价自我,一旦结果不如人意就认为自己"一无是处"、"一钱不值",是个"废物"。这就是第二种非理性信念——过分概括化。这种非理性信念常常表现为以偏概全,把"有时"、"某些"过分概括化为"总是"、"所有"等。正如艾利斯所说,这就好像仅凭封面就判定了一本书的好坏。班主任经常会表现出这种倾向,容易用一件事或某几件事来评价自身的整体价值。一位班主任在日记里写道:

学年初我暗自下定决心,要在一年内把几个"问题学生"调教成好学守纪的好学生。谁想到,别人都还好,××同学竟然这般不听调教!我什么方法都用尽了,苦口婆心地劝,加班开小灶,周末给他单独补习,找家长,做家访,简直成了他的私人家教。可他呢?该玩照玩,旷课依旧,今天讲明天忘,考试永远是五六十分!我就纳闷了,这孩子再怎么淘,经我这么一番苦心的调教也该变好些了啊?是不是我的能力对付现在的小孩已经不够了?我连个学生都管不好还怎么做好这个班主任?我越想心情越糟糕。

这位班主任因为一个学生没有调教成功而怀疑自己的整体能力，属于典型的以偏概全。实际上，在期末他看到整班的平均成绩确实有所提高，几个贪玩的学生大都收心读书了。他对自己的看法也就变得积极多了。

这种评价倾向一旦指向他人，就会因人做错一件事而一味地指责他，产生怨怼、敌意等消极情绪。有一位老班主任就曾后悔自己因为一个小事故而训斥一位年轻的女同事。

小张老师参加工作两个月。一次，两个学生跑来找我，说小张老师罢课了。我大吃一惊！一问才知道，班里有几个男生打架，小张老师劝架劝不开，觉得面子上过不去，居然就闹情绪罢课了。我心中的火气一下子就腾起来了。我先是把几个闹事的学生拎到会议室写检讨，然后把小张老师叫到办公室，训斥她说："你这老师怎么当的，还罢课！我做班主任这么多年就没见过你这么离谱的老师。"小张老师当时就哭了。

办公室里的其他同事劝他息怒，告诉这位老班主任，这位新老师在其他地方做得还是不错的。例如，她到了班里之后，班上的学习氛围就好了很多，学生们都很喜欢她。她工作卖力，每天来得很早，走得很晚。经同事们这么一劝，这位老班主任觉得自己的话说得过分了，对这件事处理得不够得体。班主任遇事切不可丧失理智，做了非理性信念的俘虏，因而自怨自艾或怒气横生，而是要冷静地转念想一想，进行合理的解释，避免做出对不起他人也对不起自己的情绪反应来。

金无足赤，人无完人；人非圣贤，孰能无过？以偏概全的思维倾向会动摇对自我的肯定或影响对他人的判断。这在班主任工作中，甚至在生活与工作的方方面面都是要极力加以克服的。古人云，不以一眚而掩大德，瑕不掩瑜，这些话不仅适于对待学生和同事，也适于对待自己。

糟而未透顶

当一个人面对一件自觉最坏的事情时，往往将这种消极感受无限放大，一味地夸大其负面后果，断定这是一种灭顶之灾，120%的糟透了。这就是第三种非理性信念——糟糕至极。

　　王老师刚接手A班的时候很绝望，做这个班的班主任几乎打着灯笼都挑不出什么好处来。在全年级13个班里，A班学生期末考试挂科最多，成绩倒数第一，上学校"黑名单"次数第一，旷课最多，打架惹事儿最多，约见家长最多……将坏事包圆儿了！王老师觉得啥坏事都让自己赶上了，这班主任当得彻底没指望了。

　　"彻底"的"糟糕"信念附带着"不可逆转"的消极倾向，使人觉得无从改变，丧失改变现状的勇气和行为，间接地使情况向更糟糕的境地发展，因而具有巨大的危害性。面对令人绝望的A班，王老师开始了一段浑浑噩噩的班主任生活。

　　然而，世上没有任何一件事情可以被定义为百分之百的糟透了。没鞋的人觉得自己可怜极了，但遇到没脚的人，他就不这么想了。对任何一件事情，都可能有比它更坏的情形发生。后来，王老师觉得自己不能再这样下去了。他反过来问自己，这个班难道真的就是不可救药了吗？王老师努力地发掘着A班的优点，居然还真被他发现了。

　　A班男生多，体育实力强，随便找几个学生就能组出一支年级内无敌的篮球队。

　　A班故事多，学生们家庭背景纷繁复杂，父母从事着不同的职业，班会上总有说不尽的话题。

　　A班抱团儿，别看学校里的几个小混混成天吊儿郎当的，但谁都不敢欺负A班同学。

　　A班讲义气。

　　A班……

　　王老师释然了。原来事情远没有自己想的那么糟糕。他最终下定决心要做点什么，即使什么也改变不了，那也比什么都不做来得好。

王老师开始学着欣赏 A 班了，他不再为学生们一两次的不合格而恼怒，不再把家长会当成批斗会。他把篮球队的奖杯放在教室橱柜中的醒目位置；他组织孩子们编板报记录同学间的手足情谊；班会上他与孩子们一起分享生活中的故事；他平静地劝导打架的学生，暴力冲动解决不了问题。他时不时地用各种方式提醒学生，其实你们都是好样的，大家可以一起进步，甚至有时候这种提醒他自己也没意识到。

两个学期后，A 班的学生们在学校"黑名单"上成了"稀有动物"。又过了一个学期，A 班学生的家长在老师们的办公室成了"稀有动物"。A 班没有如传说中一般摇身一变成为年级里最优秀的班级，但"差班"的帽子被彻底摘掉了。

王老师的经历启发我们，差班是糟糕了点，但还没有糟透。关键在于你是怎么看待差班与差生的。世界上并不缺少美，而是缺少发现美的眼睛。艺术家罗丹说：所谓大师，就是这样的人，他们用自己的眼睛去看别人见过的东西，在别人司空见惯的东西上能够发现美。像王老师这样的班主任能够战胜糟糕至极这一非理性信念的心魔，在众人皆曰糟糕的差班和差生身上找到闪光点，加以接纳、赏识，用热情、真诚与智慧处理一般差班班主任们所经历的点点滴滴，终于使"糟糕"之班发生了逆转。

无论"绝对化要求"、"过分概括"或"糟糕至极"，都是班主任在工作中容易产生的不合理信念，导致班主任自身被消极情绪所困扰。ABC 理论启示我们如何通过与这些不合理信念进行辩论，来认清它们的危害，代之以合理的信念，产生积极的行为，带来积极的效果。经过如此反复多次的成功转变，班主任就能够巩固合理的思维方式，把班主任工作做得轻松愉快。

46. 做个好老师，更要做个好家长
——教师—家长角色转换

他们是这样一群学生：当他们取得成绩、受到各种奖励的时候会听到这样的话："看人家，不愧是老师家的孩子。"而当他们考试失败或者犯了错误时，常常会听到这样的话："还老师家的孩子呢。"他们有一个共同的名字——教师子女。

近水楼台不得月？

教师子女是一个特殊的群体，他们的优秀或普通都会受到更多的关注，他们的优秀或普通更会被认为与他们家长的职业——教师有关。教师教育子女，应该有着"近水楼台先得月"的优势：他们经过专业学习，具有一定的理论素养和实践经验，也掌握了一定的教育教学方法；他们或许比别人更多地了解孩子，对孩子的问题看得更准，也具有及时纠正的条件。因此，很多教师子女能够得到很好的教育，在同龄人中出类拔萃。然而，也有些教师桃李满天下，却偏偏无法教育好自己的孩子。

一位特级教师由于忙工作和事业，对自己的孩子关注特别少。孩子上小学二年级时，成绩下滑严重。家长会上，班主任很不客气地对他说："你不能整天忙工作，要关心一下自己的孩子，再不采取措施，问题就很严重了。"几句话说得这位特级教师面红耳赤。

这位特级教师把自己全部的爱心和精力都投入到教育事业中，而对自己的孩子却关注太少，使得自己的孩子得不到及时的指导和帮助，不禁感慨，

"种了别人的地,荒了自己的田"。教师教育子女是有许多优势的,如果把时间和精力分一些给孩子,陪孩子聊聊天,说说话,耐心引导孩子走好每一步,老师们也能教育好自己的孩子。比如,一位工作繁忙的班主任就这样教育自己的孩子:

> 我是寄宿制学校的班主任,忙起来不分上班下班,几乎是24小时工作,只要学生在校,就没个闲的时候,与孩子交流成了奢望。于是,我采用了一种"一箭双雕"的办法,当我在家里与学生或者家长打电话沟通交流时会有意放开声音让我的孩子听到,这样在"不经意"间把做人的道理、学习的方法渗透给他。孩子因此受到了潜移默化的影响,这样我在繁忙的工作中也能尽量兼顾到自己孩子的教育。

这位教师的故事可以给我们提供很好的借鉴,"近水楼台先得月"还是"近水楼台不得月"取决于教师自己。教师的工作有着得天独厚的优势,对孩子有着潜移默化的影响。我们不妨参考上面这位教师的方法,当自己与学生或家长沟通交流时也"无意"中渗透给自己的孩子,当然这样做的时候一定要把"有意"处理得像"无意",如果硬拉着孩子听,效果就会适得其反。

妈妈,请不要把我当学生

一位上初一的学生涛涛说,"我觉得当老师的孩子很可怜,我就是一个典型。我妈妈在学校做老师做惯了,在我面前也还是老师那副脸孔。我最惨了,在学校当学生,在家里还要当学生!"

这位学生的妈妈张老师说:"反思自己教育儿子的做法,我发现我就是'职业病型'家长。我总找孩子身上的毛病,不分场合地以教师的身份和口吻教训孩子,导致有一天儿子对我说:'妈妈,你对你的学生说话怎么那么温柔,而对我总是凶巴巴的。你是不是不喜欢我?'听了儿子的话,我也感觉到自己在儿子教育上出现了失误。"

张老师可能习惯了为人师表的状态，在回到家里教育涛涛时，无法很好地进入母亲的角色，导致了涛涛的不满和反感。虽说父母是孩子的第一任老师，可是真正的学校教育跟家庭教育应该是有很大区别的。教师在学生面前具有权威性，所以在教育子女时也容易以权威人士的姿态出现，动作手势、说话声调也与在学校一样，但是子女最熟悉自己的父母，父母作为教师的威信和神秘感在孩子面前便会消失，教师在学校的那套教育方法，在子女身上自然无法施展。因此，教师在学校要扮演教师的角色，在家里要承担父母的角色，如果混淆了这些不同的角色，对孩子仍是一副教师角色的面孔，这种家庭氛围是很难被孩子接受的。相信老师们如果能像下面例子中的海伦老师一样，把职业角色和家庭角色区分开，也能很好地教育自己的孩子。

海伦是一所私立学校的外籍老师，她有两个可爱的孩子——12岁的汤姆和8岁的艾里克斯，都在她任教的学校里上学。海伦说："每天下午放学后，我一定和孩子们在一起，听他们讲一些学校里有趣的事情。老师要教育好自己的孩子，只要你回归到家长这个角色上来就行了。"

教师在教育自己子女时，要把握好自己的角色和心态，少一些教师的威严，多一些亲情的关爱；少一些苛刻的要求，多一些宽容的理解。努力给孩子营造一个轻松、自在、温馨的家庭环境。

有形的关注，无形的压力

李老师是某市重点中学的一位英语老师，为了能更好地监督自己孩子的学习，李老师把女儿雯雯安排在自己的学校。可奇怪的是，雯雯各科成绩都不错，唯独自己妈妈所教的英语非常差。班主任认为，按照雯雯在其他科目上的表现，英语差到这个地步是很不正常的，因此去找雯雯谈心。想不到雯雯却伤心地说："我真的觉得自己很孤单。"原来，自从来到母亲的学校，每个老师都很关注自己，因此她也努力学习，严格要求自己，成绩提高得很快，想不到却遭到了同学们的孤立。"他们说我吃小灶，都不愿意跟我说话，而班里调皮的学生被我妈妈批评了,也都怀疑是我背后打的小报告。我现在连一个朋友都没有,都想转学了。"

李老师把孩子安排在自己的学校甚至自己的班级,本意是希望能更好地监督孩子,给她更多的关注,想不到却好心办了坏事。教师把孩子安排在自己学校甚至自己的班级,可以经常跟任课老师了解孩子的成长情况,也可以直接到现场看看孩子是否在认真学习,但同时也给孩子带来了无形的压力,对他们的学习、社交甚至心理健康产生了不良的影响。由于这些孩子身份的特殊性,任课教师对他们不是特别关注就是过分呵护,其他同学不是对他们敬而远之就是过分讨好,这都会给孩子带来很大的压力。当然,孩子并非不能放在教师自己的学校,关键是如何对待他们,应该把他们放在普通孩子的位置上。有一位中学老师是这样说的:

我的孩子已经上大学了,他就是在我所在的学校上的初中和高中。当初我这样做的原因是考虑到我的工作太忙,把孩子放在我的学校便于我更好地照顾他,也能及时了解他的学习情况。在开学之前,我就去找了孩子的班主任和各位任课老师,特别拜托他们一定要把我的孩子当成一个普通的学生,千万别对他特殊对待。我也尽量给孩子一个宽松的空间,在学校时尽量不去找他,不让他觉得做老师的孩子是一种压力。孩子也特别争气,学习很努力,成绩总是名列前茅。我觉得这对我也是一种督促,督促我努力工作,处处给孩子树立榜样。儿子连续几年都是优秀学生,我也连续几年被评为优秀教师。

这位老师的事例提示我们,作为教师的家长要把自己的孩子当作一个普通的学生来对待。教师子女在学校是个特殊群体,出于同事之间的感情,老师对他们一般都会很照顾。这时,作为家长的老师如果不能摆正自己的位置,一味地充当孩子的保护伞,不认同任课教师的教育方法,这样既不利于培养孩子,更伤害了同事之间的感情。因此,教师家长首先应该把自己当作一位"家长"，努力配合任课老师的工作。教师家长只要把孩子当作一个普通的学生对待，不要给他们太大的压力，就能很好地避免与子女同校所带来的种种弊端，对孩子和教师自己都是非常有好处的。

47. 想到桃李满天下，班主任就会洋溢着幸福

——教师的职业倦怠

有一首诗这样形容班主任工作：
危难险重必须到位，事务连绵终日疲累。
一日三餐时间不对，学生纠缠心力交瘁。
花样检查仓促应对，各种评比让人崩溃。

您有职业倦怠吗？

这首小诗反映了班主任工作繁忙琐碎，使得班主任难以应付，容易产生职业倦怠。作为班主任的您是否具有一定程度的职业倦怠呢？

下面请您回答一组有关班主任工作感受的问题（见表9），判断这些问题在您身上发生的频率，并在每一题后面符合自己的频率等级上画〇。其中，0表示"从来没有"，1表示"极少（一年几次）"，2表示"偶尔（一月一次）"，3表示"经常（一月几次）"，4表示"频繁（一周一次）"，5表示"非常频繁（一周几次）"，6表示"每天都有"。

表 9　职业倦怠评测表

	从来没有	一年几次	一月一次	一月几次	一周一次	一周几次	每天都有
1. 工作让我感觉身心俱疲	0	1	2	3	4	5	6
2. 下班的时候我感觉精疲力竭	0	1	2	3	4	5	6
3. 早晨起床不得不去面对一天的工作时,我感觉很累	0	1	2	3	4	5	6
4. 整天工作对我来说确实压力很大	0	1	2	3	4	5	6
5. 工作让我有快崩溃的感觉	0	1	2	3	4	5	6
6. 自从开始干这份工作,我对工作越来越不感兴趣	0	1	2	3	4	5	6
7. 我对工作不像以前那样热心了	0	1	2	3	4	5	6
8. 我怀疑自己所做的工作的意义	0	1	2	3	4	5	6
9. 我对自己所做的工作是否有贡献越来越不关心	0	1	2	3	4	5	6
10. 我能有效地解决工作中出现的问题	0	1	2	3	4	5	6
11. 我觉得我在为单位做有用的贡献	0	1	2	3	4	5	6
12. 在我看来,我擅长于自己的工作	0	1	2	3	4	5	6
13. 当完成工作上的一些事情时,我感到非常高兴	0	1	2	3	4	5	6
14. 我完成了很多有价值的工作	0	1	2	3	4	5	6
15. 我自信自己能有效地完成各项工作	0	1	2	3	4	5	6

您的职业倦怠得分 =36+（1—9 题得分相加）－（10—15 题得分相加）。如果您的得分在 45 分以上,可能就存在一定程度的职业倦怠。

班主任职业倦怠是班主任在班级管理和育人活动中不能有效应对工作压力时而出现的一种极端反应,表现为情绪、态度和行为的衰退状态。社会心理学家马勒什和佩斯认为倦怠有三个特征：

（1）情绪耗竭,即情绪情感处于极度疲劳状态,对工作失去热情；

(2) 去人性化，即以消极、否定的态度而冷酷、麻木地对待学生、同事甚至家人，容忍程度低，容易发怒；

(3) 低成就感，即认为自己的工作没有意义和价值，觉得自己无法胜任工作。

职业倦怠会造成班主任工作质量低下，不利于学生的身心发展。缓解职业倦怠固然需要社会和学校的支持，那么班主任自身应该如何克服职业倦怠呢？

如果工作是一种乐趣，人生就是天堂

我做班主任已经五年了。记得刚工作那会儿，我非常期待自己能够桃李满天下，可现在我总是觉得力不从心。每天做着重复的工作，而且现在的学生特别难教，特别是一些问题学生还会专门针对你捣乱，有时为了避免看到他们，我都不想去教室。我真的好想忘记所有不开心的事，我对工作没有了热情，教学方面得过且过，对班里的学生也放任自流，整天琢磨着跳槽，期盼着换一份好些的工作。我真觉得自己的前途一片迷茫，我该怎么办呢？

这位班主任的感受正是职业倦怠的典型特征之一——情绪耗竭。他对工作失去了热情，对班级管理漠不关心，甚至对待教学工作也是得过且过。他的问题在于经常关注学生出现的问题和状况，关注自己在教学和管理中的不足之处，而渐渐对自己的工作失去了兴趣。如果能够换个角度思考，多看到学生们的进步，把注意力放在工作给自己带来的成就感上，就会产生愉悦的心情，工作也会更有兴趣和热情。让我们看一看另一位班主任江老师是如何描述自己的工作感受的。

我每天和学生朝夕相处，学生的点滴成长与进步、学生的爱戴，都是我幸福的源泉。当教师节收到学生亲手制作的卡片，当教室损坏的卫生工具修理得漂漂亮亮，当学生看到我抱着作业本，对我说"老师，我帮您"，当嗓子嘶哑时，看到学生送上的一盒含片，当过节时收到学生们一条条的祝福短信，这是何等的幸福。"做教师就要当班主任",这是人生的经历。有一句话说得好:"要想知道梨子的味道,那就要自己尝。"当班主任是很辛苦,但也很幸福,这种经历就是幸福。

江老师把学生获得的点滴进步都视作对自己的鼓励,感到莫大的幸福和自豪,那么即使班主任的工作有一定的压力,也不会给她带来心理负担。积极的心态创造人生,消极的心态消耗人生。能拥有过程的美丽,能想象桃李满天下的美好,班主任们就会洋溢着幸福。

问题没那么严重,我何必如此暴躁

由于班主任的事务繁杂,而且还有很重的教学任务,所以我对工作很厌烦,心情也总是很烦躁。几天前,我迈着沉重的步子走进教室,按部就班地上着课,直到班里突然传来一阵哭声。原来是那个总是给我捣乱的小刚,全班的同学都看着他,有的带着轻蔑的表情,有的还在小声数落他。看到教室里乱糟糟的场面,加上我本来就糟糕的心情,我一下子怒从心中起,课也不上了,把全班同学都大声训斥了一顿,也狠狠地批评了小刚。可是不知为什么,从那以后班上的学生都开始躲着我,小刚在我的课上更加心不在焉了,课后作业也常常晚交。

这位班主任的表现正是职业倦怠的典型特征之二——去人性化。他逃避社会交往,对学生非常冷漠厌烦,遇事容易迁怒于学生或者把学生作为发泄对象。这不但破坏了班主任在学生心目中的形象,而且使学生产生厌学、自卑等情绪,给学生的心灵造成了终生的伤害。

班主任出现不良情绪时,要学会合理宣泄,掌握一些调节情绪的方法。当负面情绪出现时,首先问一问自己:"我为什么会出现这种情绪?"找到情绪反应的原因,然后再用适当的方式表达自己的情绪。不要总是高估问题而低估自己的能力,比如不要说"为什么我总是那么倒霉","为什么我这么失败",而应该从问题本身出发,平和地表达出自己的感受。例如,"今天有学生在考试中作弊,我很生气,但这样的事情可能很多老师都会碰到,所以我也一定能够解决"。之后再去寻找有效的途径改变引发负面情绪的事情,由此从负面情绪中解脱出来。

目标不要设得太高,自己还是有优势的

魏老师是一名新教师,接手了年级最差的一个班级,她信心满满地想要和学生一起努力提高全班的成绩。可是一年过去了,班级的成绩还是没有起色,失败的考试成绩让魏老师十分灰心丧气,一方面她开始怀疑自己的能力太差,另一方面又觉得对不起学生和家长,自卑与自责的情绪使魏老师感到十分痛苦。

魏老师的挫败、自卑与自责正好反映了职业倦怠的典型特征之三——低成就感。他由于未能达到理想的班级成绩而开始自我贬损,将工作中的不成功归因于自己缺乏能力,于是产生无助感和愧疚感,失去工作动力。其实,魏老师是在缺乏经验的情况下给自己设置了很高的成就目标,没有达到目标也是情理之中的事。新班主任常常具有这种雄心抱负,但要认识到经历挫折本来就是自我成长之路上的重要一课。让我们看看与魏老师具有同样遭遇的刘老师是如何转变观念和行为的。

我一入职就做了班主任,本来期待着大展身手,能够把课教好的同时管理好班级,成为一名优秀的教师、优秀的班主任。可是教书一年多了,我深刻认识到自己的不足:对教学把握得不到位,不知道该怎么教会学生重难点;班级管理更是一塌糊涂,觉得自己在班里也没有什么威信,学生们也不大服从我的管理。这些问题让我非常焦虑,压力很大,我甚至开始怀疑自己是否能胜任教师和班主任工作。

刘老师给自己设立很高的目标和期望,却没有想到这些期望中正暗藏着

压力。当初的期望是"成为一名优秀的班主任",而现在的压力是"成不了优秀的班主任"。期望滋生了压力,压力又使期望受挫,由此产生了恶性循环,导致职业倦怠。好在刘老师及时将自己的问题与感受和有经验的同事进行沟通,并认真反思,进行了观念与行为的调整。

> 后来,我把我的状况向一位老教师倾诉,他很理解我的感受,还帮我分析了年轻教师特有的优势,比如更容易与学生沟通,更熟悉现代教学技术手段,精力也更充沛。跟他谈完以后,我才认识到其实我面临的状况并没有那么糟糕,我也是有很多优势的。于是我努力调整自己的心态,尽量发现工作的价值和积极方面。通过一段时间的自我调整,我终于战胜了职业倦怠。

为了克服低成就感,班主任要给自己订立适当的、力所能及的目标,或者将大目标拆分为若干个小目标,逐步按阶段完成,并给予自己适当的鼓励。班主任可以列出自己的压力来源清单,仔细分析一下哪些是恰当的期待,哪些是不适当的期待,从而有意识地调整自己的期待。班主任还要放慢生活的脚步,多去发现自己的优点,并且学习欣赏和享受工作领域以外的其他成就。

48. 施者比受者更有福

——班主任的职场幸福感

女儿即将出嫁。婚礼前的那个晚上,母亲把女儿叫到卧室里,拿出一个存折塞到她手上。

"这是我和你爸当年玩过的一个小游戏。"母亲平静地笑着说,"很简单,从明天以后,每当你丈夫做了一件让你感动的事,你就往里面存一点钱,多少都行。然后在这笔记录后面记上他为你做的事。嘘——别多问,"母亲制止想要发问的女儿,抚摸着她柔顺的头发,"坚持做下去,到时候,你就会明白了。"

日复一日,年复一年,游戏在继续。不知不觉间,岁月的划痕刻在两个原本年轻的脸上,两人的感情在与柴米油盐的交锋中逐渐平淡。在一个宁静的夜晚,她回到母亲的面前,说自己过不下去了,生活太无聊了,她要离开这个男人,重新开始。

"那好,离就离吧。"母亲抚摸着女儿的头发,平静地笑着,一如当年,"去办事儿之前,把那个存折拿出来,取出里面所有的钱,你们俩分了吧,我想这么多年了,应该少不了的。"

于是,夫妻俩站在了银行的柜台前。"算算看一共有多少?"丈夫建议。

她打开存折。"结婚那天存的1000……你带我去海南旅行,我存了200……你揍那个摸我挎包的流氓后,我存了100……我怀孕两个月,你送鸡汤到我单位时,我存了100……我们有了女儿时我存了500……你旷工送我妈去医院那天我存了200……你……"本来算得起劲的她突然哽住了,看着存折上密密麻麻的文字,泪如泉涌,尽情地流淌了下来。

她紧紧抱着丈夫的胳膊往家里赶,身后登记处的牌子渐渐远去,她连头也不敢回。也许日子会一如既往的无聊和平淡,但所谓生活的美好,所谓幸福的经营,她知道自己已然顿悟。

活在当下,放眼未来

我们可能像这位女儿一样对自己的婚姻和生活感到平淡和厌倦,但只有即将失去这种生活时才会意识到它的难能可贵。婚姻还是那个婚姻,生活还是那个生活,但心境不同,所获得的幸福感就会有很大差别。哈佛大学著名的幸福课开创者本－沙哈尔博士认为,获取幸福的首要条件是树立正确的、适宜的人生观。他把人们对幸福的态度和追求分成四种类型(见图16)。

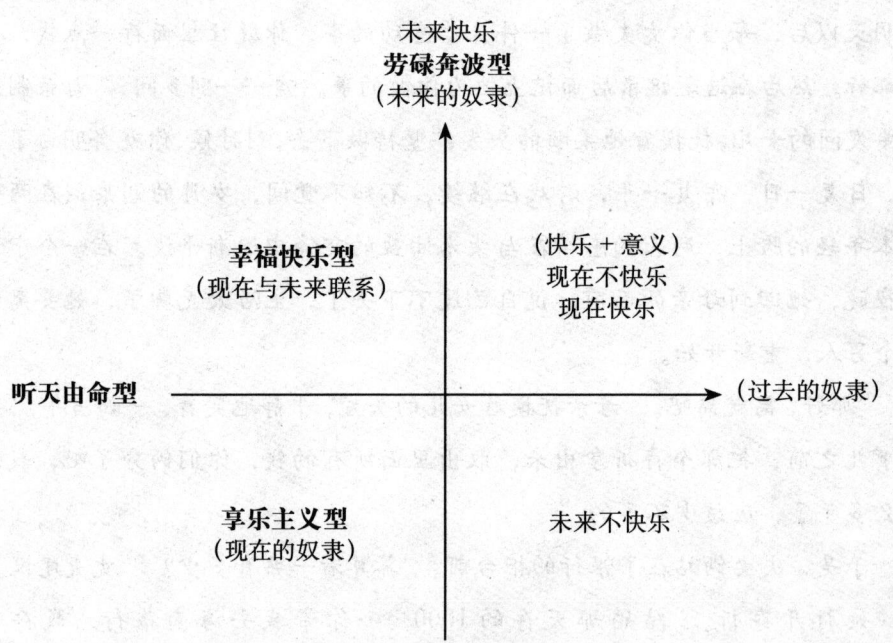

图16 对幸福的四种态度和追求

享乐主义型——现在的奴隶

有一则西方寓言是这样的。一个恶贯满盈的歹徒被击毙后，天使出现了，允诺他可以得到所有想要的东西。歹徒为自己作恶多端居然还能进天堂感到惊讶，但还是兴奋地接受了。阳光沙滩棕榈树，名车豪宅美娇娘……他要了所有能想到的，纵情声色犬马。但慢慢地，开始时的快乐变成了无聊、厌倦甚至痛苦……当他终于忍受不了这样的生活时，恳求天使让他离开天堂，即使下地狱也无所谓！天色突变，天使幻化成了魔鬼，狞笑着说，"小子，其实你一直都在地狱啊！"

当生活中失去了挑战与目标，当生命中失去了奋斗与拼搏，人类与动物也就没什么区别了。所谓"地狱"，大概也只是对这种状态的文学化的修辞。与以上情境类似，心理学家曾选取一批大学生被试，付给他们一定的费用，要求他们在实验期间什么也不能做。仅仅8个小时之后，尽管所有的基本需要都得到了满足，实验报酬也不菲，但被试们仍然开始感到沮丧，并要求放弃参加实验。

班主任一般不会追求享乐主义，但是，当班主任们感叹工作之难、压力之大时，不妨转念想一想，是什么使我们的生活有了色彩？是什么让我们的生命有了意义？对这些问题的回答或许能让我们形成一个看待自己职业的全新视角。

劳碌奔波型——未来的奴隶

欧阳老师带高三（4）班快三年了，自觉问心无愧——为了将这班学生顺顺利利地送进大学的校门，他放弃了几乎所有本该属于自己和家人的时间。平时成天与学生和科任老师混在一块儿，事无巨细，什么都管；下班了改作业，做家访，周末还要抽空给自己课上不过关的学生补习。临近高考，欧阳老师起得越来越早，下班越来越晚，妻子的抱怨、孩子的生疏，都顾不上了。每每完成一天的工作，翻翻日历，感觉距离那个重要的日子好像还是那样遥远，拖着疲惫的身子踏进自家楼道的欧阳老师感到心力交瘁。

为实现一个目标而呕心沥血日夜操劳，盯着那遥远的终点却忽略了旅途的风光，欧阳老师是典型的劳碌奔波型。在他忘我工作之后，也许有高考放榜后的释然，也许有学生们簇拥下的骄傲，但接下来又进入下一轮的日夜操劳。欧阳老师纵有桃李满天下，也只是在高考出榜后由日夜操劳恢复为正常作息的那一小段时光拥有幸福，而正常作息、从容工作却是每个人的人生常态，没有什么值得特别庆幸的。如果用身体感觉做类比，欧阳老师大部分时间处在躯体病痛之中，只是在躯体由痛变为不痛的一小段时光感到愉悦。而身体不痛却是我们每个人正常的自我感觉，我们都是在这个良好感觉的基础上接受各种生理刺激（如饮食、运动等）而获得舒适。不少像欧阳老师一样的班主任们不自觉地屈服于劳碌奔波的生活方式，习惯性地关注最终的目标，而忽略了眼前的事情，最后导致终生的辛劳。然而，高考只是人生众多目标中的一个而已。

听天由命型——过去的奴隶

一位班主任在自己的日记中抱怨："老师们中流传着一句不太好听的话，说'教书不当班主任，真是三生有幸'，有时想想，真是话糙理不糙。学校里那么多部门，无论是管教学的，管德育的，管体育的，管卫生的，管什么的最后都要通过班主任这一环落实到学生头上，弄得我们身心俱疲。这还不算，平时我们工作还得谨小慎微，本来班上一个后进生就够让人焦头烂额了，还得好声好气地劝着，嗓门提高几度马上就有家长上门来找麻烦。我就纳闷了，我们班主任这么苦兮兮累兮兮的都在图些什么啊？难怪身边很多同事都被'模式化'了，还谈什么工作热情，还谈什么创新精神？过好每一天，不出乱子就谢天谢地了……"

这是一种听天由命型的人生态度，这种态度通常来源于过去"不可抗"事件所引发的习得性无助感，使人放弃所有改变现状的努力，即使事实上这种努力是那样的轻而易举。班主任作为班集体的管理者，每天面临纷繁复杂的大小事务，时时刻刻承受着教育管理工作中多方面的压力，在这样的工作情境中难免产生疲惫甚至遭受挫败而产生无助感。但如果任其累积，不加调节，最终使自己怨天尤人，心生倦怠之意，得过且过，做一天和尚撞一天钟，那么，幸福将只是水中月镜中花，终会化为乌有。

幸福快乐型——快乐，且有意义

一位班主任这样写道：作为班主任，职业流程是固定的，工作套路是清晰的，每天家、办公室、教室三点一线，千篇一律，周而复始。不少年轻老师们认为，这样的工作是枯燥乏味的。但如果真心热爱这项工作，就会真切地感受到，做一个班主任是多么的幸福！班主任也许不是总能看到节日里绚烂的烟火，但班主任能一直守护着年轻的花朵们，看着他们吸取营养，伴随着他们茁壮成长，期待着他们绚烂怒放；班主任也许少有丰盛的宴席，但班主任的工作就像寻常百姓的家常菜，虽看似平淡，却百吃不厌。

这位班主任以文学的笔触描绘了他所体验到的主观的职业幸福感，表明了这样一种人生态度：每天投入到工作之中，从投入之中感到快乐，而这种投入却是有意义的、指向未来的。这种人生态度就好比在快餐店选择一款既美味可口又有益于健康的"完美汉堡"——既不用为长期的健康过分顾虑，也不单纯逞一时口舌之娱。幸福快乐型的班主任们不盲目地追名逐利或随波逐流，而是享受当下工作的点点滴滴，在琐碎的工作里自得其乐，而且始终怀抱对未来的期待。他们的幸福是高层次的幸福、真正意义上的幸福。当然，这不代表班主任没有困难、没有压力，但他们在面临工作和生活中的各种实际问题时，能够造就一种积极乐观的人格，从工作中获得人生的意义和职业幸福感。

职场搭桥，幸福有道

三位泥水匠在忙着盖房子。一个路人问道："你们干什么呢？"一个说："挣工资。"一个说："砌砖。"一个说："建造世界上最有创意的房子。"

这则寓言反映了三种不同的工作境界——谋生、事业、使命。班主任们可能徘徊在这三者之间。三种境界反映出的职业幸福感水平是不同的。如果把工作视为获取物质的谋生手段，我们每天的生活就仅仅是在履行合同，期盼着薪水和假日。如果把工作看作事业，我们就会关注持续发展与自我提高，关心每一个进步的机会，期望着从班主任到级主任、从教师到校长的变迁。如果把工作当成使命，那工作本身就从手段变成了我们的目标——我们工作是因为我们想要做这份工作，我们的动力源自我们的内心；工作变成了一种召唤，而非单纯的义务；我们在工作中充实自己，在工作中实现自我，我们在为学生的成长和人类文化传递而贡献自己的力量。正如一位班主任曾满怀深情地写道：

班主任陪伴着七八点钟的太阳一起成长，和生机勃勃的孩子们朝夕相处，这是一幅充溢着何等幸福何等希望的画面！我们关心着一个个鲜活的生命，我们养育着一颗颗跃动的心灵，我们呵护着宇宙间最神圣、最完美、最不可思议的存在；我们使自卑的心灵自信，我们使孱弱的体魄雄健，我们使狭隘的心胸开阔，我们使迷茫的双眼明亮……我们让愚昧走向智慧，让弱小走向强大……这是何等伟大的使命！这是何等强烈的幸福！

班主任除了将工作视作召唤，体会工作的使命感外，还可以从以下四个方面转变自己的观念和行为，提升自己的幸福感。

幸福看得见

从日常工作中的点点滴滴萃取到快乐，是班主任们保持幸福感的重要条件。一位班主任在自己的日志上这样写道：

细节是一种创造、一种功力。一个曝光就可以留下难以磨灭的图像，一道闪电就可以刺入灵魂的深处。细节包含着素养，展示着艺术，蕴藏着机会，体现着效率。只有那些心中有学生，脑中有智慧，对教育教学有着深刻理解，对生活的悲欢有着真切眷顾的教师，才能去体会、发掘这些精妙的细节，才能"于细微之处见精神"。从不经意间的一个眼神，从不经意间的一句话中找到自己活着的快乐和意义。

班主任不仅需要一双善于从模式化的生活中发现美好的慧眼，更需要采用适当的方式将其记录下来，让幸福看得见。积极心理学之父、美国心理学家马丁·塞利格曼教授提出，我们可以制作一个特殊的表格，每天向里面填入几项自己经历的开心小事，并给每一件小事按照自己当时的开心程度打上分数，这有助于增强幸福的体验。班主任不妨制作如表10所示的表格，每天记录快乐事件，然后将其汇编成册，或记录在博客等在线平台上，时时回顾，多多交流。这可提醒自己其实每天都有过这样开心的瞬间，而且在回顾这些幸福时刻时又体验到了一次幸福感。

表 10　幸福记录表

时间	事件	幸福得分
9/2 第二节	同学们记住了我的生日，今天一走进教室，我就看见讲台上摆着一张别致的小贺卡，上面歪歪扭扭地写着：祝陈老师生日快乐！——全班同学敬上！开心！	10 分 没得说！
……	……	……
9/5 午休时	批改作文，云云这次没写一个错别字，上次答应过我会好好检查作业的，这孩子从不阳奉阴违。	1 分 希望再接再厉！
9/5 放学后	陈刚在教室里写作业，我说放学了怎么还不走，他告诉我晚上要去小马家给小马辅导数学，自己先做一遍，熟悉一下，小马数学不好，自己想帮他。说得我心头一热……	5 分 谁说孩子不自觉？
……	……	……

真实不完美

马老师对工作不可谓不上心。每天上班前，他都会把自己拾掇得尽善尽美；课前他努力将所有相关问题研究透彻，确保学生提出的所有疑问都能马上解决；管理中绝不徇私，雷厉风行……他小心翼翼地想给学生树立一个完美的班主任形象，千方百计地不想留下一点瑕疵，为此他把自己搞得身心俱疲，可学生们还是不买账。一天，马老师从教室路过，听见语文科代表小雪不知对谁在说，"马老师简直就是个老修女，又古板又无聊，一点人情味都没有……"马老师感到一阵天旋地转——这可是自己最得意的学生啊！

无独有偶，本-沙哈尔博士在任教之初也曾遇到过类似的问题。他曾千方百计地想当一个无所不知而又谈吐幽默的教师，为此，原本感情内敛的他努力让自己在课堂上表现得生动而夸张，他还专门参加了喜剧表演和演讲等课程。但他慢慢地发现这样让自己疲惫不堪。"因为我表现的是一个根本不存在的人，一个虚假的自己，所以我时时刻刻都那么紧张，害怕有一天自己的面具会掉下来，显露出我本来的面目。而且，这世界上不存在完美的人，我给学生指明的是一条根本走不通的路。"

戴着面具生活，每时每刻地演戏，谨小慎微，提心吊胆，如此疲惫，怎能幸福？与本－沙哈尔博士一样，当马老师认识到问题所在，并开始扮演真实的自我时，没有花费太多心思，情况就有了改观。在之后的一篇日记中，他感叹道：

最近心情轻松多了，工作也容易起来了。当我不再指望当一个完美的班主任而只希望做一个真正的马老师后，学生们看我的眼光好像也有了变化。我在课堂上第一次提到儿子顽皮捣蛋让我头疼，希望学生们别给我找更多的麻烦，学生们报以理解的笑声，我才恍然觉得过去的一整个学期里我的课堂气氛都是那么紧张肃穆；我尝试着把一些班级管理事务放手交给班干部，他们的努力和能力也让我对过去自己事无巨细、事必躬亲的作风感到一丝惭愧。我放松多了，学生们也变得活跃多了，过去他们见到我都敬畏地喊我老师，现在有那么几个小鬼已经开始和我开玩笑了——原来我的学生们是这么惹人喜爱……

班主任与其精心塑造一个华丽却脆弱的完美形象，还不如承认自己的真实性，表现出本来的自我。用真实换取理解，用信赖赢得尊敬。如此不仅避免了紧张感，增加了工作中的快乐体验，而且拉近了与学生们的距离，何乐而不为？

胸怀感恩心

美国心理学家塞利格曼曾经提出了一项著名的幸福公式：幸福感 = 50% 遗传 + 10% 境况 + 40% 想法。索尼娅·柳博米尔斯基博士基于此专门写了一本书《幸福多了40%》。当我们不能改变自己的基因和境况时，如果改变自己的观点和行为，就可以多收获 40% 的幸福。一个人即使不改变他的生活境遇，倘若懂得真诚地、发自内心地感恩，他的幸福感就会增强许多。下面，我们来完成一份感恩测验，测测你的感恩程度在人群中所处的相对位置。

请用以下数字表达出你对每一个句子的赞同程度：1＝非常不同意；2＝不同意；3＝有一点不同意；4＝中立；5＝有一点同意；6＝同意；7＝非常同意。

（　　）1. 我生命中有许多值得感谢的事情。

（　　）2. 如果要我列出值得我感谢的每一件事，这个单子会很长。

（　　）3. 我看不到这个世界有什么值得感谢的事。

（　　）4. 我对很多人都很感激。

（　　）5. 我年纪越大，越感到生命中有很多人、事、物对我有帮助，他们都成为我生命历程的一部分。

（　　）6. 要经过很长一段时间，我才会对某人或某事产生感激之情。

计分方式：

1. 将第1、2、4、5题的分数相加；
2. 颠倒第3、6题的分数（如果填的是1，就变成7，反之亦然）；
3. 将以上两步得到的分数相加。

如果你的总分在35分以下，你的感恩指标就落在了成年人群体的后1/4；总分在36—38分之间意味着你的感恩指标位居群体的后1/2；39—41分位居前1/4；假如你得到了42分，你的感恩指标就高居人群的前1/8。

班主任如何培养自己的感恩情怀？请回顾一下本节开篇的故事，结合自己工作的实际情况，建立自己的幸福存折，然后通过复习和冥想，提醒自己心怀感激。

首先，每天晚睡前，挤出几分钟时间，在笔记本上记下过去24小时里发生的感恩事情。尽量言简意赅，让自己事后能看懂就行。

其次，从中勾出每一个令你当时或回忆时心怀感激的片段。可以是同事的帮助、学生的乖巧、家长的支持、家人的理解，无论多么微不足道，只要值得你感激即可。

再次，列举迄今为止最值得你感恩的5件事，比如活着、父母仍健在、有几个知心朋友，哪怕同上一次记录没有一点区别，也得再记一次。

最后，找个空闲时间，重读这些令你感激的记录，回顾事发当时自己内心深处的感受，并通过冥想努力调整出一个弥漫着感激之情的心境。

当我们将生活中所有的闪光点从记忆的海洋中寻觅出来，让它们浮现在我们的周围，我们的视野就会变得更加明亮而开阔，我们的心境就会变得更加平和而温暖。

如果说生活将我们打磨得失去了棱角，我们起码还能选择在内心深处保留一片净土，存放令我们感激的点点滴滴，让我们再次看到它们时能够从心田渗透出幸福的泉水。

助人只为乐

马丁·塞利格曼曾经研究做一件好事是否真的能够带来幸福感。他让班上每个学生在上下一节课之前做一件好事（比如扶一位老人过马路），并"享一次乐子"（比如唱一次卡拉OK），然后分别把这两件事写成报告提交。谁想到，这份作业竟然改变了不少学生对于生命的态度：比起做一件好事，极视听之娱、逞声色之乐的活动带来的幸福感——如果有的话——显得黯然失色。学生们反映，当他们很自然地去帮助他人之后，那一整天都会过得很幸福。

助人或许是班主任最易获得幸福感的源泉。班主任工作本身就是一个助人的工作，班主任总是在帮助他人。无论传道、授业、解惑，抑或是鼓励、表扬学生，无论排解学生纷争，还是促进学生个人进步，或者推动班级共同发展，看到学生进步并有所成就，班主任就会感到满意、成功和快乐。更为重要的是，无论学生的未来结果如何，教师当下的助人行为本身就是在为自己广种福田。圣经上说，施者比受者更有福。让学生幸福，就是班主任最大的幸福！

万千教育 班主任专业发展书目

书号	书名	著、译者	定价(元)
班主任工作理念与方法			
2204	做一个会"偷懒"的班主任（第二版）	郑学志 著	48.00
1708	怎样教授道德才有效 ——德育心理学家给教师的建议	杨韶刚 等 译	48.00
1709	学生特殊问题发现与应对 ——给普通教师的建议	昝飞 等 著	48.00
7318	与学生家长"过招" ——班主任的家长工作艺术和技巧	郑学志 著	26.00
7316	把班级还给学生 ——班集体建设与管理的创新艺术	郑立平 著	26.00
7319	班主任工作的55个"鬼点子"	刘坚新 等 编著	26.00
7344	遭遇问题学生 ——问题学生的教育与转化技巧	万玮 编著	25.00
7317	魅力班会是怎样炼成的	杨兵 著	25.00
8631	家校沟通，没有痛过你不会懂 ——知名班主任梅洪建的心路历程	梅洪建 著	32.00
0539	如何上好班级心理辅导活动课 ——钟志农答疑50问	钟志农 著	42.00
9902	德育主任新方略	丁如许 著	32.00
8611	班主任工作中的心理效应	刘儒德 主编	35.00
1135	班主任有效沟通的艺术与技巧	李进成 著	36.00

0541	班主任如何破解德育低效难题	赵 坡 著	35.00
9135	班主任，青春万岁——王君带班之道	王 君 著	34.00
8770	班主任如何带好差班	赵 坡 著	30.00
8309	扶年轻班主任上马	王 莉 著	38.00
7926	教师必须掌握的教育惩戒艺术	郑立平 等 著	28.00
7928	做一个聪明的班主任 ——对常见七类学生的教育艺术	郑立平 等 著	28.00
班主任工作理念与方法合计			**642.00**

中学/中职班主任专业技能

0938	好班是怎样炼成的 ——中学班主任班级建设之道	谢 云 主编	38.00
0061	中学班级心理辅导活动60例	杨敏毅 等 著	35.00
9882	初中主题班会设计技巧与优秀案例	郑学志 主编	34.00
9056	高中主题班会设计技巧与优秀案例	郑学志 主编	32.00
9557	打造高中卓越班级的42个策略	覃丽兰 著	38.00
9990	打造中职卓越班级的41个策略	李 迪 著	32.00
9905	中职主题班会设计技巧与优秀案例	李 迪 著	35.00
9604	中学德育问题与对策	李 季 贾高见 著	35.00
8463	中学班主任的70个临场应变技巧	刘令军 等 著	34.00

……
欲了解更多图书信息，请登录：www.wqedu.com
联系地址：北京市西城区三里河路6号院2号楼213室　万千教育
咨询电话：010-65181109，65262933
*本目录定价如有错误或变动，以实际出书为准。